集聚、均衡与中国城镇化发展

李华 著

Agglomeration,Balance and China's Urbanization

中国社会科学出版社

图书在版编目（CIP）数据

集聚、均衡与中国城镇化发展/ 李华著．—北京：中国社会科学出版社，2021.3

ISBN 978－7－5203－7971－7

Ⅰ.①集…　Ⅱ.①李…　Ⅲ.①城市化—发展—研究—中国　Ⅳ.①F299.21

中国版本图书馆 CIP 数据核字(2021)第 034207 号

出 版 人　赵剑英
责任编辑　李庆红
责任校对　周　昊
责任印制　王　超

出　　版　中国社会科学出版社
社　　址　北京鼓楼西大街甲 158 号
邮　　编　100720
网　　址　http://www.csspw.cn
发 行 部　010－84083685
门 市 部　010－84029450
经　　销　新华书店及其他书店

印　　刷　北京君升印刷有限公司
装　　订　廊坊市广阳区广增装订厂
版　　次　2021 年 3 月第 1 版
印　　次　2021 年 3 月第 1 次印刷

开　　本　710×1000　1/16
印　　张　15.25
插　　页　2
字　　数　251 千字
定　　价　86.00 元

前　言

习近平总书记在党的十九大报告中指出，经过长期努力，中国特色社会主义进入了新时代，这是我国发展新的历史方位。作为最大的内需潜力和发展动能所在，城镇化无疑在新时代、新历史方位上的中国经济社会发展中扮演着重要角色。中国城镇化问题的研究需要回答三个方面的基本问题，即："为什么要研究中国城镇化问题""从什么样的视角来理解中国城镇化发展"以及"用什么方法来分析中国的城镇化发展"。本书认为，首先，当前中国城镇化发展的现状是机遇良好但发展滞后，所以潜力很大，需要大力推进。其次，城镇化及城镇集聚发展的本质在于空间集聚性，经济活动的空间集聚是城镇化最具特征、最普遍的表现形式。最后，新经济地理学派基于报酬递增、垄断竞争的市场结构以及运输成本重新构建了空间经济学的分析模式，为基于空间集聚的城镇化研究回归主流经济学研究视野奠定了基础。可以概括地说，本书的研究重点是中国的城镇化问题，具体的分析是在（产业）空间集聚的视角下，通过空间经济学（新经济地理学）的方法展开的。

"空间集聚"视角下城镇形成与发展思想的演进基本上经历了"初始的关注——中途的迷失——回归的努力——复兴的曙光"四个明显的发展阶段。"初始的关注"主要表现在古希腊学者（如色诺芬、柏拉图等）对城镇经济的提及、早期经济学者坎梯隆基于运输成本对经济运行模式的研究以及斯密宏大而又略显凌乱的著作中反映出来的产业布局与城镇发展的研究体系。"中途的迷失"主要反映在李嘉图基于其后来被熊彼特称为"李嘉图恶习"的研究方法对空间因素的"冷藏"处理以及马歇尔主要理论体系和研究技术中对空间因素的排斥。"回归的努力"在承接了"迷失"阶段对空间因素关注的基础上主要表现为分析技术上的新尝试，以区位理论和城市经济学为代表。但遗憾的是，两次努力均以失败告终，其原因在于没有建立不完全竞争前提下报酬递增、运输成本及要素流动的框架模型。“复兴的曙光”主要表现在新经济地理学派对产业集聚及城镇化创新性的处理技术和解释角度，为空间因素的研究提供了一个主流经济学的标准分析框架。

基于空间集聚视角的城镇形成与发展的两阶段模型主要包括均质空间和非均质空间两种情况。均质空间下的两阶段城镇发展模型是结合“多样化偏好形成的内生动力”以及“集聚外部性形成自我强化机制”展开的。具体来讲，这两个阶段可以描述如下：一是集聚形成的内生过程：消费和生产领域的多样化偏好形成了收益递增，而由于收益递增的存在，促进了生产企业集中布局而形成集聚，并导致了其他相关经济主体及要素的集聚而形成城镇；二是集聚自我强化的外在动力作用过程：城镇形成后，内生形成的集聚将通过外部性产生城镇集聚经济效应，从而促使企业和经济主体的进一步集聚，形成了积累循环的因果关系。非均质空间的两阶段城镇形成发展模型是结合“比较利益形成的外在动力”以及“集聚外部性形成自我强化机制”展开的。与均质空间下基于市场条件的两阶段城镇形成发展模型不同的是，第一阶段是由于空间非均质条件造成的空间比较利益差异构成了促进城镇形成的外在动力，这不同于均质条件下第一阶段的多样化偏好形成的内在动力。而第二阶段，两种情况下基本上发生着相同的故事。值得指出是，无论是在均质空间条件还是非均质空间条件下两阶段城镇形成发展模型的运行机制都基于市场作用充分发挥的前提条件。而当政府出现的时候，其对于两阶段城镇形成发展的过程可能是加强的正效应，也有可能是扭曲甚至偏离的负效应。

在两阶段城镇形成发展模型的基础上，可以分析新中国成立以来中国城镇化发展的情况。由于特殊的体制原因，中国的城镇化发展几乎都没有很好地拟合两阶段城镇形成发展模型的运行轨道。可以将更多地考虑了政治、国家安全等非经济因素的计划导控形成的产业集聚定义为外致型的产业空间集聚，而将更多地考虑了市场经济因素的计划导控形成的产业集聚定义为适应型的产业空间集聚。改革开放之前外致型的产业空间集聚推动的城镇化是对两阶段城镇形成发展模型的扭曲和偏离，而改革开放之后适应型的产业空间集聚是对两阶段城镇形成发展模型的回归。改革开放以来，由于限制外来人口（主要表现为农民工）的偏见、大力发展小城镇（主要表现为盲目的农村城镇化）的情结以及对城乡差距的盲目悲观心态等主观上的错误认识形成了对集聚的阻碍，中国城镇化向两阶段城镇形成发展模型回归的过程并不顺畅。另外，对现有集聚情况的进一步研究表明，中国城镇化进程中的多样化集聚形式更能够推进集聚效应的发挥。所以，未来基于集聚的中国城镇化发展要调整“适应型”产业集聚中不符合发展实际的“外致型”的因素，扭转阻碍集聚经济发挥作用的错误认识，并引导多样化的产业空间集聚，促进集聚效应的发挥，引导中国的城镇化真正回归“两阶段”的发展轨道。

基于集聚的城镇化研究不能忽视突出表现为城乡空间差距的空间失衡问题所代表的空间福利问题。经济效应与福利结果相伴相生。在研究分析了基于空间集聚的城镇产生发展的过程以及考察了中国产业集聚与城镇化发展的现状之后，我们关注的重点自然地由偏向集聚与城镇产生的实证方面的研究转向偏向于探讨由集聚带来的不平衡发展的规范方面的研究，即模型福利效应方面的分析。对于当前中国城镇化进程中的城乡空间差距问题，不仅要认识到改革开放以来中国城镇化向两阶段城镇形成发展模型的轨道回归的过程中以城乡空间差距为代表的空间失衡问题造成的相对福利损失的必然性，同时也要清醒地认识到由于集聚不足使城镇化进程中的集聚效应得不到充分发挥造成的总体福利损失的特殊性。因此，未来要在引导城镇化向“两阶段”回归的同时兼顾城乡协调发展。

总的来说，基于空间集聚的中国城镇化进程主要面临着两个方面的问题，一是新中国成立以来的中国城镇化发展对两阶段城镇形成发展模型的扭曲甚至偏离突出表现为城镇化进程中的集聚发展不充分；二是改革开放以来中国城镇化在回归两阶段城镇形成发展轨道的过程中面临着集聚不足形成的总体福利损失及空间失衡形成的相对福利损失的双重福利损失，主要表现为城乡空间差距的空间失衡问题比较突出并有进一步扩大趋势。本书认为，中国的城镇化发展存在着兼顾集聚经济发展的“效率”和城乡空间平衡发展的“公平”的城镇化发展道路，即一方面以东部沿海的大城市及中西部地区有条件的大城市为依托大力发展表现为大都市圈特征的城市化，另一方面在都市圈以外的相对边缘和落后的地区依托县城发展中小城市，推进有重点的农村城镇化，走发展以大都市圈为特征的城市化与有重点的农村城镇化协调共进的二元城镇化发展道路。

目　录

第一章　概论

第一节　中国城镇化研究的现实背景和理论意义

中国城镇化问题的研究需要回答三个方面的基本问题，即“为什么要研究中国城镇化问题”“从什么样的视角来理解中国城镇化发展”以及“用什么方法来分析中国的城镇化发展”。对于本书研究背景与意义的认识正是基于这三个方面展开的。

一　当前中国处在城镇化发展的重要战略机遇期

世界经济发展史及现阶段各国的经济情况表明：城镇化和工业化是先发国家在实现现代化的进程中所经历的重要发展阶段，也是当前各个发展中经济体面临的核心问题。从两者的关系来看，工业化是城镇化的原始动力，城镇化又反过来进一步推动工业化走向深入。可以说，城镇化是工业化的必然结果，也是工业化深化发展的条件，是支撑经济持续发展的强大内在动力。城镇化对一国经济增长和发展的重要性具体表现在以下几方面：一是城镇化是引发消费的重要途径。城镇化进程中转移农民的市民化以及由农民转移引发农村地区的规模化经营带来的留守农民生活水平上升，是消费需求扩大的重要源泉。二是城镇化是刺激投资的重要渠道。城镇不仅是工业化发展的空间载体，而且城镇化进程中与城镇发展本身密切相关的城镇基础设施投资以及与城镇居民和企业等微观经济主体的生产生活紧密相连的诸如房地产等方面的投资，都会产生极大的投资和投资带动效应。不仅如此，城镇化的作用还表现在促进产业结构升级和创新发展等方面以及推动城镇文明传播、带动农民思想观念转变等方面。正因为城镇化在经济增长和发展中的重要地位，发展经济学家认为，人口持续不断地从农村地区向城镇转移的城镇化过程和以农业为基础的经济向以工业和服务业为基础的经济转变的工业化过程，是伴随经济增长最重要的社会经济结构变迁。①

对于正在现代化进程中努力前行的中国来讲，城镇化发展显得尤为重要。中国快速增长的城市是否健康、有活力，不仅关系经济能否保持快速增长，也是提高平等程度、降低经济增长资源密集度的关键。② 20世纪末，著名经济学家斯蒂格利茨（Joseph E. Stiglitz）曾断言："美国的高科技产业以及中国的城镇化将是21世纪对世界影响最大的两件事情。"③ 我们认为，这不仅是对中国发展在世界经济环境中地位和作用的肯定，更强调了城镇化在支撑中国经济发展中的巨大基础性作用，当然也暗含了中国城镇化还有巨大发展潜力的事实。从近年来中国经济所处的国内外形势看，特别是中美贸易摩擦以来，中国整个宏观经济面临不稳定、不平衡、不协调和不可持续的格局给长久以来过度依靠外需支撑经济增长的方式敲响了警钟。习近平总书记在参加全国政协十三届三次会议的经济界委员联组会时指出，中国要逐步形成以国内大循环为主体、国内国际双循环相互促进的新发展格局。可见，当前中国经济发展需要调整的重点和关键必然是更加重视以消费和投资，特别是以居民消费和民间投资为突破口的内需培育，构建消费、投资、出口"三驾马车"共同推进经济增长发展的局面。显然，城镇化是这个过程中不可或缺的重要组成部分。那么当前中国的城镇化到底处于什么样的发展状

---

① ［美］库兹涅茨：《现代经济增长：速度、结构与扩展》，戴睿等译，北京经济学院出版社1991年版；［美］霍利斯·钱纳里、［以］莫伊思·赛尔昆：《发展的型式：1950—1970》，李新华等译，经济科学出版社1988年版。

② The World Bank, Development Research Center of the State Council, the People' s Republic of China, *China 2030*: *Building a Modern*, *Harmonious*, *and Creative High - Income Society*, www. worldbank. org. February 27th, 2012.

③ 1998年，斯蒂格利茨第一次到北京大学中国经济研究中心（CCER）进行关于"中国第二步改革战略"的专题演讲，该演讲在中国高度重视，《人民日报》《经济日报》进行了全文转载。见斯蒂格利茨《中国第二步改革战略》，《经济日报》1998年11月13日；斯蒂格利茨：《中国第二步改革战略》，《人民日报》1998年11月13日。

况呢？第一，城镇化的具体指标显示，2019 年中国的城镇化水平已经达到了 60.60%。[①] 对比诺瑟姆（Ray M. Northam）[②] 研究得出的一般国家城镇化发展轨道的“S”形曲线，当前中国的城镇化水平处在 30%—70% 的加速发展的黄金阶段。第二，城镇化与工业化、非农化的协调发展状态显示，城镇化滞后于工业化指标的情况已经发生根本性扭转[③]，中国已经进入城镇化与工业化、非农化互动发展的重要战略机遇期。第三，城镇化水平和经济发展阶段的对比显示，当前中国的人均 GDP 已经超过一万美元，根据钱纳里和赛尔昆的人均 GDP 水平与城镇化率的对应关系[④]，中国城镇化水平还具有较大的上升空间，未来发展的潜力巨大。世界银行预计，未来 20 年内，中国的城市人口每年新增数量相当于一个东京或是布宜诺斯艾利斯，到 2030 年，城市居民占总人数比重将从 1/2 上升到 2/3。这会成为中国经济增长的推动力，但也取决于城市发展政策的设计和实施。[⑤] 一言以蔽之，当前中国的城镇化发展的现状是地位重要、机遇良好、潜力很大，需要大力推进。

诚然，城镇化发展的必然性几乎成了无可争议的议题，但是城镇化发展的合理路径却是困扰中国城镇化发展道路的难题。关于中国城镇化的战略导向问题，理论界向来莫衷一是，大致可以分为两个主要的派别，一个是撇开农村孤立地发展大城市的“大城建派”，表现为片面追求城市规模的扩大及城市数量的增加；另一个是盲目无序发展小城镇，实施“村村点火，户户冒烟”的乡村城镇化。受此影响，中国城镇化

---

① 根据《中华人民共和国 2019 年国民经济和社会发展统计公报》有关数据测算。

② Ray M.，Northam. *Urban Geography*，John Wiley & Sons. 1975. p. 66. 对此，陈彦光、周一星（2005）认为，Northam 理论在“本土化”的过程中，由于人们想当然地对各个阶段分界赋予了临界指标而产生了一些不必要的误会和歧见。他们修正并且改进了 Northam 曲线，得到一个四阶段的划分，即 19.04% 之前的城镇化初期阶段、19.04%—50%（含）的城镇化加速阶段、50%—80.96% 的城镇化减速阶段以及 80.96% 之后的后期阶段。显然，这并不影响我们对当前城镇化处在加速发展阶段的判断。陈彦光、周一星：《城市化 Logistic 过程的阶段划分及其空间解释——对 Northam 曲线的修正与发展》，《经济地理》2005 年第 25 卷第 6 期。

③ 牛文元：《中国新型城市化报告（2009）》，科学出版社 2009 年版。

④ ［美］霍利斯·钱纳里、［以］莫伊思·赛尔昆：《发展的型式：1950—1970》，李新华等译，经济科学出版社 1988 年版。

⑤ The World Bank，Development Research Center of the State Council，the People's Republic of China，*China 2030：Building a Modern，Harmonious，and Creative High – Income Society*，www. worldbank. org. February 27th，2012.

的具体路线历年来也是摇摆不定，从改革开放以来国家关于城镇化发展的指导性意见来看，也是经过了“严格控制大城市规模，合理发展中等城市，积极发展小城市”“严格控制大城市规模，合理发展中等城市和小城市”“小城镇、大战略”以及“坚持大中小城市和小城镇协调发展”等发展阶段。正因为如此，本书的一个重要任务就是在认识城镇化必要性的基础上探索基于中国实际的城镇化发展的合理路径。为此，本书从经济效应和福利效果两个方面来理解和审视中国城镇化的历史及当前发展中面临的问题，主张未来的城镇化道路模式应该力图找到两者之间的平衡，实现空间集聚与空间平衡的统筹兼顾，推动效率和公平的协调。

二　城镇化最具特征、最普遍的表现形式是经济活动的空间集聚

对“城镇化”概念本身的理解因为不同的研究角度会有所差异。著名学者查尔斯·蒂利①（Charles Tilly）根据不同学派对人口活动、人口特征及地域空间三个重要因素的关注程度，对其做了如下的划分：一是注重研究人口特征与地域空间关系的人文生态学派。认为城镇化表现为人口向城镇集中的过程。二是注重人口活动与人口特征关系的社会学中的规范学派和互动学派。两者都认同城镇化是城市物质文明、生活方式及文化的扩散过程。不同的是，前者强调分属不同社区的人口参与不同活动而形成的共同规范，后者强调人口参与不同活动形成人际关系网从而导致城市社群网取代乡村社群网的过程。三是注重人口活动与地域布局关系的区位学派，认为城镇化是农业活动向非农活动转变的产业结构转换的过程。

本书认为，上述理解的角度实际上都可以统一而直观地反映在地域空间变化的认识上：人口集中的过程实际上是人口地域分布变化的过程；产业结构转换的过程实际上是产业区位所构成的特有经济空间变化的过程；城市物质文明、生活方式及文化的扩散过程实际上是伴随经济

---

① 查尔斯·蒂利（Charles Tilly，1929—2008），美国著名社会学家，其城市化研究卓有成效。代表性著作为：Charles Tilly，*An Urban World*，Boston：Little Brown and Company Inc，1974. 本书引用其观点转引自徐学强《城市化空间过程与空间组织和空间结合》，《城市问题》1986 年第 3 期；叶舜赞《城市化与城市体系》，科学出版社 1994 年版，第 3—7 页。

发展的农村居民不断吸收城市文明的过程。所以，本书认为地域社会性质和景观转化的空间过程才是城镇化最具特征、最普遍的发展过程。或者更简单地说，城镇化是一种空间过程。

城镇化发展的背后是产业集聚引导的经济活动空间集聚的内在微观机制。

经济活动的内生力量促成了经济行为主体及相关要素在空间上的集聚，由此形成的集聚效应又进一步带来了新的集聚动力，从而形成一个空间集聚的自我强化的机制，促进了城镇的产生；随着城镇的发展，若干“低等级”（lower - order）城镇会升级为“高等级”[①]（higher - order）城镇，单一中心的空间地理结构会逐步发展成多中心的城镇地理，进而形成城镇层级体系。这一系列的过程我们将之视为城镇化的发展过程。并且，前者可以视为城镇形成的内部演化空间过程，后者可以视为城镇层级形成的外部扩散的空间过程。

对于内部演化的空间过程，可以分为“内生集聚动力的外在化”与“城镇集聚效应的内在化”两步。内生集聚动力的外在化是指经济行为主体的内在集聚倾向对其所在布局区域逐渐产生影响的过程。具体表现为该区域的状态向量随着外部输入向量的作用而发生相应的变化。直观的解释如下：由于经济系统中存在报酬递增的诱惑，这种经济主体往往会经不住诱惑而集中于某地进行大规模的生产活动以索取递增的报酬。同时，为该经济主体提供服务的行为人通常会为了节省通勤成本而选择在集中于某区位的经济主体附近居住。同样的道理，经济主体集中的区位也吸引了与之相关的经济活动及从业人员，从而形成了人口的集中。城镇集聚效应的内在化是指人口、企业等经济行为主体及经济活动集中形成集聚之后产生出来的集聚经济效应引发的外部性被该区域产业内的行为主体内化，从而使既成集聚区域的环境不断优化，进一步形成集聚推动力，促进集聚规模和性质发生变化的过程。直观的解释如下：集中的人口和经济活动形成了集聚经济的外部效应，以至于与初始集中

---

① 所谓高等级城市指的是，相对于低等级城市来说，它不仅从事低等级城市所从事的一切活动，而且还会从事其他活动。这个由“低”到“高”的过程也可以直观地描述为：集聚导致一些小城市的产生，这些小城市只包含产业 1。然后随着发展的深入，会出现一些既包含产业 1 又包含产业 2 的更大的城市。如此往复继续发展，慢慢地经济体中就出现了城市的层级体系。

布局的经济行为主体无关的行为主体和经济活动也加入进来，从而形成了空间集聚的城镇化。①

外部扩散的空间过程，是一种基于产业外溢推动的单中心城镇向多中心城镇演变从而形成城镇层级体系的纷繁复杂的过程。具体可以阐述为：随着集聚的扩大，特别是人口规模的不断扩大，单中心城镇中具有较高的替代弹性或是具有相对较高的运输成本的低层级产业最先出现了外溢倾向而在单中心城镇周边形成较低层级的城镇。起初，这种较低层级的城镇基于相对较低层级的产业，其本身暂时并不具备充分大的前向和后向联系来改变现有的空间结构，而只是在原有单中心城镇结构中形成了新的叉形分支。但随着集聚的进一步加强，侧翼城镇不断外移，直到形成锁定位置。这样的过程在不断地重复和加强，集聚不断扩大，产业不断溢出，新城镇不断产生。这些城镇在地域分异规律、距离衰减规律、中心地登记序列规律等一系列经济活动的空间组织规律的影响下发生着相互交流和联系，并逐步经过空间系统均衡稳定的倾向化的调整而形成了空间组合有机化的城镇层级体系。

纵使面对如此详细而又直观的解释，我们还是认为这没有从根本上解开“黑箱式集聚经济”的面纱。我们关心的是到底什么是集聚形成的内在动力，而集聚形成后的外部效应又有哪些？它们到底以怎样的方式影响着新城镇的形成以及城镇层级结构的发展？又如何将这些认识纳入一个相对系统的城镇形成发展模型中呢？这是本书努力的方向，也是本书重要的研究背景。

三　传统竞争范式下“无城市的世界”：一般均衡理论在空间上的尴尬

一般均衡理论是现代主流经济学的微观机制分析的基础，其发展从

① 如果设定 I 为劳动力流、物质流、能源流、信息流、资金流等基本的经济—信息流的集合，表示城镇化过程中整个地域空间系统输入的向量；$\gamma[\tau, t)$ 为时间段 $[\tau, t)$ 内流入区位的向量 I 的总和，其集合表示为 x；T 为时间集合，则城镇化的内部演化空间过程可以用函数表示为：$\varphi: A \rightarrow X$。其中，X 为状态变量的空间集合，$A \subset T \times X \times x$，$\varphi$ 为 A 到 X 的映射。这样，城镇化内部演化的空间过程可以表示为三元组（I, X, φ）。即城镇化的内部空间演化行为是该系统在外部区域输入影响下发生的内部演化以及城市和区域之间相互作用形成的复杂而有机结合的劳动地域分工（参见刘启明《城市化的空间过程、动力机制及调控方略》，《人口与经济》1990 年第 2 期），表现为一种集聚的形成及自我强化的过程。

逻辑上说始于斯密（Adam Smith）“看不见的手”的假说[①]，由瓦尔拉斯（Léon Walras）首先明确提出[②]，经过马歇尔[③]（Alfred Marshall）、希克斯[④]（J. R. Hicks）、萨缪尔森[⑤]（P. A. Samuelson）等的延伸研究，后由阿罗（Kenneth J. Arrow）和德布鲁[⑥]（Gerard Debreu）等集思广益而成体系，形成了著名的阿罗—德布鲁模型（Arrow－Debreu Model）[⑦]。

与本书的研究密切相关的是，建立在规模报酬不变和完全竞争基础上的阿罗—德布鲁模型（一般均衡理论）能否反映并解释现实空间体系的运转情况呢？也就是说，价格竞争机制能否用来解释现实经济活动在空间上集聚的内生形成呢？我们知道，在阿罗—德布鲁模型中，不同商品的特点与不同的区位联系在一起了，就是说即使是相同的商品因为存在于不同的区位也被视为不同的商品。这样，区位的选择变成了商品组成部分的选择，模型似乎可以由此忽视空间的需要。然而，实际情况远非如此简单。事实上，规模报酬不变并且市场结构使完全竞争的传统范式根本无法在均质空间体系中解释经济活动在空间上的集聚形成和增

---

① ［英］亚当·斯密：《国富论》，杨敬年译，陕西人民出版社 2004 年版。

② 瓦尔拉斯在其代表作《纯粹政治经济学纲要》（1874，1877）中首次提出。参见［法］莱昂·瓦尔拉斯《纯粹经济学要义》，蔡受百译，商务印书馆 1990 年版。

③ 马歇尔的研究主要集中在局部均衡理论。参见［英］阿弗里德·马歇尔《经济学原理》，廉运杰译，华夏出版社 2005 年版。

④ 希克斯的研究主要集中在短期均衡分析。参见［英］希克斯《价值与资本》，薛番康译，商务印书馆 1982 年版。

⑤ 萨缪尔森是新古典综合派的代表人物，其关于一般均衡的分析见之于其著作《经济分析基础》。参见［美］保罗·A. 萨缪尔森《经济分析基础》，何耀等译，东北财经大学出版社 2006 年版。

⑥ Kenneth J. Arrow and Gerard Debreu, “Existence of an Equilibrium for a Competitive Economy”, *Econometrica*, Vol. 22, No. 3, 1954, pp. 265－290.

⑦ 对此，国内有经济学家评论道：“从亚当·斯密至今，上下几百年，贯穿全部微观经济学的主题，我看始终只有一个，那就是经济自由主义信条：在自由市场经济中，大量自由的、极端自利的、追逐最大利润和最大效用的个人的分散活动，经由价格和竞争机制调节，会自动趋于和谐、有序、均衡，达到最佳效率状态……这样，用公理化方法，一般地、严格地、间接地证明一般经济均衡存在性和最佳性的阿罗—德布鲁定理，就格外值得注意。因为，它不仅严格证明了最佳的有秩序的经济配置在理论上是完全可以达到的，而且还对达到这种结果所需要的条件作了详细的规定。”（费方域：《译者的话》，［美］哈尔·A. 范里安《微观经济学：现代观点》，费方域等译，上海人民出版社 2006 年版。）

长现象。[①] 下面，我们将均质空间引入阿罗—德布鲁模型，并遵循斯塔雷特[②]（D. Starrett）富有创建性的研究成果以及藤田昌久[③]（Fujita Masahisa）的处理技术，来证明这种情况下空间均衡状态的不可得性。

首先，假定存在满足以下条件的空间经济体系：

1. 体系由地区 L_1 和 L_2（区位 $l = L_1$，L_2）构成，且分别能容纳相当数量的企业（集合 F）和家庭（集合 H）的集聚。

2. 每一个区位 $l = L_1$，L_2 处都有正的土地供应量 S，而且有能够在地区之间运输的种类为 n 的商品。

3. 对于建立在区位 $l = L_1$，L_2 处的企业 $f \in F$，其生产集合由 $Y_{fl} \subset R^{n+1}$ 表示，实现生产计划的由 n 种商品的向量 $y_{fl} \in R^n$ 及 s_{fl} 的土地需求给出。

4. 对于在区位 $l = L_1$，L_2 处居住和工作的家庭 $h \in H$，其消费集合由 $X_{fl} \subset R^{n+1}$ 表示。消费计划由 n 种商品[④]及区位 l 处的土地总量 s_{hl} 的向量 x_{hl} 组成。对于消费集合，家庭 h 有相应决定的效用函数 U_{hl}。这里需要进一步指出的是，该区位处的初始商品禀赋为 y_h，土地禀赋为 $\tilde{s}_h$。

5. 地区内部运输无成本，地区之间的运输存在运输成本。存在一个理性的负责运输的经济人（追求利润最大化），在区位 $l = L_1$，L_2 处分别以当地当时的市场价格购买和出售商品。商品和土地为区位 $l = L_1$，L_2 处的投入品。负责运输者可行的运输计划由 $Z_t \subset R^{4n+2}$ 表示。对于运输者来说，存在两个（正的）商品出口计划，分别为 $Q_{L_1,L_2} \in R^n$（由

---

① 除非空间具有非常强的异质性。当然，异质的空间分布（有学者称之为“第一天性”，William Cronon, *Nature's Metropolis: Chicago and the Great West*, published by W. W. Norton, New York, 1991，这在本书第三章第三节会有详细的阐述）可以用来解释部分集聚现象，但绝对不能是唯一原因，更重要的是集聚形成的内在经济动力（与“第一天性”相对，可称之为“第二天性”）。例如，如何解释东京这样的相对来说缺少自然资源条件优势的区位形成超过三千万人的集聚区域。

② D. Starrett, “Principles of Optimal Location in a Large Homogeneous Area 1974”, in Jacques – Francois Thisse, Kenneth J. Button, Peter Nijkamp (ed.), *Location Theory*, Cheltenham: Brookfield. 1996. pp. 110 – 140; D. Starrett, “Market Allocations of Location Choice in a Model with free Mobility, 1978”, in Jacques – Francois Thisse, Kenneth J. Button, Peter Nijkamp, *Location Theory*, Cheltenham: Brookfield. 1996. pp. 141 – 157.

③ ［日］藤田昌久、［比］雅克·弗朗科斯·蒂斯：《集聚经济学》，刘峰等译，西南财经大学出版社 2004 年版，第 33—54 页。

④ 这里有正和负的部分的差别。正的部分代表家庭正的消费需求；而负的部分代表家庭是劳动力等商品的供给者。

$L_1 \to L_2$）和 $Q_{L_2,L_1} \in R^n$（由 $L_2 \to L_1$），且在运输过程中分别使用来自地区 L_1 和 L_2 的非正的投入品向量 $y_{tl} \in R^n$ 和非负的土地总量 s_{tl}。

那么，根据这些假设条件，可以设定如下的空间配置：在区位 $l = L_1$，L_2 处，存在一个坐落于此的家庭集合 H_l 以及一个企业集合 F_l（显然，有 $F = F_{L_1} \cup F_{L_2}$，且 $H = H_{L_1} \cup H_{L_2}$）。于是，在这个空间系统中就存在着 H 个消费计划（x_{hl}，s_{hl}）以及 F 个生产计划（y_{fl}，s_{fl}），两个出口计划 Q_{L_1,L_2} 和 Q_{L_2,L_1} 以及与之伴随的投入的向量 y_{tL_1}、y_{tL_2} 和土地需求 s_{tL_1}、s_{tL_2}。这实际上就描述了一个区位布局的家庭的消费行为、企业的生产行为以及负责运输的理性经济学人的运输行为。

这个假定的空间配置如果存在并且可行的话，应该满足以下几个条件①：

条件（1），对于地区 L_1 的产品需要达到供需平衡，需求方面主要由消费者的消费（即区位处所有家庭消费 x_{hL_1} 的集合）、其他区域的消费（出口计划，即 $Q_{L_1L_2}$）等部分组成；供给方面主要由初始商品禀赋（即所有家庭商品禀赋 y_h 的集合）、其他区域的进口（即 $Q_{L_2L_1}$，但是这里需要加上运输过程中的投入 y_{tL_1}）及企业的产出（即区位处所有企业产出 y_{fL_1} 的集合）组成。于是就有：

$$\sum_{h \in H_{L_1}} x_{hL_1} + Q_{L_1L_2} = \sum_{h \in H_{L_1}} \tilde{y}_h + \sum_{f \in F_{L_1}} y_{fL_1} + Q_{L_2L_1} + y_{tL_1} \tag{1-1}$$

条件（2），对于地区 L_2 的产品需要达到供需平衡，与条件（1）相同，可以得到：

$$\sum_{h \in H_{L_2}} x_{hL_2} + Q_{L_2L_1} = \sum_{h \in H_{L_2}} \tilde{y}_h + \sum_{f \in F_{L_2}} y_{fL_2} + Q_{L_1L_2} + y_{tL_2} \tag{1-2}$$

条件（3），对于区位处的土地而言，也需要达到至少是供求基本平衡的水平，即有（其中，ψ_l 为区位 $l = L_1$，L_2 处剩余的土地数量）：

$$\sum_{h \in H_l} s_{hl} + \sum_{f \in H_l} s_{fl} + s_{tl} + \psi_l = \sum_{h \in H_l} \tilde{s}_{hl} \equiv S \tag{1-3}$$

显然，在上述三个条件皆满足的情况下，区位 $l = L_1$，L_2 处的所有类型的市场都是出清的。那么，接下来我们需要探讨的是空间系统

---

① 简单地说，遵循一般均衡理论，满足的条件应该是：（1）每种商品的供给与需求相等；（2）企业在规定的生产集合下谋求其利润最大化；（3）家庭在一定的预算约束下追求效用最大化。也就是说，达到均衡价格的时候，经济系统的每个行为人均选择了其偏好的行为，市场出清。

中生产者的利润最大化、消费者的效用最大化以及运输者的利润最大化。

对于企业$f\in F_l$来讲，利润最大化即对于他所选择的区位和可行的生产计划，都有：

$$\pi_{fl}\equiv p_l\cdot y_{fl}-R_l\cdot s_{fl}\geqslant p_m\cdot y_{fm}-R_m\cdot \hat{s}_{fm} \tag{1-4}$$

需要解释的是，这里p和R分别代表市场出清时候的价格向量以及土地租金模式，m为区别于l的另一区位，且所有的（y_{ml}，$\hat{s}_{ml}$）$\in Y_{fm}$。

对于家庭$h\in H_l$来讲，效用最大化即U_{hl}（x_{hl}，s_{hl}）$\geqslant U_{hm}$（x_{hm}，$\hat{s}_{hm}$）。p代表市场出清时的价格向量，m为区别于c的另一区位。同时有（x_{hm}，$\hat{s}_{hm}$）$\in X_{hm}$。

对于运输者来说，利润最大化即

$$\pi_t=(p_{L_2}-p_{L_1})\cdot Q_{L_1L_2}+(p_{L_1}-p_{L_2})\cdot Q_{L_2L_1}+p_{L_1}\cdot y_{tL_1}+p_{L_2}\cdot y_{tL_2}-R_{L_1}\cdot s_{tL_1}-R_{L_2}\cdot s_{tL_2} \tag{1-5}$$

当然，这里的运输计划满足$Z_t\subset R^{4n+2}$。

假设空间是均质的，即对于家庭来说，任何区位的效用函数和消费集合是相同的，且对于企业来说，生产集合是相同的。

于是，一个布局在区位L_1的企业是否有意愿迁往区位L_2的条件是看企业在两地所获得利润差，即：

$$K_f(L_1,L_2)=\pi_{fL_2}-\pi_{fL_1}=(p_{L_2}y_{fL_2}-R_{L_2}s_{fL_2})-(p_{L_1}y_{fL_1}-R_{L_1}s_{fL_1}) \tag{1-6}$$

显然，均质空间的假设条件使生产集合（y_{fL_2}，s_{fL_2}）与（y_{fL_1}，s_{fL_1}）没有差别，于是式（1-6）可以简化为：

$$K_f(L_1,L_2)=\pi_{fL_2}-\pi_{fL_1}=(p_{L_2}-p_{L_1})y_{fL_1}-(R_{L_2}-R_{L_1})s_{fL_1} \tag{1-7}$$

同样，一个生活在区位L_1的家庭是否有意愿迁往区位L_2的条件是看家庭在两地所获得的剩余收入差，即：

$$K_h(L_1,L_2)=\lambda_{fL_2}-\lambda_{fL_1}=[p_{L_2}(\tilde{y}_h-x_{hL_2})-R_{L_2}s_{hL_2}]-[p_{L_1}(\tilde{y}_h-x_{hL_1})-R_{L_2}s_{hL_1}] \tag{1-8}$$

均质空间的假设条件使消费集合（x_{hL_2}，s_{hL_2}）与（x_{hL_1}，s_{hL_1}）没有差别，于是同样，式（1-8）可以简化为：

$$K_h(L_1,L_2)=\lambda_{fL_2}-\lambda_{fL_1}=(p_{L_2}-p_{L_1})(\tilde{y}_h-x_{hL_1})-(R_{L_2}-R_{L_2})s_{hL_1} \tag{1-9}$$

综上，加总讨论的两个区位之间的所有企业的利润差以及所有家庭的剩余收入差，并将上文已经得出的 3 个具体的平衡条件代入，可以得到：

$$K=(p_{L_2}-p_{L_1})(Q_{L_1L_2}-Q_{L_2L_1}-y_{tL_1})+(p_{L_1}-p_{L_2})(Q_{L_2L_1}-Q_{L_1L_2}-y_{tL_2})+(R_{L_2}-R_{L_1})(s_{tL_1}+\psi_{L_1}-S)+(R_{L_1}-R_{L_2})(s_{tL_2}+\psi_{L_2}-S) \quad (1-10)$$

将式（1－10）做适当整理，调整出运输者的利润π_t，得到：

$$K=2\pi_t+(p_{L_2}+p_{L_1})(-y_{tL_2}-y_{tL_1})+(R_{L_2}+R_{L_1})(s_{tL_1}+s_{tL_2})+(R_{L_1}+R_{L_2})(\psi_{L_1}+\psi_{L_2}) \quad (1-11)$$

将式（1－11）继续做适当变形得到：

$$K=K_1+K_2+K_3+K_4$$

$$K_1=2\pi_t$$

$$K_2=2[(p_{L_2}+p_{L_1})/2](-y_{tL_2}-y_{tL_1})$$

$$K_3=2[(R_{L_2}+R_{L_1})/2](s_{tL_1}+s_{tL_2})$$

$$K_4=2[(R_{L_2}+R_{L_1})/2](\psi_{L_1}+\psi_{L_2})$$

可见，K_1 即为运输者所获得利润的两倍，囿于运输者利润最大化的设定，其必定非负；K_2 和 K_3 可以视为运输者在平均价格（$p_{L_2}+p_{L_1}$）/2 和平均土地租金（$R_{L_2}+R_{L_1}$）/2 条件下的成本的两倍，考虑运输成本的设定下，其必定为正；K_4 由非负的土地租金决定其比为非负。所以，在这个包括两地区的空间模型中，企业和家庭在区域内移动的动机总是严格为正的。而事实上，竞争均衡的结果是经济系统内的行为人（包括企业和家庭）都没有移动的动机。于是，可以分为下面两种情况来理解这个结论：

情况 1：如果经济活动不可分，亦即消费者及相关商品在地区之间的运输不可避免，也就是运输成本必然存在。根据上面的分析证明，这种情况下经济行为人总是有变换区位的愿望，系统中充斥着“交叉再定位”①（cross－relocation）的行为，根本不可能形成竞争性均衡②。这

---

① 即在我们分析的系统中出现原本布局于 L_1 的行为人想重新布局到 L_2，而同时，原本布局于 L_2 的行为人也总是会倾向于重新布局到 L_1。

② 事实上，经济活动的不可分性也意味着规模经济，这决定了经济系统中厂商的生产集是非凸性的，那么，阿罗—德布鲁模型中生产函数严格拟凹的假设就不能成立了，也就是说阿罗—德布鲁模型不能用来处理这个问题了。参见翁瑾、刘明宇《经济学关于空间结构研究的综述》，《当代财经》2006 年第 6 期。

就是运输成本与竞争性均衡相互排斥的“空间不可能定理”①。

情况 2：如果经济活动是可分的，经济行为人在各自的区位就能够实现自给自足，即能成功地将其运输成本降低为绝对小值（为零），竞争均衡出现了。但也形成了“后院资本主义”② 景观。这也是米尔斯③（E. S. Mills）所描述的著名的“无城市世界”的情形。

“无城市世界（world without cities）”（自给自足的经济空间）：在规模报酬不变和完全竞争条件下，经济系统实现均衡状态时，满足消费者需求的投入或产出将定位在一个接近消费者分布地点的小区域内。这样，每一小区域都实现了自给自足，也就不再需要人和物的运输了。这样，每一个计量单位上都分布着相同数量的人以及相同的生产活动的组合，是一个没有城市的世界。

综合上面的分析，我们看到了基于规模报酬不变及完全竞争假设的一般均衡理论指导下的竞争价格机制在考虑空间问题时的崩溃，认识到竞争均衡模式不可能成为空间经济学的分析基础。事实上，这也在客观上造就了“空间”问题长期游离于主流经济学体系之外的尴尬现实。④同时，这也正是新经济地理学派基于报酬递增、垄断竞争的市场结构以及运输成本重新构建空间经济学分析模式的逻辑起点，是本书研究的重要理论背景。

最后，让我们用藤田昌久、克鲁格曼等有代表性的新经济地理学家那颇具鼓动性的话作为本书研究背景介绍的结尾：

---

① “空间不可能定理”（Spatial Impossibility Theorem）：在一个容纳有限数量的消费者和企业的两地区经济模型中，如果空间是均质的，运输是有成本的，而且偏好必须跨地区方能得到满足，那么，不存在考虑了运输成本的竞争均衡。参见［日］藤田昌久、［比］雅克·弗朗科斯·蒂斯《集聚经济学》，刘峰等译，西南财经大学出版社 2004 年版，第 46 页。

② “后院资本主义”（backyard capitalism）：经济系统中的家庭都相同，各地区有相同的相对价格和相同的生产结构，每个区位的家庭和厂商都为各自生产，表现出自给自足的状态。

③ E. S. Mills. *Studies In The Structure of The Urban Economy*, Johns Hopkins University Press, 1972. p. 4; J. K. Brueckner. *The Structure of Urban Equilibria: A unified Treatment of The MUTH – MILLS Model. Handbook of Regional and Urban Economics*, Volume II, Edited h E. S. Mills. Elsevier Science Publishers B. V. 1987. pp. 822 – 845.

④ 以产业布局和城市发展空间区位选择等空间问题与经济学理论体系的关系是本书关注的重点之一，可参见本书第二章的文献综述。

一直以来，经济地理都是一门重要的学科，如果经济学家对它视而不见，那么并不是因为他们对该学科不感兴趣，而是他实在太难以驾驭了。经济学家们如今如愿研究经济地理，就是因为他们认为新的研究工具，特别是用于分析产业组织、国际贸易和经济增长的建模技巧，已经消除了关键的技术障碍，把原本令人望而生畏的领域变成了理论家的乐土。①

第二节 本书结构特点

一 结构安排

本书研究的落脚点是中国的城镇化问题，具体的分析是在（产业）空间集聚的视角下，通过空间经济学（新经济地理学）的方法展开的。本书的逻辑思路如下：首先，系统回顾并总结了经济学领域对于“集聚和城镇形成发展”问题的思想演进脉络，并以此解释了本书基于空间经济学的方法来研究集聚形成发展及城镇化问题的内在逻辑。其次，分别结合“多样化偏好形成的内生动力”“比较利益形成的外在动力”以及“集聚外部性形成自我强化机制”建立了均质和非均质条件下基于集聚视角的两阶段城镇形成发展模型，构建了内外力结合促进集聚形成与城镇化发展的演化机制。再次，分析了两阶段城镇形成发展模型与中国城镇化发展的具体实践，并对中国城镇化的现状基于理论和实证进行了评判。复次，研究了基于空间集聚的中国城镇化进程中的空间失衡问题，阐述了突出表现为城乡空间差距的中国空间失衡问题的现状。最后，在前面分析的基础上，提出了“在集聚中走向平衡”的中国二元城镇化发展道路的对策。

本书的章节安排及各章的主要内容如下：

第一章是本书概论部分，主要分析了研究的背景及意义，并从主要内容、创新点及不足等方面勾勒出了本书的整体框架。

第二章是本书的理论基础部分，主要从“空间集聚”视角梳理了

---

① ［日］藤田昌久、［美］保罗·克鲁格曼、［英］安东尼·J. 维纳布尔斯：《空间经济学——城市、区域和国际贸易》，梁琦等译，中国人民大学出版社 2007 年版，第 4—5 页。

集聚和城镇形成与发展思想的演进脉络，并总结出了“初始的关注—中途的迷失—回归的努力—复兴的曙光”等发展阶段。“初始的关注”主要表现在古希腊学者（如色诺芬、柏拉图等）对城镇经济的提及、早期经济学者坎梯隆基于运输成本对经济运行模式的研究以及斯密宏大而又略显凌乱的著作中反映出来的产业布局与城镇发展的研究体系。“中途的迷失”主要反映在李嘉图基于其后来被熊彼特称为“李嘉图恶习”的研究方法对空间因素的“冷藏”处理以及马歇尔主要理论体系以及研究技术对空间因素的排斥。值得一提的是，研究发现，“迷失”严格地说主要反映在研究技术上，在认识上这一阶段仍存在着关注空间因素的星星之火，例如著名的“马歇尔冲突”实际上是开启了张伯伦垄断竞争的序幕，并为作为本书研究基点之一的迪克西特—斯蒂格利茨模型奠定了基础；另外，即使是作为“黑箱”存在的马歇尔外部性的研究，也成为后来城镇及集聚经济学的重要依托。“回归的努力”在承接了“迷失”阶段对空间因素认识关注的基础上主要表现为分析技术上的新尝试。按照时间阶段可以划分为两个时期，一是第二次世界大战之前的发展阶段，以区位理论为代表，前者主要是基于完全竞争前提下对市场需求非均质分布的讨论，后者是基于完全竞争前提下对生产要素非均质分布的讨论；二是第二次世界大战之后的发展阶段，以区域经济学和城市经济学为代表。两次努力失败的原因在于没有建立不完全竞争前提下报酬递增、运输成本及要素流动的框架模型。“复兴的曙光”主要反映在新经济地理学派对产业集聚及城镇化创新性的处理技术和解释角度。新经济地理学家则以垄断竞争为理论支柱，结合“本地市场效应”“价格指数效应”构成的集聚力及分散力的博弈解释了经济集聚及城镇形成现象。本书认为，新经济地理学家的研究为空间因素的研究提供了一个主流经济学的标准分析框架，这也构成了本书研究的基础。

第三章是本书的模型构建部分。本书运用主流经济学的一般均衡分析框架，在研究微观主体的动机和行为决策的基础上，构建了均质空间和非均质空间下的两阶段城镇形成发展模型。均质空间下的两阶段城镇发展模型是结合“多样化偏好形成的内生动力”以及“集聚外部性形成自我强化机制”展开的。需要指出的是，当前国内关于产业集聚及城镇化的研究大多是基于马歇尔以“外部性”为核心的集聚经济研究框架。但通过文献的梳理及相关的研究发现，外部性是以经济系统中行为主体的活动已经在空间中形成集聚为前提，反映到生产层面上即具有报酬递增和某种垄断特征性质的企业在市场上从事相关经济活动造就了外部性。这表明外部性是具有报酬递增和某种垄断特征性质的企业从事相关经济活动的结果，而并不是报酬递增的直接原因。所以，作为马歇尔集聚经济框架核心的“外部性”更多的是以模糊掉了集聚形成内在机理的“黑箱”的形式存在的，表现为一种事后的总结分析，而不是事前的前瞻性分析。本书在借鉴“迪克西特—斯蒂格利茨”模型的研究基础上认为，报酬递增源于需求和供给两个方面，一是在消费者的需求方面，如果消费者表现出对差异化产品的多样性需求偏好，那将使得最终产品的生产企业具有报酬递增的特征。二是在中间产品的供给方面，如果生产企业使用了多样化的中间产品，也将使最终产品具有报酬递增的特征。由此，综合起来我们可以将集聚的过程分为两个阶段，一是集聚形成的内生过程：消费和生产领域的多样化偏好形成了收益递增，而收益递增的存在，促进了生产企业的集中布局而形成集聚，并导致了其他相关经济主体及要素的集聚而形成城镇；二是集聚自我强化的外在动力作用过程：城镇形成后，内生形成的集聚将通过外部性产生城镇集聚经济效应，从而促使企业和经济主体的进一步集聚，形成了积累循环的因果关系，完成了城镇自我强化的发展机制。非均质空间的两阶段城镇形成发展模型是结合“比较利益形成的外在动力”以及“集聚外部性形成自我强化机制”展开的。与均质空间下基于市场条件的两阶段城镇形成发展模型不同的是，第一阶段是由于空间非均质条件造成的空间比较利益差异构成了促进城镇形成的外在动力，这不同于均质条件下第一阶段的多样化偏好形成的内在动力。而第二阶段，两种情况下基本上发生着相同的故事。在此基础上，本章进一步分析了两阶段城镇形成发展模型发挥作用需要具备的市场条件以及政府作用的出现对两阶段城镇形成发展模型的影响。

第四章是将城镇形成发展的两阶段模型与中国城镇化发展的具体实践相结合进行研究的实证部分。分析表明，由于特殊的体制原因，中国的城镇化发展几乎没有很好地拟合两阶段发展轨道。本书认为，可以将更多地考虑了政治、国家安全等非经济因素的计划导控形成的产业集聚定义为外致型的产业空间集聚，而将更多地考虑了市场经济因素的计划导控形成的产业集聚定义为适应型的产业空间集聚。改革开放之前外致型的产业空间集聚推动的城镇化是对两阶段城镇形成发展模型的扭曲和偏离，而改革开放之后适应型的产业空间集聚是对两阶段城镇形成发展模型的回归。但是，实事求是地说，鉴于中国正行进在计划经济向市场经济逐步转轨的途中，政府阻碍市场作用的因素还比较普遍地存在，这构成了城镇化进一步回归“两阶段”轨道的障碍。为此，本章继续分析了中国城镇化进程中导致集聚不充分的限制外来人口（主要表现为农民工）的偏见、大力发展小城镇（主要表现为盲目的农村城镇化）的情结以及对城乡差距的盲目悲观心态等各种情况。而且，为了进一步探求城镇化进程中的空间集聚问题并力图推进中国城镇化与产业空间集聚的良性互动，本章还进一步研究了多样化、专业化及其对城镇集聚的效应问题。实证研究表明，中国城镇化进程中的多样化集聚形式更能够推进集聚效应的发挥，从而推进城镇集聚。所以，总结起来，未来基于集聚的中国城镇化发展要调整“适应型”产业集聚中的不合发展实际的“外致型”的因素，扭转阻碍集聚经济发挥作用的错误认识，并引导多样化的产业空间集聚，促进集聚效应的发挥。

第五章将本书的关注视角引入福利经济学的领域。在分析了集聚及其经济效应之后，也考虑到集聚形成的福利后果，主要表现为集聚负面效应造成的空间福利损失的空间失衡问题。经济效应与福利结果相伴相生。在研究分析了基于空间集聚的城镇形成发展的过程以及考察了中国产业集聚与城镇化发展现状的基础上，我们关注的重点自然地由偏向集聚与城镇产生的实证方面的研究转向偏向于探讨由集聚带来的不平衡发展的规范方面的研究，即模型福利效应方面的分析。从两阶段城镇形成发展模型的经济效应来看，内生的多样化偏好构成了集聚和城镇形成发展的内在动力，进而促进了集聚和城镇的出现并形成了外部的集聚经济效应，也就是反过来进一步增强了集聚和城镇的吸引力，从而推进了城镇和集聚的发展，如此循环往复而形成了一种发展的自我强化机制。但需要注意的是，经济效应一定伴随着相应的福利结果。对于两阶段的城镇形成发展模型，从模型的福利效应，特别是空间福利效应来看，需要重点考虑的是集聚地与非集聚地、城镇与农村之间的空间失衡问题。本章的研究表明，两阶段的城镇形成发展模型的运行轨迹中伴随着空间集聚带来的空间失衡有其必然性，空间集聚客观上形成的空间意义上的中心和边缘的划分必然造成资源要素分配上的失衡，进而形成空间发展水平上的差距，这是不可避免的。但西方理论界对城乡关系研究的“合—分—合”的演进路径又从客观上反映了世界经济发展实践中城乡趋向于和谐发展的态势。对于当前中国城镇化进程中的城乡空间差距问题，不仅要认识到改革开放以来中国城镇化向两阶段城镇形成发展模型的轨道回归的过程中以城乡空间差距为代表的空间失衡问题造成的相对福利损失的必然性，同时也要清醒地认识到由于集聚不足使城镇化进程中的集聚效应得不到充分发挥造成的总体福利损失的特殊性。因此，未来要在引导城镇化向两阶段回归的同时兼顾城乡协调发展。

第六章是本书的政策建议部分。基于空间集聚的中国城镇化进程主要面临着两个方面的问题，一是新中国成立以来中国城镇化发展对两阶段城镇形成发展模型的扭曲甚至偏离，突出表现为城镇化进程中的集聚发展不充分。未来要大力推进基于集聚的城镇化发展。二是改革开放以来中国城镇化在回归两阶段城镇形成发展轨道的过程中面临着集聚不足形成的总体福利损失及空间失衡形成的相对福利损失的双重福利损失，主要表现为城乡空间差距的空间失衡问题比较突出并有进一步扩大趋势。未来城镇化发展要重视城乡协调共进；如果说将前者视为本书重点关注的两阶段城镇形成发展模型的经济效应的话，那么显然后者主要表现为空间福利效应；如果说前者是从效率的角度来分析基于集聚的中国城镇化问题的话，那么后者则更多的是从公平的角度来评价衡量中国的城镇化进程。本书认为，存在着兼顾集聚经济发展的“效率”和城乡空间平衡发展的“公平”的城镇化发展道路，即一方面以东部沿海的大城市及中西部地区有条件的大城市为依托大力发展表现为大都市圈特征的城市化，另一方面在大都市圈以外的相对边缘和落后的地区依托县城发展中小城市，推进有重点的农村城镇化，走发展以都市圈为特征的城市化与有重点的农村城镇化协调共进的“二元城镇化发展道路”。

本书的研究思路如下：基于集聚的城镇如何形成发展（城镇形成发展的两阶段模型）→基于集聚的城镇形成发展的经济效应（中国城镇化进程中的集聚）→基于集聚的城镇形成发展的福利效应（中国城镇化进程中的空间失衡）→构建从集聚中走向平衡的兼顾效率公平的城镇化发展模式（二元城镇化道路）。

本书拟按图 1－1 所示的结构逻辑展开研究。

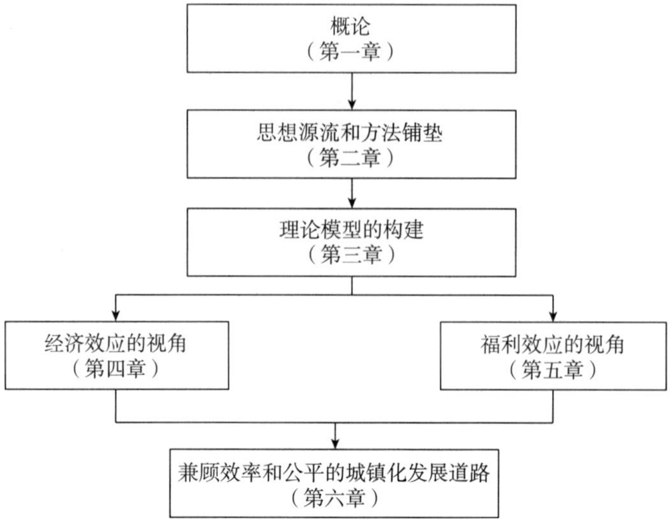

图 1－1　本书结构逻辑

二　主要特点

本书力图从两个方面对当前中国城镇化的研究有所推进，一是试图将城镇化的研究从传统的经验归纳向前推进至逻辑演绎，尽可能运用经济学的一般分析框架来展开研究；二是试图将城镇化的研究从宏观战略的层面深入推进至城镇形成发展的微观机制层面，力图发展宏观城镇化研究的微观基础。

鉴于此，本书运用主流经济学的一般均衡分析框架，在研究微观主体的动机和行为决策的基础上，构建了均质空间和非均质空间下的两阶段城镇形成发展模型。

均质空间下的两阶段城镇形成发展模型是结合“多样化偏好形成的内生动力”以及“集聚外部性形成自我强化机制”展开的。需要指出的是，当前国内关于产业集聚及城镇化的研究大多是基于马歇尔以“外部性”为核心的集聚经济研究框架。但通过文献的梳理及相关的研究发现，外部性是以经济系统中行为主体的活动已经在空间中形成集聚为前提，反映到生产层面上即具有报酬递增和某种垄断特征性质的企业在市场上从事相关经济活动造就了外部性。这表明外部性是具有报酬递增和某种垄断特征性质的企业从事相关经济活动的结果，而并不是报酬递增的直接原因。所以，作为马歇尔集聚经济框架核心的“外部性”更多的是以模糊掉了集聚形成内在机理的“黑箱”的形式存在的，表现为一种事后的总结分析，而不是事前的前瞻性分析。本书在迪克西特—斯蒂格利茨模型的研究基础上认为，报酬递增源于需求和供给两个方面，一是在消费者的需求方面，如果消费者表现出对差异化产品的多样性需求偏好，那将使最终产品的生产企业具有报酬递增的特征。二是在中间产品的供给方面，如果生产企业使用了多样化的中间产品，也将使最终产品具有报酬递增的特征。由此，综合起来我们可以将集聚的过程分为两个阶段，一是集聚形成的内生过程：消费和生产领域的多样化偏好形成了收益递增，而由于收益递增的存在，促进了生产企业的集中布局而形成集聚，并导致了其他相关经济主体及要素的集聚而形成城镇；二是集聚自我强化的外在动力作用过程：城镇形成后，内生形成的集聚将通过外部性产生城镇集聚经济效应，从而促使企业和经济主体的进一步集聚，形成了积累循环的因果关系，完成了城镇自我强化的发展机制。

非均质空间的两阶段城镇形成发展模型是结合“比较利益形成的外在动力”以及“集聚外部性形成自我强化机制”展开的。与均质空间下基于市场条件的两阶段城镇形成发展模型不同的是，两阶段城镇形成发展的第一阶段是由于空间非均质条件造成的空间比较利益差异构成了促进城镇形成的外在动力，这不同于均质条件下第一阶段的多样化偏好形成的内在动力。而第二阶段，两种情况下基本上发生着相同的故事。

当然，挂一漏万，本书还在诸多方面有明显的不足。

第一，本书对于基于产业空间集聚视角的城镇化研究只完成了一个方面的分析。在本书的研究背景和意义中我们将城镇化的形成发展过程演绎成了城镇形成的内部演化空间过程以及城镇层级形成的外部扩散的空间过程两个方面。而且本书期望从根本上解开“黑箱式集聚经济”的面纱。解决“到底什么是集聚形成的内在动力”“集聚形成后的外部效应又有哪些”“它们到底以怎样的方式影响着新城镇的形成以及城镇层级结构的发展”“如何将这些认识纳入一个相对系统的城镇形成发展模型中”等一系列问题。但遗憾的是，本书只完成了城镇化过程中的第一部分的内容，对于城镇层级、城镇体系形成发展的过程还未涉及。这当然也是未来需要重点关注的领域和方向。

第二，本书主要的理论基点是空间经济学（新经济地理学），对于复兴空间问题研究的另一股重要的力量——新兴古典经济学派则选择了回避的态度，这是没有道理的。正因为这样，使本书的研究具有一些必然的缺陷。首先，本书把集聚的重点放在内生动力上，对外生条件反而忽视了；其次，本书的研究基础迪克西特—斯蒂格利茨模型是建立在CES这个特殊的效用函数基础上的，这使本书的研究缺乏普遍性，如果采用普通的效用函数来处理的话就面临着竞争性均衡和报酬递增的不兼容问题。另外，本书的研究也忽视了国际贸易的存在。

第三，本书对产业扩散及产业集聚生命周期对城镇化影响的研究不足。本书的研究重点放在了产业空间布局的集聚方面，对集聚与城镇形成及城镇集聚效应有比较详细的研究。但是，对扩散这一重要的方面关注不足。事实上，回顾城镇化发展的历史，我们可以发现产业集聚的消亡或者说是产业的转移对城镇发展具有“釜底抽薪”般的影响，这种影响可能是危机，也可能是契机，两个方面的案例都有。但本书没有能够对这一机制有更加细致入微的研究，这一点同时也表现在实证方面的欠缺。从另一个更宏观的角度来看，本书的研究只是聚焦在产业集聚的形成和发展方面，这只是产业集聚生命周期的一部分。事实上，任何产业集聚的发展基于其集聚的形式、构成产业的特点、外部环境的变化以及国际宏观经济等因素的变化都有可能出现衰退甚至消亡，本书没有涉及，这也是一大遗憾。

第四，本书对城镇化进程中城镇发展本身的关注不够。本书对城镇基础设施建设、主导产业选择及产业结构演进与城镇发展等具体到城镇发展本身的问题并没有涉及。而且，需要特别指出的是，与产业集聚及城镇化相关的空间福利问题，不仅反映在主要表现为城乡空间差距的空间失衡方面，而且反映在城镇的内部结构及城镇治理方面。但本书只关注了城乡问题，对城镇治理问题没有能够做进一步的探讨。这需要在未来的研究中予以补充。

第二章　空间集聚视角下城镇形成与发展思想的演进

以产业和城镇空间布局问题为代表的空间区位现象在漫长的人类历史长河中早已司空见惯，但在经济学的研究视野中，则经历了跌宕起伏、若即若离的传奇过程。其间，有重视、有忽略、有无奈、也有再现。当前，被称为不完全竞争和收益递增革命“第四次浪潮”[①] 的空间经济理论发展迅速，将经济活动的空间区位问题再一次推到了经济学理论研究的前台，使之成为国内外学者兴趣盎然的研究领域之一。本章的目的就是梳理热点背后的理论渊源，力图通过“初始的关注”“中途的迷失”“回归的努力”及“复兴的曙光”四个阶段的回顾，全面系统地透视经济学理论演进中空间集聚视角下城镇形成与发展问题研究的历史、现状和未来。

第一节　经济学中“从空间集聚视角认识城镇发展”的思想起源

本部分研究的是从古希腊到初期古典学派境地（斯密）的经济思想中对于产业和城镇空间布局问题的关注。经济分析史是从古希腊人开始的，虽然在古希腊时期经济学尚未获得独立的地位，甚至没有与其他

---

① 在克鲁格曼看来，以收益递增—不完全竞争模型的发展为基础，经济学界出现了一系列具有突破性的研究浪潮：第一次是新产业组织理论；第二次是新贸易理论；第三次是新增长理论；第四次则是20世纪80年代末期以来所出现的新经济地理学，试图根据收益递增—不完全竞争模型对经济的空间结构作出新的解释。

学科相区别的标签[①]，但我们还是可以在相关著作中寻得我们所关心问题的一鳞半爪，而这些几乎是后世经济学者所研究的相关问题的思想源泉。

一　古希腊学者："多样化偏好"引导下的城镇形成及集聚经济

早在古希腊时期，有关城镇布局及城镇集聚经济效应的观点和研究就已经出现在一些学术著作中了，其中比较有代表性的是古希腊最早的经济学家之一色诺芬（Xenophon）及哲学家柏拉图（Plato）。

色诺芬较早地意识到了分工与城镇发展之间存在的内在联系，并从分工的角度分析了作为城镇出现先导和空间集聚重要表现的人口集中同专业技能以及产品开发之间的关系。[②] 他认为，只有大城市，而不是小市镇，才能提供分工专业化的市场基础。

> 很难找到精通一切技艺的工人，而且也不可能变成一个精通一切技艺的专家。[③]
>
> 在小市镇上，一个工人要制造床、门、犁和桌子，甚至要造房子，即使这样，也还不易谋生。……但在大城市中，一个人只要从事一种手工业，就可以维持生活了。[④]

不仅如此，色诺芬还对城镇的出现带来的人口等要素集中形成的集聚经济效应有所涉及，认为城镇发展将带来一系列正的外部效应，从而成为增加城镇财富的源泉。

> 因为多数居民会集聚在银矿附近，就可以从那里举行的市集中、从银矿周围公共建筑的租金中、从熔炉和其他类似的泉源中得到大量的收入。而且，如果我们的城市得到这些好处，它的人口就会特别兴旺，而银矿附近土地的价值对于所有者而言，也会上升到同雅典周围土地一样

---

① ［美］约瑟夫·熊彼特：《经济分析史》（第一卷），朱泱等译，商务印书馆2005年版，第91页。

② B. Gordon, *Economic Analysis before Adam Smith*. London, Macmillan. 1975. 转引自：缪军《中国城市化的约束》，《城市规划》2004年第27卷第7期。

③ ［古希腊］色诺芬：《经济论》，张伯健等译，商务印书馆2009年版，第13—14页。

④ ［古希腊］色诺芬：《居鲁士的教育》，沈默译，华夏出版社2007年版，第78页。通过这段话，似乎可以找到市场范围限制劳动分工的"斯密定理"的理论来源。

的价值。①

可以看出，色诺芬提供的认识表现出明显的事后分析的特点，其研究的前提是假定基于集聚的城镇业已形成的事实，关注的是“城市如何让生活更美好”的问题，这实际上是后世马歇尔外部性的具体化和形象化的表述。

在城镇形成发展的问题上，柏拉图的认识显然更加深邃，虽然他与色诺芬一样表现出对分工专业化的肯定，但更难能可贵的是，他在色诺芬的基础上向前推进了一大步，创造性且极富预见性地构建了“多样化偏好—分工专业化—城镇形成—集聚经济—城镇扩大”的城镇形成发展模型，这几乎构成了两千多年后新经济地理学派对城镇形成的基本思路②，也是本书两阶段城镇形成发展模型的重要思想来源。

柏拉图“多样化偏好”引导下的城镇形成及集聚经济的思想模型可以简要地表述如下：

多样化偏好与城镇形成的总体思路：“一个城市的形成是对人的需要的一种反应……之所以要建立一个城邦，是因为我们每一个人不能单靠自己达到自足，我们需要许多东西。……因此我们每个人为了各种需要，招来各种各样的人。由于需要许多东西，我们邀集许多人住在一起，作为伙伴和助手，这个公共住宅区，我们叫它作城镇。”

阶段一：多样化的需求偏好促进人口集中，进而推动分工专业化形成。“一个人（城市的创建者）最迫切需要的是粮食、住房、衣服及其他。那么，城市至少需要有一个农夫、一个瓦匠、一个纺织工人、一个鞋匠或者别的照料身体需要的人。只要每个人在恰当的时候干适合他性格的工作，放弃其他的事情，专搞一行，这样就会每种东西都生产得又多又好，于是，这四个人不会形成自给自足的封闭经济，而是会逐渐进行分工形成专业化。”

---

① ［古希腊］色诺芬：《雅典的收入》，张伯健等译，商务印书馆2009年版，第85页。

② 作为新经济地理学派研究起点和基础的“迪克西特—斯蒂格利茨模型”的一个重要的部分，就是需求的多样化偏好构成了集聚的内生动力。这也是本书构建的两阶段城镇形成发展模型的关键内容。

阶段二：专业化和贸易发展形成集聚经济新动力推动城镇进一步扩大。“一方面，随着专业化的发展，需要超过四个人来供应了。农夫似乎造不出他用的犁头——如果要的是一张好犁的话，也不能制造他的锄头和其他耕田的工具。建筑工人也是这样，他也需要许多其他的人。织布工人、鞋匠都不例外。另一方面，为了满足其他城镇人需要的东西，所以我们的城镇需要更多的农夫和更多其他的技工了。还需要别种助手做进出口的买卖，这就是商人。”

阶段三：城镇进入内生增长轨道：“对城市内部的市场发展而言，需要市场的中介。而且健康的城邦还需要加进许多必要的人和物——例如各种猎人、模仿形象与色彩的艺术家，一大群搞音乐的人，诗人以及家庭教师、奶妈、保姆、理发师、厨师，等等。”①

虽然语言显得形象而略微浅显，但个中流露出的思想光芒是深刻而长青的，一直启发着后人的研究重点和方向。这一点，在接下来的理论梳理和本书研究的模型构建中会有比较明显的体现。

二　坎梯隆：“运输成本”指向下的城镇及城镇经济运行

法国经济学家理查德·坎梯隆（Richard Cantillon）是较早通过空间因素来详细分析经济模式的学者②，他基于运输成本的经济学解释了村庄及城镇的产生和发展，甚至在某种程度上预见了杜能的区位理论，是

---

① ［古希腊］柏拉图：《理想国》，张子菁译，光明日报出版社2006年版，第28—35页。

② 经济学界有一个充满错误、神秘色彩和疑团的传说：凡有幸被亚当·斯密在其著作中提到过的作者，都将获得某种不朽性。而法国经济学家坎梯隆无疑就是这样一位不朽的人物。细读《国富论》可以发现，亚当·斯密在其著作中不止一次地引用过坎梯隆的观点。为此，我们有理由相信坎梯隆的代表作《商业性质概论》是一部不朽的传世之作。而且我们相信，这种不朽性肯定不会也不能够是基于一点或是一个视角的分析，应该是不同的研究角度会有不同的收获。正基于此，我们仔细阅读了坎梯隆的《论一般商业的性质》一书，试图从中追寻早期经济学者的空间思维。分析发现，坎梯隆是较早通过空间因素来详细分析经济模式的学者，他基于运输成本的经济学解释了村庄及城镇的产生和发展，甚至在某种程度上预见了杜能的区位理论。另附斯密《国富论》中对坎梯隆的引用：《国富论》第五章“论商品的真实价格和名义价格，或论用劳动表示的商品价格和用货币表示的商品价格”部分标注引用了坎梯隆《文集》，第1、2页。参见［英］亚当·斯密《国富论》，杨敬年译，陕西人民出版社2004年版，第41页。相关的内容在坎梯隆著作《商业性质概论》的中译本中也能找到，参见［法］理查德·坎梯隆《商业性质概论》，余永定、徐寿冠译，商务印书馆1997年版，第42—47页。第十章“论工资和利润随劳动和资本的用途不同而不同”部分的一般设计和诸多细节，无疑也是得自坎梯隆的启示。参见［英］亚当·斯密《国富论》，杨敬年译，陕西人民出版社2004年版，第128页。

古典区位理论的重要思想来源之一。

在以农业发展为主要经济支撑的时代，土地是一切经济活动的核心。由于土地的不可移动的天然特性，使无论是在土地上种植何种植物，从事耕作的人们（包括租地农场主或土地工人等）都需要集中生活在与自己有关的土地周围。这一点是大部分经济学者都能意识到的问题，坎梯隆显然也认识到了这一点，但他的认识不限于此。在此基础上，坎梯隆进一步解释了租地农场主或土地工人居住在与自己有关的土地周围的原因，是由于“否则下地和回家将占去一天中的大部分时间”①。简单而通俗的描述实际上一针见血地指出了运输成本与村庄产生的关系，我们可以将坎梯隆的村庄形成观总结如下：租地农场主或土地工人为了节约运输成本而居住在与自己有关的土地周围，于是在被耕作的土地上就出现了人们的集中居住区。不仅如此，为租地农场主或土地工人等修造耕地所需工具、犁和车辆的铁蹄匠和制轮匠等，也会为了节约运输成本而选择靠近自己服务对象的生活生产场所。于是在租地农场主或土地工人集中居住的地区会逐渐吸引为农业耕作服务的工匠、家庭仆役等而形成颇具规模的村庄。②

在坎梯隆看来，集镇是在村庄的基础上发展而来的。在那个年代，决定哪些村庄会最终演变为集镇的因素主要是“由于某些富人或权贵的关心”③。但是这只是实现由村庄向集镇转化的状态改变的初始条件之一，村庄转变为集镇的实质是小业主及商人等在村庄的集聚，或者更加确切地说是当一些村庄在某些富人或权贵的关心下成为周围其他村庄的人们进行商品交换的中心场所的时候就标志着集镇的产生。这种集镇的产生相比于让商人和代理商把物品运到各个村庄去以便交换他们的产品表现出了明显的经济性，坎梯隆将之总结为四点，即运输成本的节约性、产品交易的便捷性和交易信息的完全性、交易时间空间上的匹配性

---

① ［法］理查德·坎梯隆：《商业性质概论》，余永定、徐寿冠译，商务印书馆 1997 年版，第 19 页。

② 坎梯隆在《商业性质理论》中也同样表达了另一层意思，即土地的好坏及多样性用途的程度决定了村庄的大小。

③ ［法］理查德·坎梯隆：《商业性质概论》，余永定、徐寿冠译，商务印书馆 1997 年版，第 20 页。

以及商品价格的合理性。[①] 可见，运输成本的节约同样是集镇产生的重要内生原因之一。同时，伴随集镇产生出现的人口及产品的集聚带来了比较显著的经济性，这基本上触及空间经济学研究中的“运输成本”和“集聚经济”两个关键性的主题。

与村庄和集镇相对，坎梯隆解释的城市则是另外一种不同的空间系统，其产生和发展有着独有的特征。不同于基于围绕土地集中居住而形成的村庄以及方便村庄商品交易而形成的集镇，城市的产生则是基于拥有大庄园的地主的集聚。坎梯隆对大小地主的区分主要是看其与土地的关系，当然，这也为区分村庄与城市的差别作了一定的铺垫。仅拥有小庄园的地主需要把取之于土地和租地农场主的产品运送到遥远的城镇，所以他们往往要居住在村庄和集镇。[②] 拥有许多大庄园的地主则有办法生活在远离土地和租地农场主的地方，同其他地位相当的地主、士绅共享愉快的社交生活。正是由于这些拥有大庄园的大地主和贵族的集聚，引来了商人、工匠和各行各业的人，诸如面包师、屠夫、酿酒师、酒商和各类制造商等，这些工匠和业主不仅为贵族服务而且彼此提供服务，形成了复杂的城市社会网络。坎梯隆总结道，“只要许多富有的地主生活在同一个地方，这种聚集就足以构成所谓的城市”[③]。按照坎梯隆对村庄及集镇形成的分析逻辑，城市的形成虽然没有直接提及运输成本的内在机制，但实际上商人、工匠等的集中居住离不开节约运输成本的解释。在另外一章“关于都市”中，坎梯隆直接写道：

为了便于运输，大城市通常建立在海岸或大河两岸，因为利用水路

---

① 坎梯隆著作详细地介绍了这四点：（1）商人沿村贩卖将不必要地增加贩运成本。（2）商人们或许要在到过许多村落之后，才能找到他们所希望购买的、在质量和数量上都合意的产品。（3）当商人来到村里的时候，村民们一般都在田间。由于不知道商人需要什么样的当地产品，他们也拿不出任何已经准备好的适于出卖的东西。（4）在村子里，商人和村民几乎无法确定产品和商品的价格。在一个村庄，商人可能拒绝村民对其产品的要价，而希望在另一个村庄买到更便宜的产品；村民可能拒绝商人对其商品的出价，而希望另一个商人也会到这里来，并以较高的价钱购买它。

② 这有点“成也萧何，败也萧何”的意思，回忆上文，正是由于节约运输成本的需要，才导致了这些人需要居住在土地周围的村庄和集镇。现在，还是由于节约运输成本的需要，这些人不能生活在遥远的城市享受舒适的生活。

③ ［法］理查德·坎梯隆：《商业性质概论》，余永定、徐寿冠译，商务印书馆 1997 年版，第 21 页。

运送保证居民生存与舒适所必不可少的产品与商品，比利用陆路运输便宜得多。①

这将大城市的建立归结为交通运输条件的原因，一定程度上印证了刚才关于“城市形成的解释离不开运输成本”的判断。事实上，这只是相对比较特殊的非均质空间条件下的城镇形成发展的情况。更加一般的均质空间条件下基于运输成本的城镇形成发展的解释会在本书的第三章关于均质空间条件下的两阶段的城镇形成发展模型中会有更加深入细致的展现。

三　斯密：关于“城镇、集聚的经济和福利效应”松散而全面的思路

作为公认的现代经济学的开山鼻祖，亚当·斯密（Adam Smith）在产业和城镇空间布局问题上同样有着宏观、全面而又提纲挈领的阐述。但是，就像熊彼特评价的那样，“斯密的学说很松散，在许多方面都能加以发展”②。确实是这样，斯密对产业城镇发展的空间问题的认识除了主要分布在《国富论》第三篇的“罗马帝国衰亡后城镇的兴起与发展”及“城镇商业如何促进了农村发展”两章之外③，其他各个章节几乎都有涉及。总结起来，斯密关于“城镇、集聚的经济和福利效应”松散而全面的思路主要考察了城镇空间集聚的经济效应和福利效应两个方面的内容。

（一）经济效应：城镇形成及其发展的城镇集聚效应

1. 基于“分工”的城镇起源

斯密的城镇形成发展过程实际上是色诺芬和柏拉图城镇形成发展模

---

① ［法］理查德·坎梯隆：《商业性质概论》，余永定、徐寿冠译，商务印书馆1997年版，第22页。

② ［美］约瑟夫·熊彼特：《经济分析史》（第一卷），朱泱等译，商务印书馆2005年版，第296页。

③ 熊彼特在为《国富论》第三篇撰写的“读者指南”中写道：“第三编所占的篇幅还不到总篇幅的百分之四点五，可以说是第四编的前奏曲，主要从历史角度考察了‘财富的自然增长’，考察了各利益集团所支持的政策是如何扭曲——不论是阻碍还是推动——城市的兴起和城市商业活动的。第三编没有引起人们应有的注意。虽然这一编所表现出来的智慧有点干瘪和缺少灵感，但它却本可以成为前所未有的挂于经济生活的历史社会学的极好起点。”这一判断似乎也预示了产业和城镇的空间问题在斯密之后被忽视的命运。参见［美］约瑟夫·熊彼特《经济分析史》（第一卷），朱泱等译，商务印书馆2005年版，第292页。

型的再现[①]，此处不赘述。

2. 集聚带来“市场扩大”“信息优势”等城镇集聚经济效应

斯密对城镇集聚经济效应的分析散见于《国富论》的各个章节，概括起来主要有两点：一是城镇的集聚经济特性促进分工，而分工促进经济增长。斯密认为，交换能力引起了劳动分工，而交换能力的水平很大程度上决定了分工范围的大小。[②] 他同时表示，城镇的大小反映了交换能力的高低。[③] 可见，在斯密思想体系中，城镇就意味着市场，城镇发展意味着市场范围的扩大，即交换能力提高，从而扩大了分工的范围，实现了经济发展。二是城镇有着独特的规模、信息优势，创造了更多的发展机会。斯密指出，小城镇和乡村市场狭小的天然劣势束缚了贸易随资本扩大而扩大，而大城市广阔的市场则为贸易随资本的扩大提供了更加广阔的空间，同时信用也会随之以更快的速度增加。[④] 显然，资本和信用的同比例扩大带来的是“发大财”的结果。同时，城镇的信息优势也孕育了投机商人的存在和发展，“一个大胆的冒险者有时通过

---

① 斯密认为，城市是社会分工发展到一定阶段必然出现的经济现象，体现了社会分工深化后的经济现象在空间维度的反应。在斯密看来，农民及从农业中分离出来的独立从事非农活动的工匠及商人等不可能相互独立没有来往，而是通过彼此之间的产品交换密切联系在一起，客观上形成了相互依赖、相互帮扶的局面。在斯密眼中，没有某些工匠的帮助，土地的耕种便不可能顺利进行，会遭受巨大的不便和经常的困扰。那么，这种职业上分工是如何反映到空间上的分工进而形成城乡之分的呢？对此，斯密清楚地认识到农民及工匠、商人等的不同特征及其引致的客观经济结果，即工匠、商人等由于其行业特征基本上摆脱了土地束缚，所以他们没有必要像农民一样一直固定在一个地方生活，他们可以为了生存需要改变住地，这可以理解为一种分散的力量；但同时，斯密也看到，工匠之间也是密切联系的，他们的生存和发展需要相互之间提供的服务和帮助，因此他们又有彼此之间住在附近的强烈需求，这又可以理解为一种向心的集聚力量。分散和集聚的力量对比权衡的结果是城市的出现，斯密将此描述为：“这些工匠偶尔也需要彼此帮助；由于他们的住所不像农民那样必须固定在一个地点，他们自然住在彼此附近，从而形成了一个小镇或村庄。”城市的出现与分工形成了积累循环的良性机制，城市形成之后实际上是进一步实现了市场范围的扩大，从而为分工的进一步深化创造了条件，就像斯密指出的那样，屠夫、酿酒人、面包师等不久也会参加进来。连同许多其他的匠人和零售商，这些人都是为供应他们的不时需求所必要的或有用的，他们使得城市进一步发展起来。参见［英］亚当・斯密《国富论》，杨敬年译，陕西人民出版社 2004 年版，第 427 页。

② 斯密关于市场范围限制劳动分工进而影响经济增长的论断被后人称为“斯密定理”。

③ 斯密写道：“有些种类的产业，即便是最低级的一种，只能在大城市中进行。例如，一个搬运夫在其他地方就找不到工作和衣食。一个村庄对于他来说，范围太狭小了；即便是在一个普通的集市，也很少大到足以为他维持固定的职业。”参见［英］亚当・斯密《国富论》，杨敬年译，陕西人民出版社 2004 年版，第 22—23 页。

④ 当然，这是针对具有节约的品质和生意兴隆的商人群体的。

两三次成功的投机买卖，就能发大财；但是两三次的不成功同样可能使他丧失一切。这种生意只能在大城市里做。只有商业和通信最为广泛的地方，做这种生意所要求的信息才能获得。”

3. 城镇发展对乡村改良的促进效应

斯密认为，工商业城镇出现之后立马表现出极大的影响和扩散效应，特别是对乡村的改良和耕种的促进做出了巨大的贡献。在斯密看来，城镇对乡村的结构性的积极效应主要通过两种途径实现①：

一是城镇为乡村提供了巨大的市场支持，并以此为契机直接推进了封建乡村结构的变化。在没有依托于城镇产生的商业和制造业（当然也可以认为城镇是依托于工商业而形成）大规模出现之前，乡村里的大地主过着奢侈而极具排场的生活，其前提就是土地上超过维持耕作者所需要的大部分产物无法进行交换而只有消费掉。这种情况下的浪费可想而知，以至于斯密感叹：“在欧洲的商业和制造业推广之前，富人和贵人们的款待宾客，从国王一直到最小的贵族，都超过了现时我们所能想象的规模。”② 当然，这种经济现象也决定了当时的社会结构状况，大队的侍从和佃农依靠大地主施舍的无法消费的剩余产品度日，依附的关系形成了强大的权威力量③，毫无自由、平等可言。然而，这一切都伴随着城镇的出现而出现了根本性的变化。城镇中工商业的发展不仅为乡村的产品提供了市场，鼓励了乡村的耕种和土地改良步伐，更重要的是为大地主提供了可用其消费不掉的剩余产物来交换的制成品，勾起了他们“最幼稚、最无价值和最卑鄙的虚荣心”。显然，虚荣心是无节制的，逐渐的原本消费不掉的剩余产品显得捉襟见肘。为此，大地主不得不对其生活状态进行“节流开源”的调整，不仅极大地缩减了原本大队的侍从并遣散了不必要的佃农，而且为了将地租提高到他的土地的实际改良状态所能容许的水平上，大地主甚至放开了剩余佃农对土地的长期租约。于是，侍从遣散了、佃农独立了、大地主变得无足轻重了。一

① 实际上斯密在《国富论》中总结出了三条途径：第一，城市为乡村提供了方便的市场；第二，商人在乡村购买土地并予以改良；第三，引进了秩序和良好的政府。仔细分析品读可知，第三点反映出来的乡村社会结构的变化不仅是第一点的客观结果，也是第二点的重点表现，故而这里将之总结为两点。

② ［英］亚当·斯密：《国富论》，杨敬年译，陕西人民出版社 2004 年版，第 458 页。

③ 他们甚至干扰司法正常运行，干扰国家治安。

个平等、独立而自由的乡村社会拉开了发展帷幕。

二是城镇居民的财富往往用来购置乡村里可供出售的未耕作的荒地，客观上形成了城镇财富反哺农村发展的局面。关于作为城镇居民主体的商人为什么在获得财富后倾向于购置乡村土地的原因分析在下面“基于事物自然发展进程的城乡关系的‘自然顺序’”的部分会有相应的阐述。这里主要注重的是商人通过土地购置成为新乡绅之后因为其与传统乡绅的差别而对乡村带来的积极影响。众所周知，商人有着追求资本增值（赚钱）的天性，所以他们希望用出去的钱是带着利润收回来的，因此他们是勇敢的经营者，有着土地改良的动机。而且长期的经商生涯造就的讲秩序、重节约以及谨慎小心的习惯也赋予了他们成功实行改良计划并获得利润的能力；而相比之下的传统乡绅则习惯于消费（享乐），造就了他们成为一个懦弱的经营者（甚至不能称之为经营者）的禀赋。可以说，城镇居民带来的“企业家精神”是乡村发展的重要契机。

当然，城镇对乡村的正效应也是有距离限度的，因为存在着运输成本的局限，并不是无界限的乡村都庇荫在城镇的泽被下。斯密对此举了一个例子，虽然距离城镇 1 英里和 20 英里的谷物在城镇中心的售价是一样的，但显然后者的价格除了补偿普通的农业利润之外必须要支付更多的送入市场的费用（即运输费用）。可见，距离城镇越近的耕种者就节约了需要从更远处将谷物运送进城的运费的全部价值。这一点的发现与坎梯隆的体系高度一致，同时也充满了杜能基于运输成本的单中心城镇周边土地利用模型的影子，我们有理由认为这是对坎梯隆思想的传承，也同样是杜能理论的一个来源。

（二）福利效应：城镇与乡村发展的“自然顺序”及其异化

1. 基于事物自然发展进程的城乡关系的“自然顺序”

对于城镇和乡村之间的关系，斯密认为乡村向城镇供应生活生产资料、城镇向乡村提供制成品，这种相互的供求需要形成的交换关系是文明社会最大的商业关系。而且，这个商业关系中并没有所谓的“谁更受伤，谁更受益”的问题，而是一种“双赢”的局面。进一步，斯密指出事物的性质应该是生活资料先于便利品和奢侈品，所以依托于乡村的耕种和改良的生活资料的生产应该要先于依托于城镇发展的便利品及奢侈品生产。或者更加直观地说，乡村耕种必须先于城镇发展，城镇要立足于乡村剩余生活资料产品的增长方能增长。

不仅如此，在利润相等或者大致相等的情况下，人们会选择将资本投入土地的改良和耕种上，而不是在制造业及贸易上。这个判断主要是基于两个方面的原因：一是商人的财产很大程度上建立在遥远国家和地区的人们的信用之上，比较容易受到意外事件的影响。相比之下，投入土地的资本则更加有保障，其安全程度达到了人类事物的性质所许可的极限。二是乡村优美的风景、生活的闲适等自然属性往往能够给人带来心灵上的愉悦和满足，有着独特的吸引力。而且耕地是人类生存最初的使命所在，人们一般保留着对土地的天然感情和对耕地的天然爱好。①

可见，如果说没有外在的因素，例如人类制度来干扰事物的自然进程的话，每一个政治社会的财富增加和城镇发展必然是地区或乡村改良的结果，并与之保持相同的比例。② 由此，斯密提出了他关于城乡关系的"自然顺序"，即根据事物的自然进程，处在增长中的社会的大部分资本投入相关产业或者行业的顺序应该是农业在先，然后才分别是制造业和对外商业。这种产业发展的"自然顺序"反映到空间属性上就是在任何大城市建立之前，必须先耕种一些土地，必须先在这些城镇建立某种粗糙的制造业，然后才能想到去从事对外商业。

2. 人类制度阻挠下城乡"自然顺序"的异化

城镇的出现形成了城乡之分，那么，城镇是从一出现就相对于乡村有着天然的发展优势吗？斯密以古罗马帝国衰落时期的历史事实为对象阐述了对这个问题的看法。在古罗马帝国的衰落时期，国王的权力正慢慢衰退，有势力的领主们则逐步控制了国家的各个地区。当时的欧洲甚至没有一个国家的国王有能力保护整个国土中的弱小臣民使之不受领主的压迫。这些弱小的臣民要得到保护要么完全沦为大领主的奴隶或者农奴，要么就只有联合起来形成自卫的强大力量。城镇居民当然是憎恨和

---

① ［英］亚当·斯密：《国富论》，杨敬年译，陕西人民出版社2004年版，第427页。在关于"城市商业怎样对乡村改良做出贡献"部分中，斯密甚至直接指出："任何一国通过商业和制造业获得的资本，在其一部分保存于和体现于其土地和耕种改良以前，还是非常不可靠、不确定的财产。""而由于比较坚实的土地改良所造成的财富，除了由敌对的野蛮民族在持续一两个实际中的蹂躏所造成的那种比较激烈的针对，例如罗马帝国衰落前后在欧洲西部各省所发生的震动之外，他是不可能被摧毁的。"［英］亚当·斯密：《国富论》，杨敬年译，陕西人民出版社2004年版，第469—470页。

② ［英］亚当·斯密：《国富论》，杨敬年译，陕西人民出版社2004年版，第228页。

畏惧领主的，他们的财富总是遭受到来自领主的觊觎并遭受其毫无节制的掠夺。国王当然也是憎恨和畏惧领主的。显然，共同的敌人同时也显示出了共同的利益，国王支持市民联合自卫，帮助他们建立起正规的政府并强迫居民按照某种制度或是计划行事从而形成制度化的长久的自卫联盟。事实上，“和他们的领主最为不和的国王，似乎也是在给予城镇这种特权方面最为慷慨的君主”[①]。这不仅使得市民在很大程度上摆脱盘剥并实现自由发展，同时也能够给予国王以必要的支持。可见，国王、领主及市民之间的博弈最终形成了城镇自治及市民自由化发展[②]的客观结果，而这又构成了城镇发展优势确立的基础。斯密进一步分析了实现城镇自治及市民自由化发展基础上城镇优势地位形成的过程。这个过程大致是通过两个方面来实现的，一个就是通过自治城镇的制度手段形成优势。[③] 具体来说，对内主要表现为同业公会制度以及由此形成的同业公会精神。自治城镇主要由工匠和商人组成，他们存在着回避自由竞争形成的价格降低及工资和利润的减少的天然倾向，同业公会及大部分的同业公会法律[④]主要就是为了这个目的而产生的。这样做的结果是，城镇内各个阶级之间的相互贸易，没有一个会因为这些规章而遭受损失。但在同乡村的交易中他们却都是巨大的获利者，这种交易构成了使每一个城镇得到支持和致富的全部贸易[⑤]，从而破坏了城乡贸易中应有的自然平等。对外主要是通过对外国制造品课征高额进口税等其他制度形成了城镇产业的优势地位。通过对外国制造品和由外商输入的一切货物课征高额进口税，确保了城镇商人和工匠免于同外国人的自由竞争，实际上是对城镇产业的极大保护，也使城镇产业比乡村产业享有更优越的地位。另一个是来自城镇本身特点的天然优势。由于城镇是居民

---

① ［英］亚当·斯密：《国富论》，杨敬年译，陕西人民出版社 2004 年版，第 448 页。

② 城市往往被称为“自由市”，市民被称为“自由市民”或“自由商人”。市民当时拥有的特权主要有嫁女权、子女继承权、遗嘱处理财产权等。

③ 本书认为，斯密关于此的阐述和判断开启了后来发展经济学中对于“城市偏向”（urban bias）政策的研究，其代表人物是米歇尔·利普顿，他认为城市精英统治的国家导致了城乡不平等。M. Lipton, *Why Poor People Stay Poor: Urban Bias in World Development*, London: Temple Smith, 1977；成德宁：《城市化与经济发展》，科学出版社 2004 年版，第 66 页。

④ 由于有了这些规章，城市每一个阶级都不得向市内其他阶级以较贵的价格购买自己需要的货物。但作为补偿，他们自己的货物同样也能卖得贵些。

⑤ ［英］亚当·斯密：《国富论》，杨敬年译，陕西人民出版社 2004 年版，第 156—157 页。

集聚的地方，市民具有联合成事的便利条件，自治城镇的产生本来就是市民联合的结果。这种联合不仅带来同业公会组织的普及，更带来同业公会精神的广泛认同，这种精神常常教导他们通过自愿联合或协定，保证他们远离自由竞争的"侵袭"。而相反，乡村居民分散在遥远的地方，不容易联合起来。他们从来没有组织过同业公会，而且也没有受过同业公会精神的影响，所以他们难以联合起来。自然，联合起来的市民相对于分散的农业具有更大的优势。

可见，斯密怀抱着城乡空间平衡发展的美好愿景，但又不得不承认随着人类制度演变而出现的城乡空间失衡发展的事实。虽然斯密没有给出应对这种空间失衡发展的对策建议，但其隐含的意义已经十分明显了。目标是城乡平衡发展，问题是城乡失衡，原因是不合理的制度使然，那么显然需要做的就是进行制度创新，推进城乡平衡发展的未来。这一理解思路正是本书在分析完基于集聚的城镇化的经济效应之后转向第五章的福利分析，然后又转入第六章"在集聚中走向平衡"的政策建议分析的逻辑基点。

著名学者阿尔布莱特认为："自公元5世纪以来，没有发现人类思维模式的最高成就有什么基本变化，这本身就意味深长。在过去的2500年中，文明人以基本相同的方式思考问题。"① 另一位研究古典文明的专家吉尔博特·默里甚至直接指出："自从公元前4世纪，在形而上学或道德王国中，几乎没有新的思想进入人类的头脑。"② 对此观点，虽然读来让人不禁哑然，但事实确实是这样。从上文的分析看到，从研究内容上看，早在公元前5世纪的色诺芬和柏拉图，就已经对城镇形成发展的模型有了全面系统的认识。③ 事实上，其基于多样化偏好及集聚经济的城镇形成发展模型正是本书所构建的城镇形成发展模型的思想来

---

① 威廉·F. 阿尔布莱特:《从石器时代到基督教》(第二版)，约翰斯·霍普金斯出版社1957年版，第121—123页。转引自［美］亨利·威廉斯皮格尔《经济思想的成长》，晏智杰等译，中国社会科学出版社1999年版，第2—3页。

② 吉尔博特·默里:《禁欲主义，基督教与人文精神》，培根出版社1950年版，第85页。转引自［美］亨利·威廉斯皮格尔《经济思想的成长》，晏智杰等译，中国社会科学出版社1999年版，第2—3页。

③ 虽然他们没有用正统严谨的经济学语言将之表述出来，但他对于城镇形成的内在微观机制的作用方式及城镇发展的持续作用力显然已经有了科学而系统的把握，这些思想几乎都被现在的研究结论证实了。

源。而斯密关于“产业和城镇空间布局问题”松散而全面的思路也几乎涵盖了后世关于城镇及产业布局问题的所有内容。其著作中暗含的关于“经济效应”和“福利效应”的区分，对本书研究框架的确定起到了奠基性的指导作用。从研究方法来看，坎梯隆基于运输成本的处理技术，为杜能、劳哈特、韦伯等为代表的区位学派的研究提供了基础，同时也是新经济地理学派研究体系的重要组成部分①，当然，也是本书的重要研究方法之一。

第二节　新古典“无空间维度”的框架下“集聚、城镇”问题研究的局限

如果将第一节“经济学中‘从集聚视角认识城镇发展’的思想起源”看作经济学对空间问题“初始的关注”的话，本部分重点阐述的则是以城镇和产业空间布局为主要内容的空间问题在经济学领域“中途的迷失”。需要说明的是，关于本部分所强调的“迷失”并非认识层面对空间问题的不及，而主要表现在分析思路层面的局限和处理方法层面的尴尬。当然，强调这个问题的客观原因，或者说分析思路层面的局限和处理方法层面的尴尬要发挥作用的前提，必定是由于经济学分析史上承上启下的关键人物的功劳。因为只有这些关键人物的影响才足以改变后世，他们任何主观偏向或是处理技术和方法上的回避都将左右后世的研究方向和技术路线。本书认为，在以“城镇与产业空间问题”为代表的空间因素与经济学的关系史上，李嘉图和马歇尔无疑扮演了类似于“始作俑者”的角色。

一　李嘉图的理论体系对城镇空间因素的“冷藏”

大卫·李嘉图（David Ricardo）的理论被认为是达到了英国古典政治经济学的高峰，是继亚当·斯密后古典经济学的完成者，马克思甚至高度评价其为“英国古典政治经济学的‘最后的伟大代表’”、是“不可逾越的界限”。如果说斯密是将他之前的一切经济知识构建成了一个统一的体系，那么李嘉图则被认为是完成了古典政治经济学的几乎全部

① 新经济地理学的一个重要基础就是研究规模经济与运输成本之间的平衡问题。

理论；如果说斯密论证了资本主义生产方式的优越性，那么李嘉图则被认为是为资本主义发展制定了促使其生产力达到更高水平的经济政策。可以想象，经济学领域中如此重量级的人物对“空间因素”的态度是至关重要的，甚至可以决定之后数百年的理论走向。然而遗憾的是，李嘉图在其理论体系的构建中确实对空间因素采取了遗弃的态度。

李嘉图对空间因素的忽视首先要“归责”于他构建理论体系的研究方法。对此熊彼特有一段经典而形象的描述：

> 李嘉图的头脑不是那种主要对根本原理或是对广泛性的概括感兴趣的头脑。时常萦绕在杜能[①]脑海中的那种关于经济体系的一切要素均具有普遍依赖关系的综合景象，也许从来不曾使李嘉图耽搁至少一个小时的睡眠。他的兴趣在于具有直接实际意义的明确的结果。为了获得这种结果，他把那个总的体系切成一片一片的，尽可能把它的大部分包捆起来，放进冷藏室里，一边使尽可能多的东西冻结起来，成为“既定的”。然后他把使事情简单化的假设一个个堆砌起来，直到通过这些假设实际上使一切安排要当以后只剩下几个集合的变数，在它们之间，根据这种假设，他建立起简单的单向关系，以便所希望的结果在最后显露出来，几乎就像同义异语反复那样。……一种绝不可能被驳倒的、除了没有意思之外什么都不缺少的理论，诚然是妙不可言的理论。应用这种性质的结果去解决实际问题的习惯，我们称之为“李嘉图恶习”。[②]

显然，基于运输成本的空间因素正是李嘉图放进冷藏室既定起来的因素之一，下面我们具体阐述一下空间因素是如何从李嘉图的模型中消失的。

一是将空间差异直接简化为土地生产力的差异，进而通过“土地肥力相当”的假设有效地将空间的考虑从他的分析体系中剔除了。这主要反映在《政治经济学及赋税原理》一书中关于“地租理论”的章节。李嘉图构造的地租模型中，区位之间的差异仅仅表现在土地生产力的差

---

① 关于杜能对空间问题回归经济理论的努力，将在后文“杜能及其追随者的理论贡献与‘产业及城镇区位’研究的推进”的部分中重点阐述。

② ［美］约瑟夫·熊彼特：《经济分析史》（第二卷），朱泱等译，商务印书馆 2005 年版，第 151—153 页。

距上。他按照土地的肥沃程度设计了三种等次的土地，认为“土地数量、质量相异、人口增长导致次一等的土地被耕种是地租产生的原因”①。所以，他将地租定义为是科学意义上土地原有永存之生产力的回报。② 而这个“原有永存之生产力”即为基于土地肥力的土地自然属性。简单地说，李嘉图的地租是基于土地肥力差别而产生的。这样，李嘉图实际上是运用区位之间土地肥力的差别复活了在替换运输成本概念时所遗失的空间问题。于是，李嘉图模型中的经济空间就演变为基于土地肥力差距等自然属性的异质空间，实质上就是将土地生产力的差异强化为了空间区位差异的全部。③ 不仅如此，在《政治经济学及赋税原理》后面的分析时所用的假设中，空间问题都被“土地贫瘠程度相当”④ 之类的表述自然地淡化了。我们可以将这个过程整理如下：李嘉图用土地肥力的不同所造就的地区之间的差异填补了忽视运输成本之后在空间问题考虑上的空白，接着他又通过假设“土地肥力相当”而直接将空间问题忽略掉了。

二是用比较成本几乎完全替代国际贸易理论中的空间运输成本，而且将运输成本定义为与其他形式的成本毫无差别的成本形式，直接弱化了考虑空间区位的差异的必要性。李嘉图的对外贸易理论⑤至少从两个方面形成了忽略空间因素的客观结果。一方面，该理论是建立在一个简化的模型基础上的，这个模型假设世界上只有两个存在劳动生产率差别的国家（英国和葡萄牙）、只生产两种产品（葡萄酒和毛呢）、只有劳动一种生产要素且供给量给定、规模报酬不变、完全竞争市场、贸易平衡等。很显然，运输成本等重要的空间因素被看作不重要的因素而被“既定”了。另一方面，虽然作为英国古典经济学的完成者，李嘉图同斯密一样也认为国际分工和国际交流活动应该根据各国的优势进行，甚至指出“让各国都生产和它的地理位置、气候以及和其他自然或人为

---

① ［英］大卫·李嘉图：《赋税原理》，王文新等译，人民日报出版社 2009 年版，第 30 页。

② 同上书，第 29 页。

③ Robert B. Ekelund, Jr Robert F. Hebert, “Railroads, Engineers, and the Development of Spatial Economics in France”, From a book by the same authors entitled Jules Dupuit, *The Engineers, and the Origins of Microeconomics*, University of Chicago Press. 1999.

④ ［英］大卫·李嘉图：《赋税原理》，王文新等译，人民日报出版社 2009 年版，第 86 页。

⑤ 同上书，第 80—85 页。

的有利条件相适应的商品，并用它和其他国家的商品相交换”[①] 是增进幸福的重要途径之一。但是根本的不同是，斯密的优势是优先考虑空间因素的绝对优势，而李嘉图的优势是替代了空间运输成本因素的比较成本优势。事实上，现实中由于运输成本的存在使国际及区域间的贸易并不一定必然发生，这里存在着运输成本与贸易利益之间的对比权衡。显然，在发生贸易所得利益不足以弥补由于空间差异形成的运输成本时，自给自足往往是应有的选择。[②] 总的来说，空间问题正是从上面两个方面被从李嘉图的模型中删除了。

正像上文提到的，李嘉图及其经济理论对后世产生了巨大的影响[③]，而这种巨大的影响力往往也容易演变为巨大的误导力。李嘉图理论体系中对空间的态度和处理方式对“空间因素”在经济学理论体系中的淡化是难辞其咎的。李嘉图模型及其分析创新在现实中的影响，是将空间因素从主流经济理论中驱逐出去的巨大推动力，从那之后的相当长时期里，空间因素即使被研究过，也是在英国古典经济学的主流演绎模型之外处理的。[④]

二 马歇尔“剪刀模型”及其影响下盎格鲁—撒克逊的“无城镇空间”偏向

李嘉图被视为古典经济学派的完成者，而阿尔弗雷德·马歇尔(Alfred Marshall) 则被视作新古典经济学派的开创者。[⑤] 作为经济学说史上如此举足轻重的人物，马歇尔最为人称道的是将英国古典经济学派(李嘉图主义的) 的分析原理和边际效用学派（杰文斯、奥地利学派)

---

① ［英］大卫·李嘉图:《赋税原理》，王文新等译，人民日报出版社2009年版，第79页。

② 事实上，在考虑空间因素下的国家和地区基于贸易形式发展其优势产业的临界点应该是通过贸易获得的额外收益刚好足以弥补运输成本。

③ 李嘉图的分配理论后来成为微观经济分析的主要对象，而《赋税原理》中考察的国民财富增长、总收入与纯收入、货币流通量与物价变动的关系等内容正是宏观经济学的主要内容。不仅如此，新古典经济学派也是源于李嘉图的理论。为此，甚至有人（琼·罗宾逊等）认为李嘉图是现代经济学的鼻祖。

④ Robert B. Ekelund, Jr Robert F. Hebert, “Railroads, Engineers, and the Development of Spatial Economics in France”, From a book by the same authors entitled Jules Dupuit, *The Engineers, and the Origins of Microeconomics*, Chicago: University of Chicago Press. 1999.

⑤ 熊彼特认为其真正开创了一个学派，其代表作《经济学原理》几乎是一出版就与斯密的《国富论》和李嘉图的《政治经济学及赋税原理》相提并论为“里程碑”式的著作，他本人也被视为现代经济学之父。

的分析原理[①]创造性地折中起来，建立起了以完全竞争为前提，以供给理论——需求分析方式构成的“均衡价格论”为核心的体系，开启了影响深远的“马歇尔综合时代”。但是从本书关注重点的角度来看，令人遗憾的是，正是这套构成现代微观经济学基础的体系真真切切地将“空间因素”挡在了主流经济学的大门之外。我们无法准确判断马歇尔是否受到“李嘉图恶习”的影响，但事实是他确实这样做了。虽然后面我们也要提及他对工业集聚及垄断竞争的关注，但也只是反映了他内心的复杂和斗争罢了，这些空间思想并没有化为严格的数理表达方法而纳入上面的体系，并未改变“空间”长期被主流的新古典经济学所遗弃的命运。[②]

马歇尔将瓦尔拉斯的一般均衡理论“分解”开来，将力学中的均衡运用到其经济分析中，创建了静态的局部分析法，即奠定了现代微观经济学分析方法基础的“局部均衡分析”范式。马歇尔还开创性地运用“剪刀状”供求曲线形象地勾画出了马歇尔局部均衡分析中供给、需求及价格三者的关系。在马歇尔的“剪刀模型”里[③]，假设其他条件不变，有一条需求量随着价格的变化呈反方向变动的表现为向下倾斜的需求曲线，同时也存在一条供给量随价格的变化呈同方向变动的表现为向上扬起的供给曲线。这同一平面上一上一下的曲线就形成了唯一的焦点，从而决定了局部均衡中的均衡价格和均衡数量。

局部均衡分析本身蕴含着对“现实空间”的排斥。就像马歇尔自己指出的那样：“我们可以首先单独研究某种商品的供求和价格的基本关系，用‘其他情况一样’把其他一切力量都暂时当作是不起作用的。”[④] 对此，熊彼特的描述显得更加明晰：“目的在于分析经济中较小部门的现象而打造出来的局部分析工具，这些部门是那些规模过小、在

---

① 或许还应加上的是：瓦尔拉斯的一般均衡体系，杜能的替代原理及边际生产力理论，古诺的供求曲线及垄断的静态分析，杜皮伊及詹金的消费者地租等。

② 马歇尔学派的另一位重要代表 G. F. 肖夫就认为，马歇尔的著作基础应该去李嘉图那里去找。参见［美］约瑟夫·熊彼特《经济分析史》（第三卷），朱泱等译，商务印书馆 2005 年版，第 132 页。

③ 谢作诗、李善杰、李平：《关于马歇尔“剪刀模型”的理论再思考》，《经济前沿》2009 年第 6 期。

④ 《经济学原理》第八版序言，参见［英］阿弗里德·马歇尔《经济学原理》，廉运杰译，华夏出版社 2005 年版，第 8 页。

社会总体中不能通过其本身在生产、价格和对生产要素的需求上的变动而引起反应的个别‘产业’，因此凡是属于这些部门以外的事物都可以作为给定的事物来看待。”[①] 这样看来，马歇尔的局部均衡分析范式构建了这样一个“平滑”的世界：这里是充分竞争，生产者和消费者都是理性的，且对价格和彼此行为具有完全信息，并都集中在一个点进行经济活动[②]；两者都是价格接受者；商品完全可分且能以较小的数量进行生产和消费；经济主体之间能达到价格机制下的最优均衡状态。而与之形成鲜明的对比的是，现实生活中城镇存在的世界是以空间集聚为重要特征的，有城镇存在的“不平整”的世界不可能做到资源的理性分配，而且大规模投资的城镇生产倾向当然也与规模报酬不变的假设相去甚远。这一切都表现出了局部均衡分析的“排空间性”。另外，值得注意的是，马歇尔使用的技术路线也限制了其对空间问题的处理方式。他所倡导的微积分法[③]适合于处理完全竞争的情况下商品及要素完全可分的传统问题，但一旦涉及地理空间以及城镇等具有非线性特征的问题时就显得无能为力了。[④]

不仅如此，马歇尔甚至公开表示了其对“空间因素”毫无道理的偏见：

> 市场在时间上的局限性　此外，市场不但因地区而异，而且也因为使供求力量彼此达到均衡所需要的时间长短不同而有所不同。现在更需要充分注意这种时间因素，而不是空间因素。[⑤]

---

① ［美］约瑟夫·熊彼特：《经济分析史》（第三卷），朱泱等译，商务印书馆 2005 年版，第 128—129 页。

② 赵坚：《引入空间维度的经济学分析》，《中国工业经济》2007 年第 7 期。

③ 值得指出的是，头一个使用微积分法作为经济推理形式的人物居然是杜能。参见［美］约瑟夫·熊彼特《经济分析史》（第二卷），朱泱等译，商务印书馆 2005 年版，第 140 页。这表现出明显的矛盾，杜能基于空间的研究，却又运用了“排空间性”的研究方法。唯一的解释就是杜能虽然运用了微积分法来进行经济运行的推理，但并不重视它，反而是被马歇尔重视并发扬光大。

④ 事实上，用于处理城市和空间问题的数学工具——非线性规划、库恩—塔克条件等直到 20 世纪五六十年代才先后出现。参见赵红军、尹伯成《城市经济学的理论演进与新发展》，《社会科学》2007 年第 11 期。

⑤ ［英］阿弗里德·马歇尔：《经济学原理》，廉运杰译，华夏出版社 2005 年版，第 273—274 页。

马歇尔对空间因素旗帜鲜明的轻视直接影响了盎格鲁—撒克逊经济学家的立场。此后，除了张伯伦的垄断竞争学派[①]以及一些零星的提及[②]之外，这些经济学家们继续着排斥空间因素的研究方式，进一步将马歇尔的偏见深化为更加严重的偏向性。这一趋势在一般均衡理论[③]的发展上表现得尤为明显[④]，希克斯[⑤]、莫萨克[⑥]、兰格[⑦]、萨缪尔森[⑧]等人的研究，莫不是将所有要素和生产者、商品和消费者都集中到了一个针尖大小的区域，将自己拘泥于一个没有空间维度的仙境中。例如，艾萨德（Walter Isard）以希克斯的《价值与资本》一书为对象批判了一般均衡分析，他批评了希克斯通过将运输成本和其他在一个市场内移动的成本设定为零从而将空间因素否定掉的做法，认为这实际上是将自己局限在“一个没有维度的仙境中”，并对熊彼特充分理解希克斯“将运输成本隐含地包括在生产成本”的观点表示反对，明确提出生产理论一定要考虑到运输和空间成本把生产者彼此分离的特殊作用[⑨]，不能像

---

① E. H. Chamberlin, *The Theory of Monopolistic Competition*, Cambridge, Mass. , 1933. ; S. Enke, “Space and Value”, *Quarterly Journal of Economics.* Vol. LVI (August 1942), pp. 627 - 637.

② 在垄断竞争学派之外，也有盎格鲁—撒克逊理论家们零星地研究了空间的某些因素。例如：F. A. Fetter, “The Economic Law of Market Areas”, *Quarterly Journal of Economics.* Vol. XXXVIII (May 1924), p. 525。但不得不指出的是，这些研究对于空间问题大多也只是一带而过，未成气候。参见［美］沃尔特·艾萨德《区位与空间经济》，杨开忠等译，北京大学出版社 2011 年版，第 22—23 页。

③ 马歇尔的局部均衡分析与瓦尔拉斯的一般均衡分析在本质上是相通的，局部均衡分析甚至可以视为一般均衡分析的重要补充和发扬。其“无空间思维”的处理方式为后世的均衡理论所继承，“空间因素”延续着被边缘的地位。

④ 关于以“阿罗—德布鲁定理”为代表的一般均衡理论与空间均衡的不相容性产生的“空间不可能定理”，本书的研究背景部分已经给出了详细的分析和介绍，这里主要强调的是理论演化及其偏向的溯源。

⑤ J. R. Hicks, *Value and Capital*, Oxford. 1939；［英］希克斯：《价值与资本》，薛番康译，商务印书馆 1982 年版。

⑥ J. R. Mosak, *General Equilibrium Theory in International Trade*, Cowles Commission Monograph No. 7. Bloomington. Ind. 1944.

⑦ Oscar Lange, *Price Flexibility and Employment*, Cowles Commission Monograph No. 8. Bloomington, Ind. , 1944.

⑧ P. A. Samuelson, *Foundations of Economic Analysis*, Cambridge, Mass. 1947.

⑨ 藤田昌久教授猜测这个独特作用包括了由空间成本带入价格理论的垄断性因素。参见［日］藤田昌久、［比］雅克·弗朗科斯·蒂斯《集聚经济学》，刘峰等译，西南财经大学出版社 2004 年版，第 20—21 页；［美］沃尔特·艾萨德《区位与空间经济》，杨开忠等译，北京大学出版社 2011 年版，第 23 页。

希克斯那样用隐含的方式回避。

三 “马歇尔冲突”[①] 以及作为“黑箱”的马歇尔“外部经济”

正像本小节的开头部分着重指出的那样，“迷失”只代表了经济学处理技术上的舍弃，而并不代表着认识上的不及。马歇尔的复杂性或者说伟大之处就在于此，他从技术上过滤掉了空间因素，却又奇迹般地在其体系外复活了空间问题。正像熊彼特在《经济分析史》中结束对马歇尔的评价时愿意用较愉快的调子指出的那样：“在伟大成就背后还有更伟大的启示。马歇尔比任何其他经济学家（除帕累托以外）更多地指出自身之外的东西。他没有创立垄断竞争理论，却通过研究厂商的特殊市场指向了这一理论。他的理论是严格静态的，但还指向了动态经济学……自然，他的著作过时了；然而在这部著作里面，却有一种防止它腐烂变质的青春活力。”

马歇尔在《经济学原理》中花费了大量的篇幅描述了生产者集聚的问题，并创造性地总结提出了“外部性”概念，虽然他自己认为这些空间问题没有时间问题重要，但这些创造性的观点却成为后来研究产业和城镇化发展的空间问题重要的理论来源。

马歇尔将专门的工业集中分布的特定地区称为“产业区”（industrial district），并将这种集中于特定地方的专门工业称为“地方性工业”。在《经济学原理》中马歇尔对“地方性产业”在“产业区”的集中分布有简明扼要但又不失系统的描述，涉及“产业区”中“地方性工业”的原始形态、形成原因、效益机制及影响因素等内容。

马歇尔首先描述了地方性工业的原始形态，更加准确地说应该是基于当时工业地区分布特点的初期地方性工业出现的条件分析，主要是从生产和销售两个角度进行了阐述。从生产的角度来理解，原始的地方性工业形态，或者称为地方性工业雏形的出现首先表现为资源指向性的特点。马歇尔指出，“在早期文明阶段中，各地必须依靠本地的资源来生产大部分的笨重货品，除非此地可能有特别方便的水运条件”[②]。可见，地方性工业的形成首先仰仗的条件是生产方面原材料的可得性，地方性

---

① “马歇尔冲突”简单地说就是自由竞争导致规模经济形成垄断，而垄断将破坏竞争影响市场效率。“马歇尔冲突”的关键点在于如何在市场竞争和规模经济之间寻找一个平衡，通过两者合理的配置获得最大的生产效率。

② ［英］阿弗里德·马歇尔：《经济学原理》，廉运杰译，华夏出版社 2005 年版，第 226 页。

工业要么出现在原材料或者动力供给充足的资源富裕地区，要么就分布在拥有极佳区位条件[①]的容易引进资源的地区。那么，地方性工业出现后的持续问题呢？产品的生产只是一个方面的问题，涉及市场的销售问题是另一个方面的重要问题。基于自然条件的原因出现的工业的集中布局为什么能够持续？也就是说为什么有些工业可以集中在一个地方生产而不担心“卖出去”的问题，不需要为了市场的需要分散布局？这就是马歇尔论述的第二个方面的问题，即销售的角度。关于这个部分，马歇尔的描述比较分散，对现象的描述胜过对内在机理的分析。简略地说，就是因为有了“固定集市”及“流动集市”的支撑，使工业制成品可以满足更大范围和更加分散的市场需求，甚至创造出新的需求。“固定集市”和“流动集市”的概念是对马歇尔论述的总结。马歇尔在书中关于工业制成品的销售描述：“其中有些东西只产于几个地方，甚至只产于一个地方，它们之所以行销整个欧洲，部分是由于定期集市和专门商贩的推广，部分则依靠生产者本人。”[②] 在马歇尔看来，这些生产者也是旅行家，他们常常徒步千里出售货物并游览世界，他们使某些种类的货物能够保持正常生产以满足远方购买者需要，而且以在集市或者自己商铺陈列远方新货物的方式在消费者中开创了新的需求。实际上，定期集市可以被认为是为工业制成品提供了固定的交易场所，即“固定集市”，而专门商贩及生产者本人则是为制成品提供了流动的交易场所，即“流动集市”。可以说，正是“固定集市”和“流动集市”的作用，解决了工业制成品的销售问题，支撑了地方性工业的原始形态。

基于对地方性工业原始形态的描述，马歇尔进一步分析了导致工业地区性分布的原因。一是自然条件的原因。或许是因为上一部分的阐述，或许诸如空气、土壤等自然条件影响工业的区位分布本身就是一个不言自明的道理，马歇尔并没有做进一步深入的分析和阐述，只是简要地罗列了当时英格兰的一些地区因为特有的资源条件形成了特有的地方

---

① 区位条件的主要表现就是交通运输的便利性。在这里主要是水运条件，马歇尔描述的地方性工业原始形态的时代主要的交通方式应该就是水运。

② ［英］阿弗里德·马歇尔：《经济学原理》，廉运杰译，华夏出版社 2005 年版，第 226—227 页。

性工业的例子。[①] 二是宫廷的庇护。马歇尔认为："集聚在宫廷里的那群富人需要质量特别高级的物品。这就吸引了有特殊技能的工人从远道而来，而且培养了当地的工人。"[②] 这体现出了"宫廷庇护"的两层意思，一个是宫廷所在地实际上可以看成一个巨大的消费市场，正是由于市场的存在，吸引了工匠的到来以满足需求；另一个是可以将宫廷理解为政府力量，统治者的意志代表了政府行政力量的倾向，"统治者常常有意请来远方的技术工人，并让他们住在一起"[③]，客观上通过技术工人的集聚形成了相关制造业集中分布的地方性工业形态。可见，宫廷庇护之于地方性工业的形成体现了政府和市场的双重作用。不仅如此，马歇尔还提到了其他一些因素，诸如民族的性格、社会和政治制度[④]、商业的便利以及这种或者那种偶然的事件等，他指出，"如果民族的性格和他们的社会和政治制度有利于精美而技术高的工业发展，那么在旧大陆上也许没有一个地方不是在很久之前就有许多繁荣的工业了"，"这种或者那种偶然的事件也许会决定某种工业是否在一个城镇繁荣起来"[⑤]。

马歇尔对"地方性工业在产业区内集中"最精彩、也是后人引用最多的分析来自对地方性工业在产业区内集中所带来的利益的阐述。他将这种利益的提升称为"外部经济"[⑥]，认为"外部经济"非常重要，"这种经济往往能因许多性质相似的小型企业集中在特定的地方——即通常所说的工业地区生产——才能得到"[⑦]。

一是地方性工业在产业区的集中有利于形成积累循环的良性机制，营造协同创新的区域环境。所谓的积累循环的良性机制就是一种锁定状态，能够使地方性工业长时间稳定地存在于特定的地方，就像马歇尔在

---

① 例如，木炭丰富的地区布局炼铁工业；有廉价煤和黏土的地区集中生产陶器；盛产麦秆的地方专门制草帽；等等

② ［英］阿弗里德·马歇尔：《经济学原理》，廉运杰译，华夏出版社 2005 年版，第 228—229 页。

③ 同上书，第 228 页。

④ 我们认为考虑民族性格、社会和政治制度因素开启了后人关于产业（集聚）集群的"根植性"的研究。

⑤ ［英］阿弗里德·马歇尔：《经济学原理》，廉运杰译，华夏出版社 2005 年版，第 228 页。

⑥ 经济学家建立了很多基于马歇尔外部经济的城市和产业集聚模型，但其外部经济来源总不是很清楚，而且外部经济对单个厂商是外部的，对行业来说是内部的，外部经济的基本机制总是很含糊。

⑦ ［英］阿弗里德·马歇尔：《经济学原理》，廉运杰译，华夏出版社 2005 年版，第 225 页。

该部分开篇即提出的结论："当一种工业已经这样选择了适合自己发展的地区时，就会长久设在那里。"[①] 积累循环的良性机制的形成主要得益于知识技术的外溢及相关辅助性行业的伴生。对于产业区内的技术外溢，马歇尔形象地将产业区内的技术比喻为"空气"，产业区内的任何人甚至是小孩子都能呼吸到这种"空气"。这些"空气"的存在不仅使产业区内的知识技术传播顺利快速进行，而且促进了发明和改良的步伐以及各种新思想的诞生。[②] 对于相关辅助性行业的伴生，实际上是加强了产业区的支撑力量，就像是高耸的大厦除了承重墙以外还有辅助墙的帮扶。马歇尔认为，地方性工业在特定地区集中的形态出现之后要不了多久，辅助性行业就会在附近的地方产生了供给上述工业工具和原料、为它组织运输，而在许多方面又为它提供原料的经济。

二是地方性工业在产业区的集中有利于实现中间投入品的经济使用，降低单个厂商的生产成本。一方面，地方性工业在产业区内的集中完全可以提供一个足够容量的市场支撑各种各样专业化供应商的生存和发展。另一方面，专业化供应商面对众多性质相似的企业的供给客观上形成了成本分摊的效果，有效降低了单个厂商的生产成本，"即使在同一种类的生产总量很大的区域里，用于这个行业的个别资金不很大，但有时也能达到很高程度的高价机械的经济使用"。对此，马歇尔解释为："因为辅助行业用生产过程中的一个小部门为许多邻近的工业进行工作，这些辅助工业就能不断地使用具有高度专门性质的机械，虽然这种机械的原价也许很高，折旧率也很大，但也能够本。"[③]

三是地方性工业在产业区的集中有利于提供专业技术工人市场，缓解劳动力市场的供求摩擦。专业技术工人无论是对于自身的求职还是工厂的需求来说，都不是一件容易的事情，就像马歇尔所说的，"一个工

---

① ［英］阿弗里德·马歇尔：《经济学原理》，廉运杰译，华夏出版社 2005 年版，第 229—230 页。

② 这个过程，马歇尔在《经济学原理》（华夏出版社 2005 年版，第 229—230 页）有十分形象的描述："从事需要同样技能的行业的人，互相从邻近的地方获益匪浅。行业的秘密不再是秘密，而似乎公开散发在空气中，连孩子们都不知不觉地学到许多。优良的工作得到恰当的赏识，机械上以及制造方法和企业的总体组织上的发明和改良一有成绩，就迅速得到研究。如果一个人有了新思想就会被别人所采纳，并与别人的意见结合起来，又成为新的思想的源泉。"

③ ［英］阿弗里德·马歇尔：《经济学原理》，廉运杰译，华夏出版社 2005 年版，第 229 页。

厂的厂主，即使能获得一般劳动的大量供给，也往往会因为缺少某种专门技能的劳动而束手无策；而有特殊技能的工人如果遭到解雇，也不易有别的出路”。而事实上，恰恰是在地方性工业集中的产业区刚好为技术型工人和需要技术型工人的工厂提供了一个较为完善的劳动力市场，雇主们往往在这里能够找到所需要的优秀的专门的技术工人，而寻找职业的人也能找到称心的雇主。

可以看到，从古典经济学的结束到新古典经济学的开创，虽然从认识上都有空间因素的考虑，但在处理技术上都不约而同地选择了对空间问题采取弱化甚至忽略的方式。研究是简化了，但离现实却越来越远！

第三节　杜能及其追随者的理论贡献与“产业及城镇区位”研究的推进

主流经济学的“抛弃”并不意味着对于“产业及城镇区位”等空间因素研究的消失，长久以来，处在主流经济学理论体系之外的边缘学者，对于空间问题的研究不离不弃，几乎开创了空间因素融入主流经济学研究体系的新时代。虽然结果并没有实质性改变，但必须指出的是，正是因为他们的努力，才会有后来空间因素返回主流经济学研究体系曙光的出现。

一　缘起：延续“新古典”研究技术的区位理论

以杜能和劳哈特为起点，韦伯、帕兰德、克里斯塔勒及勒施等学者薪火相传，发展了区位理论，迈开了产业及城镇空间布局等空间因素回归主流经济学研究领域的第一步。杜能和劳哈特是区位理论的开拓者，笔者甚至认为两者在区位理论体系中的地位可以与斯密之于现代经济学的地位相媲美。杜能重点分析了考虑运输成本的前提下外生单一城镇周边的农业土地利用问题，其基于运输成本的“合理农业理论”研究方法实际上与其追随者研究工业区位理论的方法在内在逻辑上是一致的。[①] 而劳哈特对于“劳哈特区位三角形”、市场区以及“劳哈特漏斗”

① 笔者认为杜能是利用企业选址的工业区位论的研究方法考察了农业布局的问题。

的开创性研究，基本上勾画出了韦伯、帕兰德、克里斯塔勒及勒施研究指向。虽然，从总体上看，他们的研究是在考虑“运输成本”这一重要空间因素的前提下，利用静态的局部（一般）均衡分析法，以完全竞争市场结构下的价格理论为基础，研究成本最小化或是利润最大化条件下单个厂商及其集聚体——城镇的最优区位选择问题，最终没有能够跳出运输成本与竞争性均衡相互排斥的“空间不可能定理”。但作为“回归的努力”的“序幕”，他们发挥了垫脚石般的基础性作用。

（一）杜能——基于“运输成本”的“杜能圈”及其眼中的产业与城镇

杜能是与李嘉图同时代的人物，或许也正是因此才产生了“既生瑜，何生亮”的“悲情”。李嘉图太过耀眼，盖住了杜能开创性理论的光芒。连熊彼特也为杜能鸣不平，认为李嘉图的光辉来自“对政策的才气焕发的鼓吹”，而杜能则是“超越自己时代写作的人们”① 的主要代表人物，单单从纯理论才能的大小来看，杜能应当在李嘉图之上。马歇尔也宣称②杜能是“同我的所有其他老师相比我最喜爱”的人。本书认为，至少在经济学的空间问题上，杜能有着更深的见地和洞察力。

1. 杜能与李嘉图的异见

杜能与李嘉图在学术体系构建上的分歧直接导致了两人在经济学理论的空间问题上的不同态度，从而也就决定了空间因素在经济学理论体系中的命运。

两人的分歧主要体现在对地租认识的角度上。杜能在论“地租的起源”时写道：“一个田庄的地租是由于它的位置和土地比最劣的、但为了满足城镇需要又不得不从事生产的田庄优越而产生。”“这一优越的

① 熊彼特认为，有许多重要的成就，其有权威的独创性是后来都承认的，但在当时，经济学界完全未能或者差不多是完全未能予以承认。由此，熊彼特认为这些重要的成就是超越它们时代的，“根据事后的判断，我们认为他们在当时未能受到应有的注意，未能产生应有的影响”。我们需要立即向朗费尔德和杜能致敬。参见［美］约瑟夫·熊彼特《经济分析史》（第二卷），朱泱等译，商务印书馆 2005 年版，第 136—137 页。

② 《艾尔弗雷德·马歇尔回忆录》，1925 年，第 360 页。转引自［美］约瑟夫·熊彼特：《经济分析史》（第二卷），朱泱等译，商务印书馆 2005 年版，第 139 页。

价值，以货币或谷物表示，就是地租量。”① 可见，杜能认为地租的产生源于田庄的优劣之分，而其优越性主要表现在田庄的位置和土地的质量好坏两个方面。但这只是杜能初始的判断，在接下来的分析和研究中杜能基本上忽视了土地的质量这一因素②，而将更多的注意力放在了主要表现为城镇之间的距离这一因素上。事实上，由其孤立国模型分析得出的“杜能圈”正是基于这个研究重点得出来的。行文至此，我们自然地回顾起上文中提到的李嘉图的地租理论。李嘉图考察了由于劣等土地的耕种而在优等地和中等地产生的地租。他将土地的优劣程度归因于土地肥沃程度的不同。相比之下，杜能则是将土地距离城镇远近当作产生地租的必要前提，考察的是土地与城镇不同距离条件下由最远的土地耕种而在最近和较近的土地上产生的地租。可见，两人在地租理论上刚好各自强调了土地位置和土地肥力的各一个方面。

正是因为这个区别，我们更能理解两人在对待“运输成本”的问题上表现出的截然相反的态度和做法。李嘉图不仅将运输成本视为与其他成本无异的成本形式，而且将它“冷藏”起来作为既定因素，自然地剔除了他的经济理论体系中的空间因素。而杜能则将运输成本视为成本项目中的重要构成部分，并将生产成本与运输成本并列来特别强调运输成本的重要性。由此，产品的生产地和消费地的距离问题就自然地成了杜能的孤立国生产布局的重要问题。③

2. 杜能的农业区位理论

杜能的孤立国土地利用及农业发展模型是立足于其地租理论展开的。杜能区分了“田庄收入”与“土地收益”，他指出，田庄提供的收入并不是完全来自土地，部分是投资于房屋建筑、垣篱、树木等有价值的东西所产生的利息。所以，地租应该是在田庄收入项下扣除房屋、树木、垣篱等一切可与土地分开的东西的价值所生的利息，之后剩下的属于土地本身的部分。④ 按照这个逻辑并基于杜能给出的孤立国的假设条

① ［德］约翰·冯·杜能：《孤立国同农业和国民经济的关系》，吴衡康译，商务印书馆2010年版，第193页。

② 实际上孤立国模型的一个重要假设就是孤立国全境的土地肥沃程度没有差别。

③ 吴易风：《评杜能的〈孤立国〉》，载［德］约翰·冯·杜能《孤立国同农业和国民经济的关系》，吴衡康译，商务印书馆2010年版，第10—11页。

④ ［德］约翰·冯·杜能：《孤立国同农业和国民经济的关系》，吴衡康译，商务印书馆2010年版，第29页。

件[①]，并以追求利润最大化的农业企业为模型重要的理论假设前提[②]，孤立国的地租可以用公式表示为：

$R=(P-C-Kt)Q-I$[③]

可见，杜能的地租就是出售农产品的收入减去生产、运输成本及投资于房屋建筑、垣篱、树木等有价值的东西所产生的利息之后的部分，是没有扣除赋税的土地的纯收益。[④]

稍微调整上面的公式，以地租（土地的纯收入）为变量，以生产地与销售地即城镇的距离为自变量，得出：

$R=(P-C-Kt)Q-I=[-tK+(P-C-I/Q)]Q$

从这个地租收入公式可以看出，地租收入与生产地和销售地的距离成反比例关系，地租收入随着生产地和销售地的距离的增加而减少。而且，这里存在着两个临界点：一个是运费为零、地租最大时候的市场极限点，另一个是地租为零、运费最大时候的耕作极限点。以距离为X轴，以地租为Y轴，将这两个临界点连接起来得出的以运费率为斜率的曲线被称为地租曲线。杜能耐心地分析了各种不同农业生产方式下土地利用

① 杜能对于其孤立国的土地利用及农业发展模型有一系列的假设条件，总结起来主要是两个方面：一是对于“孤立国”的假设。杜能所研究的孤立国是由一个（也是唯一的一个，没有别的市镇）坐落在沃野平原的巨大城市及其周边的耕作边界组成，离这个中心城市最远的耕作边界往外推则是与外界完全隔绝的未开垦的荒野，表现出孤立的特征。在这个孤立国里没有自然的或是人工的河流可以通航，马车是唯一的交通工具。城市周边的平原土地肥力均质，而且供应整个国家所需的金属和食盐的矿山和盐场就在中央城市附近。二是对于土地利用及农业发展方式决定主体的假设。

② 19世纪中期，英国著名的农业经济学家阿瑟·杨格（Arthur Young，1741－1820）及德国著名的农业理论家阿尔布雷西·特尔（A. Thaer，1752－1828）讨论了资本主义农业生产经营的目的是追求利润最大化这一基本问题。当然分析利润的前提是厘清生产费用及收益等。这些研究对杜能的影响很大，他在《孤立国同农业和国民经济的关系》中写道：“在国民经济学方面亚当·斯密是我的师表，在科学的农业方面则是特尔先生。”（商务印书馆2010年版，第329页）“我所尊敬的老师，已故的政府顾问特尔先生……他对我所研究的整个农业方向及我的造就产生过决定性的影响”（商务印书馆2010年版，第306页）。事实上，《孤立国同农业和国民经济的关系》的写作目的就是反驳特尔关于“改变普鲁士农业的落后状况，应该以轮作式农业生产方式全面取代三区式农业生产方式”的论点，是基于特尔“合理农业理论”的假设前提下探讨农业生产方式的地域配置原则问题。

③ 其中，R表示地租，P、C、K、t、Q、I分别表示农产品出售单价、单位农产品的生产成本、生产地与销售地即城市的距离、农产品的运费率、农产品数量、房屋、树木、垣篱等一切可与土地分开的东西的价值所生的利息。

④ ［德］约翰·冯·杜能：《孤立国同农业和国民经济的关系》，吴衡康译，商务印书馆2010年版，第37页。

情况中地租的特点，实际上详尽地给出了不同农业生产方式下多种作物种植的地租曲线。可以想象，理性的农场主应该会选择地租收入较高（即土地纯收益较高）的农业生产方式及农作物进行生产，由此就形成了不同距离条件下不同的农业生产方式及农作物种植形式，发展成著名的反映农业生产方式空间配置形式的“杜能圈”，或称为“杜能环”。①

3. 杜能的城镇发展及工业区位论（重点是产业集中的离心力和向心力）

杜能的农业区位论实质上分析的是给定单一城镇前提下城镇周边的土地利用及农业空间布局问题。事实上，杜能在《孤立国同农业和国民经济的关系》中也提到了关于城镇的产生、规模、城镇之间的关系及城镇工业产业的集中布局甚至集聚经济等空间经济学的重要问题。

关于城镇的产生，杜能只是在《孤立国同农业和国民经济的关系》第二卷的导论中以简短的一段话带过，他写道：“实际上城镇的形成往往是偶然的事。第一个移民在某地筑屋而居，第二个移民就在他旁边聚居，因为相互协助对双方都有益。出于同样的原因，第三个、第四个……移民也参加聚居，最后形成城镇。如果他们能够任意搬迁，那么他们会很愿意将许多有这种原因形成的或类似原因形成的城镇迁走。”②这段话可谓简约而不简单，不仅涉及城镇的产生，甚至提及了城镇的消亡问题。将居民之间的“相互协作”“有益”视为城镇出现的原因，并将这个原因的消失视为城镇迁址的重要因素，这实际上是触及了集聚经济效应的核心③问题。

---

① 在杜能的原著中是形成了六个线段组成的地租边界线，第一圈为自由农作区，第二圈为林业区，第三圈为轮栽作物制区，第四圈为轮作休闲制区，第五圈为三区农作制区，第六圈为畜牧区。这刚好对应的是以城市为中心形成了不同农作物为主的依次排列的同心圆结构的杜能圈。事实上，为了使模型能够更加接近实际的情况，增加模型的解释力，他逐渐放宽了 4 个假设条件，并研究了相应的情况下“杜能圈”的变化情况：一是考虑土质存在差异时的影响；二是考虑河流干扰因素后的影响；三是考虑若干小城市存在的影响；四是考虑谷物价格变动后的影响。参见［德］约翰·冯·杜能《孤立国同农业和国民经济的关系》，吴衡康译，商务印书馆 2010 年版，第 228 页；李小建：《经济地理学》，高等教育出版社 2007 年版，第 60 页。

② ［德］约翰·冯·杜能：《孤立国同农业和国民经济的关系》，吴衡康译，商务印书馆 2010 年版，第 349 页。

③ 但遗憾的是杜能在这里和后文中并没有进行展开，这个工作最终由马歇尔接手并进行了深入的分析。这在前文的“‘马歇尔冲突’以及作为‘黑箱’的马歇尔‘外部经济’”一节中有详细的阐述。鉴于马歇尔对杜能的高度评价以及他综合折中的特点，有理由相信“马歇尔外部性”的灵感来源于杜能。

城镇的发展离不开产业基础，产业的布局说到底是企业选址问题。对此，杜能对企业选址问题不但拿出了普适性的原则，同样耐心地分析了各种具体的考虑因素。杜能首先放宽了关于孤立国只有一个大城市的假设，承认除了存在一个大城市之外还有若干较小的城镇，认为孤立国中到处都应合理[①]，城镇的大小和分布也必须合乎规律，进而提出了“全境各城镇的大小及相互间距必须有利于国计民生”[②] 的“最高原则”。接着杜能写了以下一段话：

如果工场和工厂在它们的所在地，能够以最低廉的费用进行生产，以最便宜的价格向消费者提供产品，这就符合这一原则。[③]

表面上令人疑惑的是，明明是阐述城镇大小及城镇布局问题的原则，怎么会转到工厂和工场布局的问题上去了呢？实际上杜能这里是承认了企业选址、产业布局及城镇发展之间的紧密联系、不可分割的关系，城镇规模及布局的原则实质上体现的是产业发展的状况及产业布局的问题，或者更微观细化一点就是企业发展和选址的问题，这和本书的主旨思想是一致的。

那么，怎么样“确定何地经营各种工厂最为有利，何地能以最低廉的产品供应市场”[④] 呢？杜能认为，只要能够掌握工厂的秘密及各行业完善的知识，就能知道每个行业一定量产品所分摊到的投资额、工资额、工业利润额等，也就能够知道，并非所有的工厂、工场都要集中在首都，而是大部分应该设在原料最廉价的地方。[⑤] 由此，杜能认为孤立国不仅有一个大城市，而且还应有许多较小的城镇。按照这个逻辑，我们认为，杜能的分析有深层的隐含意思，即首都是作为消费市场而存在，而较小的城镇则更大意义上是作为原料产地吸引相关工业的集聚而存在。实际上是讨论运输成本存在情况下的工厂选址在原料产地及消费

① 这里讲的合理应该指的是个人效用的最大化和企业利润收入的最大化。

② ［德］约翰·冯·杜能：《孤立国同农业和国民经济的关系》，吴衡康译，商务印书馆 2010 年版，第 349 页。

③ 同上。

④ 同上书，第 262 页。

⑤ 这里实际上是承袭了农业区位论中的研究思路，即利润最大化的原则。考虑运输成本的利润最大化问题决定了企业在原料产地和消费市场之间的选择。

市场之间的权衡，相应的，城镇也具有不同的意义。如果选择更靠近消费市场，则更会选址在首都；如果选择更接近原料产地，则会因为工业在原料产地的集中而出现了各种较小的城镇。可见，杜能著作中不同等级的城镇，有的是企业选址的原因，有的是企业选址的结果，反映了企业选址、工业布局与城镇发展的紧密关系。

特别值得注意的是，杜能的著作中涉及了集聚效应问题，或者更为确切地说分析了企业选址于城镇的优点和缺点，体现了工业集聚的离心力和向心力。选址在首都（大城市）的缺点，即“离心力”主要在于：对于原料来说，由于运输费用的存在使首都的原料价格比小城镇贵；对于制成品来说，机器制成品分配给农村的消费者也会产生将其托运到各乡镇的费用；对于必需品来说，食物、燃料、住房等成本在首都更高，这必然导致货币工资更高，进而带来生产成本的增加。[①] 选址在首都的优点，即“向心力”主要在于：大规模的工业化工厂，因为有利可图，才更有动力去安装节约劳动力的机器设备。而工业化工厂的规模取决于其产品的市场需求。而且，因为分工与工业化工厂的规模密切相关，大工厂的人均产出要高于小工厂的。不仅如此，“既然是用机器生产机器，不同的工厂和车间生产的产品就是他们自己所需的，并且，只有工厂和车间挨得足够近，使得他们能够互相帮助而协调生产的地方，比如在大城市，机器才能有效地生产出来……经济理论至今没能充分注意到这一因素。然而正是这一因素解释了为什么工厂的分布通常是社区性的，为什么即便在其他所有方面的条件都适合的情况下，那些孤立地点建立起来的工厂的结局通常仍然是不幸的。技术创新不断地增加机器的复杂程度，机器复杂程度越高，实际操作中对合作的因素要求就越多”[②]。这些因素的结合实际上就能够大致得出工业集聚现象会出现的大概的原因。

---

① Carla M. Wartenberg, *Von Thunen's Isolated State: An English Edition of Der Isolierte Staat*, London: Pergamon Press, 1966, pp. 286 – 287.

② ［日］藤田昌久、［比］雅克·弗朗科斯·蒂斯：《集聚经济学》，刘峰等译，西南财经大学出版社 2004 年版，第 16 – 17 页。Alexander Melamid, "Geographical Reviews", *Geographical Review*, Oct, Vol. 57, No. 4, 1967, pp. 574 – 576; Carla M. Wartenberg, *Von Thunen's Isolated State: An English Edition of Der Isolierte Staat*, London: Pergamon Press, 1966, pp. 286 – 287.

（二）劳哈特——开创区位几何学的“区位三角形”、市场区与“劳哈特漏斗”

劳哈特（W. Launhardt）[①] 是区位理论的主要创始人之一，也是长期被忽视的工业区位论拓荒者。继杜能之后，他的研究几乎开创了区位理论的总体思路。他的“劳哈特漏斗”与“杜能圈”被视为区位论历史上关于市场区域的开创性工作，他关于市场区域决定相关理论的卓越工作得到帕兰德（Palander）、勒施（Lösch）等著名区位经济学家的继承和发扬。其主要理论贡献简述如下：

1. 极点定理（The node theorem）、劳哈特区位三角形（Launhardt's original triangle）与生产区位布局

劳哈特的“极点定理”[②] 是对空间区位经济学的重要贡献之一。他提出了在原料及燃料供应地及产品销售地确定的情况下，如何通过运输成本最小化来确定生产厂商的最优区位布局问题。他根据原料和燃料地及消费地的区位构造了一个区位三角形，寻找使运输费用的最小值点，即区位三角形的极点。“极点定理”是解决链接三个点（三个区位地）的一个生动而形象的解决方案，它是由结点原则及极点原则组成。区位

① 劳哈特（W. Launhardt）对经济学理论的发展作出了卓越的贡献，他在经济学方法论、均衡经济理论以及劳动力理论、货币理论、铁路运价以及区位理论等专门经济学方面都非常有建树。他关于经济学数学化的光辉著作——《国民经济学的数学基础》（W. Launhardt. Mathematische Begründung der Volkswirtschaftslehre. W. Engelmann, Leipzig. 1885. translated by Schmidt, H. and edited and introduced by Greedy, J. as Launhardt's Mathematical Principles of Economics, Edward Elgar, Aldershot. 1993.）甚至应该是经济理论数学化的基础。但遗憾的是，长久以来劳哈特的工作却极少得到经济学界的认可（一个突出的表现就是劳哈特关于经济学数学基础的开创性著作写于 1885 年，而直到 1993 年才被翻译成英文出版）。这主要是由于两个方面的原因，一是其数学方法无论是对于他所处的时代还是后来的很长时期都是相对于经济学界来说比较困难的（Yeung-Nan Shieh, Wlihelm Launhardt and Bid-Rent Curves: A Note, *Journal of the History of Economic Thought*, Vol.26, No. 4. December 2004, pp. 537-542.; Ursula Backhaus, "An Engineer's View of Economics: Wilhelm Launhardt's Contributions", *Journal of Economic Studies*. Vol. 27, No. 4/5, 2000, pp. 424-476.）；二是他主要是通过工程机械的方法和视角在讨论经济问题，这也很难为经济学所接受。参见梁琦、刘厚俊《空间经济学的渊源与发展》，《江苏社会科学》2002 年第 6 期。

② 劳哈特先后在他的两本著作中阐述和发展了他的“极点定理”。一是在 1869 年的著作中，劳哈特主要的兴趣点在于如何让三个区位连接成一个“V”或“Y”。他通过最小化运输成本解决了这个问题；二是在 1872 年的著作中，他进一步精确地思考了这个问题，提出交通连接的规划和建设需要“包括交通运输成本、年利息资金投入及维护成本的总成本最小化”思路。

之间的连接被称为商业痕迹，认识商业痕迹需要去适应的是区域的特征以及被称为技术痕迹的实际构造。劳哈特的“极点定理”在区位理论中运用来处理实际问题的过程如下：设定存在着 A 点和 B 点分别代表两个区位，而在通过直线连接的区位 A 和 B 形成的商业痕迹的旁边存在第三个点 C。那么到三个区位的运输成本最小值点的确定不是简单地连接三个区位点来形成三角形 ABC。按照劳哈特的说法，应该是将直线 AB 打断，并带着它接近 C 点，而同时从 C 点出发引出一条直线向“弯曲”的 AB 线靠近，在交接处形成最小值点。需要注意的是，这里的“弯曲线”不是曲线，而是直线。

劳哈特认为产业的最佳区位布局需要通过考虑区位的自然条件、原材料燃料的区位以及消费地的位置等来决定。而最重要的是运输成本，只有在运输成本最小的点找到之后，才有必要去考虑房地产价格、劳动力教育以及区位布局的景观等。为了将这个抽象的过程具体化，劳哈特将“极点定理”用来决定一种高炉最有效率的区位布局。他假设所考虑区域的区位条件处处相同，即是均质的；运输成本与需要运输的物品重量及运距成比例（可用“吨・千米”来表示）。并设定 A 是铁矿所在地、B 是煤矿所在地、C 是制成铁的消费地，代表生产地的高炉可以布局在 A、B 或者 C 三地中的任何一地，或者也可以布局在三角形 ABC 中。如果高炉布局在 A 处，那么作为燃料的煤炭从 B 运输到 A 的运输费用就是重量乘以距离乘以煤炭从 B 运到 A 的运费率。同样的，制成品运输到消费地 C 的运输费用遵循同样的运算逻辑。当然，生产也可能发生在三角形的内部的 P 点。①

2. 市场区（Market areas）

劳哈特假设有一个垄断的厂商布局在没有边界的平原上；消费者均匀连续地分布在市场区，而且每个单位表面有 n 个消费者；在平原上每个点的个人消费函数都相同；运费率与运输的重量及距离成比例。在此基础上，设定个人消费函数为：

---

① 关于这个区位三角形的具体数学证明可以参见乔治・皮克为韦伯的《工业区位论》撰写的数学附录，参见［德］阿尔弗雷德・韦伯《工业区位论》，李刚剑、陈志人、张英保译，商务印书馆 2010 年版，第 227 页。

$U = ax - a_1x^2$，$dU/dx = a - 2a_1x > 0$，$d^2U/dx^2 = -2a_1 < 0$①

根据边际相等的原则，最佳选择时的情况可以写成：

$(a - 2a_1x)/(p + fz) = w$②

由此，得到个人需求量 x 与距离 z 之间的函数关系如下：

$x = (1/2a_1)[a - (p + fz)w]$

显然，这里 x 对于价格 p 的一阶导数小于 0，x 对于距离 z 的一阶导数也小于 0。由此，对于个人空间需求，劳哈特指出，随着运输距离的增加，商品价格也会随之增加，需求量减少。当运输距离达到一定的值后，需求将消失。所以，一个可以在给定区位进行没有数量限制的生产的商品的市场区将形成一个圆形，这个圆形的半径就是在保证需求量的前提下商品运输能达到的最远距离。③

接下来，劳哈特讨论了处在不同地点的两个生产厂商可能会相互影响各自的市场区域的情况。他假设这两个厂商生产的两种商品作为最终产品的投入品几乎是可以相互替代的。一种产品的质量比另一种产品相对差一些，当然，使用量较大的话会弥补这种质量较差的影响。④ 劳哈特用石灰石和玄武岩修建道路来举例子。修建同样质量水平的道路，如果使用石灰岩的话，其数量要比使用玄武岩多两倍。在这里，石灰岩就是质量相对差的产品。劳哈特假设运输成本是与运输产品的数量和距离成比例的，显然质量较好的产品需要的运输成本就小一些。

劳哈特分析了两个分别位于 A 和 B、距离相差 L 的生产厂商的市场

---

① U 代表总效用，dU/dx 为边际效用，x 为需求数量，a 和 a_1 为正的常数。劳哈特还在著作中指出，当 $U = 0$ 的时候，$x = a/2a_1$，达到最大值。W. Launhardt, *Mathematische Begründung der Volkswirtschaftslehre*, W. Engelmann, Leipzig, 1885, p. 12, translated by Schmidt, H., edited and introduced by Greedy, J., as *Launhardt's Mathematical Principles of Economics*, Edward Elgar, Aldershot. 1993, p. 30.

② P 代表离岸价格；f 表示运费率，z 则代表了生产地和消费地之间的距离，w 为单位价格带来的效用满足（The term which relates maginal utility to price is the price value "w"），是给定的参数。

③ 设定 z' 为这个最远距离，可以得到：$a - (p + fz')w = 0$ 即 $z' = [(a/w) - p]/f$，由此劳哈特进一步得到市场区的形状大小为：$\pi z'2 = \pi(1/f2)[(a/w) - p]2$。

④ 也就是说，质量较差可以通过数量来弥补。就像后文所说的，修建同样质量的公路，可能需要更多的石灰岩和相对较少的玄武岩，这就意味着石灰岩的质量相对于玄武岩来说就差了，但是通过数量上的追加照样可以达到玄武岩达到的效果。或者更简单地说，劳哈特所谓的"质量"的评判来源于生产单位最终产品需要的投入产品的数量多少。

区域问题。A 和 B 的产品的离岸价格分别为 p' 和 p''。同样价值的产品往往包含了不同的重量以至于需要不同的运输成本。从生产地 A 和 B 到消费地的运费率分别用 f' 和 f'' 表示。劳哈特找到了一个使同种价值的两种商品具有相同价格的 E 点。即在 E 点，使 $p' + f'x = p'' + f''y$（x、y 分别表示 A 和 B 到 E 点的距离）。

从上面这个公式可以判断，如果两者的离岸价格和运费不同的话，形成的市场区域是椭圆形的形式。如果离岸价格都是一样的和运费各不相同的话，椭圆的市场区域就会演变为圆形的生产区域。值得指出的是，对于（1）离岸价格不同而运费率相同；（2）离岸价格和运费率都相同，这两种情况下的市场区域的边界不会形成一个封闭的曲线。情况（1）的市场区域边界线是向具有较高离岸价格的生产区位凸出的双曲线；而情况（2）的市场区域边界线则变成一条与两个生产者区位相连的直线相交的直线。如果具有两个以上的生产厂商，则单个厂商的市场区域边界线将会演变为多边形。①

3. 劳哈特漏斗（Launhardt's funnel）与空间竞争（Spatial competition）

"劳哈特漏斗"实质上反映的是运费与销售距离之间的漏斗似的价格关系。简单地说就是销售距离越远，运费越高，成本就越高。这样在最佳区位、销售距离（市场区）及价格构成的三维空间中，形成了一个漏斗状的形式，可形象地称为"劳哈特漏斗"，也有人称为"价格漏斗"。以此为基础，劳哈特发展了双寡头垄断空间竞争模型。

劳哈特将价格形成的过程视为不同企业家之间竞争的结果。他构建了一个"空间竞争"的双寡头模型，并将市场区的边界线视为空间竞争的结果。劳哈特从两个方面讨论了他的双寡头模型，一是生产者位于同一地点的情况；二是生产者位于不同地方的情况。

当生产者布局在同一位置时，研究结果是，质量相对较差的产品围绕共同的生产地点形成了一个圆形的市场领域，而质量相对较好的产品则在另一种产品已经形成的原型销售区域外围形成一个环形的市场区域。因为假设两种产品的价格相同且可替代，所以区位边界线的位置取决于运输成本的大小。

劳哈特模型的第一种情形与古诺的双寡头垄断的相比较存在以下区

① 这在后面的克里斯塔勒及勒施的研究中可以看到更详细的分析。

别：古诺的双寡头垄断涉及两个矿泉水厂商共同供应整个市场。每个矿泉水的厂商都在相似的地区拥有质量相同的矿泉泉眼。他们出售同质的商品，正因如此，商品的售价也相同，所不同的是两者的产量不尽相同。两者都希望实现最大化的利润。如果我们设计的初始状态是存在一个矿泉水的垄断供应商，那么调整过程将是每个厂商在假设另一个厂商的供给量不变的基础上来调整决定对自己最优的供给量，由此形成的均衡状态下每个厂商接受了竞争对手的供给量而自身的供给量在利润最大化的要求下已经没有调整的空间。这样，我们可以看到，虽然古诺和劳哈特的双寡头模型都假定两个生产厂商布局在同一位置并行为自主，但是古诺假定的两个厂商生产同质产品，而劳哈特假设的是两个厂商生产异质产品。可以说，古诺的结论是劳哈特研究的一个特例。①

劳哈特空间竞争模型的第二个情况考虑的是两个位于不同地方的生产者。这个模型在学界被称为“劳哈特—霍特林模型”（Launhardt - Hotelling case），研究了异质性产品的双寡头垄断情况。在劳哈特的模型中，分别位于 A 与 B 的两个生产者相互竞争，市场区域几乎被直线 AB 所确定。虽然产品是异质的，但是它们在技术上是完全替代的。劳哈特假设石灰岩在 A 处生产，而玄武岩是在 B 处出产，这两种产品作为公路地基的作用是可以相互替代的。由于技术上的需要，这里不考虑不同的投入情况，而且边际成本是恒定的。这两种产品的价格决定了修路的哪一部分使用石灰岩，哪一部分使用玄武岩。② 这样，这两种产品的市场区域由直线 AB 来划分。值得注意的是，因为霍特林将区位布局视为变量，而劳哈特却相反，劳哈特假设生产厂商的布局是固定的，所

① J. Schumann, *Grundzüge der mikroökonomischen Theorie*, 6th ed, Berlin: Springer, 1992; Stackelberg, H. von, *The Theory of the Market Economy*, New York: Alan Peacock Oxford University Press, 1952; Ursula Backhaus. “An Engineer's View of Economics: Wilhelm Launhardt's Contributions”, *Journal of Economic Studies.* Vol. 27, No. 4/5, 2000, pp. 424 - 476; Cournot Austin, *Researches into the Mathematical Principles of the Theory of Wealth*, English translation by Nathaniel T. Bacon, The Macmillan Campany, 1897, pp. 79 - 80. 关于古诺模型的详细数学推导过程及图形表示可以参见［英］斯蒂芬·马丁《高级产业经济学》，史东辉译，上海财经大学出版社 2003 年版，第 12—38 页。

② 这句话实质上是后文将要讨论的关于帕兰德市场区域研究的“价格如何影响特定厂商的市场区域问题”。

以有的学者[①]将劳哈特模型视为霍特林模型的一个特例。

霍特林的处理方式可以说是全面超过劳哈特的，两者的主要区别如下：在劳哈特的分析中，绝不可能出现位置的问题，因为他假设 A 和 B 都布局在市场各自的终点。霍特林为两个相互竞争的企业设置了所谓的"保留市场"，及厂商 A 和 B 并不是布局在市场的终点，而是距离终点分别有 a 和 b 的距离作为保留市场。换句话说，通过保留市场的引进，霍特林[②]成功地将区位问题纳入了他的研究范围。

（三）韦伯——以解释"拥向城镇"的空间集聚经济规律为起点的工业区位论

克里斯塔勒认为韦伯（Alfred Weber）在杜能的基础上不断创新，发展了工业区位理论，终于把空间联系引入经济理论领域中。[③] 显然，克氏忽略了劳哈特对工业区位论开创式的理论贡献，但好在他用的是"发展"一词，也算是中肯准确的评价了。[④] 从本书的视角来看，韦伯的贡献不仅在于它全面系统地研究分析了工业区位理论，更重要的在于他基于解释城镇集聚现象的研究背景和思路，虽然没有得出如意的结果，但启发意义是深远的。

1. 城镇集聚现象——韦伯研究的起点和盲点

韦伯在《工业区位论》的序言中写道：

> 我们看到人口不断地向大城市中心集结，无休无止。我们以哲学的目光观察这些现象，谈论所产生的得与失，谈论 Asphaltkultur，或者说"道德之沦丧"。当然，我们对此津津乐道已经有些日子了。我们之中的有些人认为，平民"奔向"大城市似乎仅仅出于"愉悦"的缘

---

① Palander, T., *Beiträge zur Standortstheorie*, Uppsala, Stockholmer Dissertation, 1935, p. 248.

② Hotelling, Harold, Stability in Competition, *Economic Journal*, 1929, 39, pp. 41 - 57. 另外，关于霍特林模型的详细数学推导过程、图形表示及其模型拓展可以见［英］斯蒂芬·马丁《高级产业经济学》，史东辉译，上海财经大学出版社 2003 年版，第 78—109 页。

③ ［德］沃尔特·克里斯塔勒：《德国南部中心地原理》，常正文等译，商务印书馆 2010 年版，第 18 页。

④ 对待这个问题，帕兰德的评判要科学得多，他认为韦伯的理论是对劳哈特区位三角形理论的补充，并称之为"劳哈特—韦伯模型"。参见涂妍、陈文福《古典区位论到新古典区位论：一个综述》，《河南师范大学学报》（社会科学版）2003 年第 30 卷第 5 期。

由——十足的毁灭城市自身及其财富；另一些人认为，人们是遵循必然规律的，比如人流倾向社会压力最低的地方，等等。许多思想集中于“拥向城市”（不仅探讨“拥向城市”的结果，而且探讨其原因）问题上，但是，当我们知道现在还不具备决定经济过程一般规则的任何知识时——当纯经济规律毋庸置疑地以某种方式影响区位，我们有没有找到这种规律时，要获得关于“拥向城市”的原因的任何结论可靠吗？

每一个进入大城市的人，其目的之一是为了某些经济追求。当人们有可能轻易被强大经济力量的铁链束缚的时候，争论文化和社会的动机难道明智吗？……或者当人们为经济目的选择区位时，也不能断言“愉悦”及其他不合理的动机是他们的导向。[①]

由此可以清楚地展现出韦伯《工业区位论》的研究背景，或者说是写作目的，即“拥向城市”的基于经济力量区位分布的一般规则分析。从著作接下来的展开看，韦伯主要是讨论了基于企业（工业）选址的区位集聚问题，并没有阐述人口向城镇集聚的问题。为了解释这种困惑，进一步研究发现，韦伯声称其研究要达到两种目的，一是发展独立于任何特定类型的经济制度的工业区位的纯规律，二是揭示现代经济秩序中规律表现出的特定形式。因此可以判断，在研究所谓的纯规律的时候，“城镇”这个伴随资本主义制度发展起来的区位现象被韦伯抽象掉了，事实上，具体分析中的原料产地及消费地可能实质上就是城镇的不同形态及功能，只是韦伯为了研究的需要将城镇功能的某一个方面抽象扩大化了而已。按照序言中反映出来的研究思路，反映一般区位理论规律在现实中的形态的城镇集聚问题应该是韦伯要达到的第二个主要目的，但遗憾的是，韦伯在《工业区位论》中并没有能够继续完成他的“实际理论”，所以他研究的一般理论终究没有能够落到“城镇”问题的实处。但是，这丝毫不能影响我们对“韦伯的工业区位论与城镇有着密切而不可分割的关系”的结论。或者更具体地说，我们认为，韦伯的“工业区位论”因城镇缘起，也因以全面系统地分析出因素在城镇集聚而结束。

---

① ［德］阿尔弗雷德·韦伯：《工业区位论》，李刚剑、陈志人、张英保译，商务印书馆2010年版，第23—24页。

2. 韦伯“运输”“劳动力”及“集聚”指向下的工业区位论及其延伸

韦伯首先定义了区位因素，即经济活动发生在某个特定的地点而不是发生在其他地点所获得的优势。[①] 或者更确切地说，区位因素就是成本优势[②]，这种优势具体可以理解为特定地点的工业布局带来的成本的节约，取决于工业所在的位置并可以吸引工业的选址。显然，开宗明义，韦伯从一开始就给出了他计划研究的重点。接着，为了使研究更加细化并有针对性，韦伯进行了三个重要的区分：一是区分了“一般区位因素和特殊区位因素”。所有工业都需要考虑的诸如运输成本、劳动力成本及地租等因素为一般区位因素。而只对特定工业有影响的是特殊区位因素。二是区分了“区域因素和集聚分散的因素”。牵引工业到固定区域的地理决定或给定的因素是区域性的因素。而将工业进一步限定在一定点上的因素则是所谓“集聚”和“分散”的要素。三是区分了“自然因素和社会因素”。只随着技术发展而改变的自然现象是自然和技术类型的区位因素。而吸引工业于一地的经济或社会条件或是文明的因素则更多地表现为社会文化的因素。在此基础上，韦伯主要考察的区位因素顺序就是在分析一般区位因素[③]的前提下加入集聚分散因素的考虑。韦伯认为，实际情况往往是，社会文化因素不能从根本上改变他们的运行规律，仅仅有限地决定这些规律在现实里是如何起作用的[④]，所

---

① ［德］阿尔弗雷德·韦伯：《工业区位论》，李刚剑、陈志人、张英保译，商务印书馆2010年版，第36页。

② 同上。

③ 一般的区位因素是《工业区位论》研究的基点，也是主要内容。基于区位因素即是成本优势的判断思想，对于一般区位因素的确定经过了完整而严密的逻辑推理和简化。韦伯将工业生产和分配过程的整个阶段具体划分为：（1）获得区位的位置（不动产和地皮）和设备固定资本；（2）获得原料、动力和燃料；（3）生产制造过程；（4）产品的运输等四个阶段。由此，总结出一般成本主要包括相关场所的土地费用、固定资产费用、获取加工原料和燃料的费用、劳动力费用、产品的运费以及资本的利率和固定资产的折旧率等项目。在这些项目中，一是资本的利率和固定资产的折旧率一般情况下是没有区位意义；二是土地的费用在工业区位中主要是随着地区集聚程度的变动而定的，不是区域性的一般区位因素；三是固定资产费用一般不和区位发生直接的关系。故而总结得出，所有工业的区域性区位因素应该是仅包括原料燃料费用、劳动力费用及运输费用三项。事实上，为了进一步方便处理，韦伯进一步用运输费用替代了原料燃料费用，从而最终将影响工业区位的一般区域性因素确定为劳动力成本和运费两项。具体分析过程见［德］阿尔弗雷德·韦伯《工业区位论》，李刚剑、陈志人、张英保译，商务印书馆2010年版，第41—51页。

④ ［德］阿尔弗雷德·韦伯：《工业区位论》，李刚剑、陈志人、张英保译，商务印书馆2010年版，第40页。

以考察中对于社会文化因素的考虑不很明显。

韦伯始终清晰地把握著作的研究思路，在详细地分析了区位因素并分解出一般的区域性的区位因素之后，紧接着用几小段话就精辟而又提纲挈领地给出了著作剩下部分的研究思路。

> 首先，我们假设所有鼓励的工业生产过程在一开始就“自然地”被拉往运输成本最有优势（最优）的点上。那么，我们把这一部看作工业指向的基本网络，该网络是由第一个区位因素运输成本建造的。那么显然，劳动力成本（第二个区位因素）的差异代表了改变该基本网络的一个力。劳动力成本的最佳优势的地方使工业区位的基本运输（Transportmässig）网络产生了第一步“变形”。这样我们就得到工业基本指向的以下概念，即依照运输成本而建立的工业基本指向和“劳动力区位”（Arbeitsplätze）改变基本指向的工业指向。
>
> 各种集聚倾向——换句话说，到目前为止，尚未讨论的所有其他区位要素的整体——就仅仅是第二改变力，即另一种“偏差倾向”，它倾向于改变运输网络，移动区位到一些被称之为“集聚点”的某些定点上。①

可见，以“最小运输费用指向”这个基本点，加上“劳动力指向”②

---

① ［德］阿尔弗雷德·韦伯：《工业区位论》，李刚剑、陈志人、张英保译，商务印书馆2010年版，第51—52页。

② 韦伯认为，基于运输费用最小点的工业布局应该是在各个原料地及消费地构成了多边形的重力中心的“范力农构架”（Varignnon frame）。其详细的分析可参见乔治·皮克为《工业区位论》撰写的数学附录，［德］阿尔弗雷德·韦伯：《工业区位论》，李刚剑、陈志人、张英保译，商务印书馆2010年版，第227－234页。另外，这里有必要回顾一下劳哈特（W. Launhardt）的理论贡献，他发现了在由原料产地、燃料产地和销售市场构成的区位三角形（学界也有人称之为“劳哈特区位三角形”）内基于外角的定理对“运费最小点”的决定问题（W. Launhardt, *Die Bestimmung des zweckmässigsten Standorts einer gewerblichen Anlag*, Zeitschriftdes Vereins Deutscher Ingenieure, 1882, pp. 106－115.），这个方法在韦伯的研究中再次被发现并应用（虽然韦伯在著作中只字未提劳哈特，但后来的研究者马丁·贝克曼、勒施等肯定了韦伯的研究对于劳哈特的传承性；著名的瑞典经济学家帕兰德甚至将韦伯建立的更加完善的企业区位选择模型称为“劳哈特—韦伯模型”；尼汉斯认为，劳哈特在对运输和区位经济学分析方面的贡献直至20世纪30年代都没有被人超过，参见《新帕尔格雷夫经济学大辞典》第三卷，第151—153页），他将劳哈特著名的“区位三角形”概念一般化为区位多边形，并发展成为更加完善的企业区位选择模型。虽然勒施认为劳哈特的这个方法没有研究的必要，因为他没有理论上的重要性，也没有实践的意义，但是作为工业区位论的先驱者，他的理论是区位理论研究史上的一个重要注脚，也是韦伯、帕兰德、克里斯塔勒、勒施等区位思想和研究方法的一个重要源头。

和“集聚倾向”这两个改变力之间的竞争和博弈，形成了区位布局理论的三个阶段，从而构成了韦伯工业区位理论的整体框架。

在此基础上，韦伯用演化的思想和方法试图提出一个普适的区位结构转变的理论。他探究了在一个尚未开发的土地上如何建立孤立经济体的演化过程，即由农业层面、初级工业层面、第二级工业层面、中心组织层面及中心依附层面等五个同心环状带区位结构格局的形成过程。遗憾的是，韦伯的方法就此戛然而止了，他只是记录了各个层面的相互关系和相互之间的作用力，没有能够实现空间经济的一般理论所要完成的提供一个可以用来表达和评价源自各种相互关系的所有经济力量的共同标准，也就是说，韦伯想要建立的一般分析方法并没有能够获得实质性的进展。①

（四）帕兰德的批评、克里斯塔勒的补充及勒施的一般性体系

帕兰德是韦伯之后区位理论发展方面的又一位重量级瑞典经济学家，其著作被认为是德国之外第一本研究区位理论的著作。② 他明确地批评一般均衡的方法，认为其在近似模拟现实方面所遇到的问题是基本上无法克服的，而且这个分析所局限的静态研究也毫无意义。所以他将自己的研究基点放在“韦伯—劳哈特传统”，而不是瓦尔拉斯一般均衡的经济学。

就主要内容来看，帕兰德主要研究了两个不同但是又相互关联的问题：一是在给定原材料的价格和区位以及市场条件的前提下确定生产在哪里进行的问题，即市场区位的研究③；二是给定生产地点、竞争条

---

① ［美］沃尔特·艾萨德：《区位与空间经济——关于产业区位、市场区、土地利用、贸易和城市结构的一般理论》，杨开忠等译，北京大学出版社 2011 年版，第 24—27 页。

② 同上书，第 37 页。

③ 对于市场区域研究，帕兰德为了展示两个厂商的市场区域如何决定，假设分布在不同地点的两个厂商在一个线性的市场上生产同样的产品。这样，市场区域内任何一点的产品价格就等于生产厂商的离岸价格加上该点到生产地的运费。显然，所有方向上的价格变化都将会随着距离生产地的长度增加而上升。实际上，从几何学的角度来看，就是形成了“劳哈特漏斗”。这个例子中的两个生产厂商即形成了两个“漏斗”。漏斗的底部对应的点就是生产地，而两个漏斗相交的部分即表示产品价格相同的部分，这个交点即为生产厂商的市场边界。在帕兰德后面的研究中，试图放宽先前两个企业在直线市场上分布的假设，这样得出的对于产品来说运输价格相等的轨迹，同时也是划分两个厂商市场区域的分界线的轨迹，称为“Isotante”。参见 Tord Palander, *Beitrage Zur Standortstheorie*, *Almquist & Wicksells Boktryckeri*, Uppsala, 1935, p. 228；李小建：《经济地理学》，高等教育出版社 2007 年版，第 78—79 页。

件、生产费用及运输率，价格如何影响特定厂商的市场范围的问题，即生产区位布局的研究①。帕兰德关于生产区位布局的研究被认为实际上只是在韦伯框架的基础上作了些许修改，而他的市场区域研究则被认为是奠定了产业区位的市场区域理论的基础。② 对此，笔者并不认同，仔细对比帕兰德及劳哈特的研究可以发现，帕兰德的研究只是对劳哈特研究的拓展，甚至只能算是介绍而已，这大概与前文提到的劳哈特的研究不被重视有关，所以本该归功于劳哈特的原创性研究记到了帕兰德名下。倒是帕兰德提出的远距离运费衰减理论及在此基础上的市场区位决定，确实是对区位理论发展的一大贡献。

然而，克里斯塔勒和勒施并没有受到帕兰德的影响。克里斯塔勒首先是丰富了区位理论，将之前游离在杜能和韦伯的理论体系之外的非生产性的经济地理要素准确地“捕捉”住并将之纳入人类经济地理活动的统一组织系统中，从而为人类经济活动空间结构理论添加了最后一块砖。③ 另外，他提出了六边形的人类社会聚落结构的综合性理论④，即其中心地学说的主要内容。这引起了勒施的关注，他证明了克里斯塔勒

① 对于生产区位布局研究，帕兰德以不完全竞争的前提，以价格为变量研究区位空间的均衡，分析了远距离运费衰减理论。帕兰德假定运费是距离的函数，由此他区分了两种运费，一是运费与距离等比例增加的情况（韦伯讨论的等费用线）；二是单位距离的运费随着距离的增加递减的情况。显然，不同于前一种情况形成的固定间隔的同心圆，后者的等费用线会变得越来越宽。在此基础上，帕兰德分析了只有一个原料产地和只有一个消费地的生产地选择的简单模型。显然，均等运费率的情况下，在消费低和原料产地的连线上的任何一点生产的总费用都是一样的；但是在远距离递减运费率的情况下，总运费在原料产地和消费地双方任意点比在两个地点连线上的其他点都要低。除此之外，帕兰德还认为随着生产地的选择，其他所有费用也在变化，因此生产地区为选择的基点不能只是运费最小原则，而必须是生产所有费用最小的原则。有人认为这里提及的包括运输成本在内的所有成本最小原则的区位决定原则是对韦伯最小运输成本原则的一大推进。这里笔者并不否认，但关键是这个问题劳哈特早有提及，让我们再回顾一下前文中提到的劳哈特关于这个原则的原话：“产业的最佳区位布局需要通过考虑区位的自然条件、原材料燃料的区位以及消费地的位置等来决定。而最重要的是运输成本，只有在运输成本最小的点找到之后，才有必要去考虑房地产价格、劳动力教育以及区位布局的景观等。”可见，无论是韦伯，还是帕兰德，都是在劳哈特的研究上找到了不同的角度罢了。

② Barthwal, R. R. , *IndustrialEconomics: An Introductory Text Book*, Wiley Eastern Ltd. , New Delhi, 1992, pp. 486 – 487.

③ ［德］沃尔特·克里斯塔勒：《德国南部中心地理论》，常正文等译，商务印书馆 2010 年版，第 xi – xii 页。

④ 值得指出的是，克里斯塔勒的这个理论是对社会经济综合体的聚落进行研究，其结论是从实际调查研究中抽象归纳发现的，更大意义上是来自观察到的世界各地的实际情况而得到的归纳性的总结模式。

的经济地理单元的六边形结构，可以说，勒施是从经济活动的内在联系上合乎逻辑地推导出这一结论，从理论上充实了中心地学说。

勒施是古典区位理论的集大成者。他的理论从内容上表现为在杜能型的农业区位论和韦伯型的工业区位论的基础上转向了整体的"经济空间论"，从研究方法上表现为由"静态的区位论"转向了"动态的区位论"。[①] 更难能可贵的是，他没有受到帕兰德批评的影响，建立起了他的一般均衡体系，有力回击了帕兰德对空间一般均衡分析的批评。

具体来说，勒施是杜能农业区位论和韦伯工业区位论的传承者也是创新者，作为传承者，市场区位理论实质上是对韦伯工业区位论的补充和发展，与杜能农业区位论的研究方法也是一致的，是重点关注市场发展带来以利润为考察基础的工业区位理论。勒施的市场区位理论的基础是对利润最大化区位布局的考察。对于费用指向（包括运输费用的指向、生产费用的指向、总费用的指向）决定区位及总收入的指向（包括最有利的市场区位、基于总收入最大地点的边际区位）决定区位的观点，勒施肯定了它们能够比较有影响力地在实践中解释一个实际的区位。但遗憾的是，仅限于解释，这些观点几乎不能帮助企业选择一个正确的区位。为此，勒施明确摆出了自己"工业区位的根本原则是寻求利润最大化"的观点。[②] 作为创新者，勒施的经济区论被东西方学者认

---

① ［德］奥古斯特·勒施：《经济空间秩序》，王守礼译，商务印书馆2010年版，第vi－vii页。

② 普遍认为勒施的"利润最大化指向的区位论"是考虑消费需求进而落脚点为利润考量的市场区位理论的重要奠基人。事实上本着理论思想一贯的考察，我们认为，在区位理论方面勒施的工作只是对杜能和韦伯工作的进一步深化和拓展。仅就"最大化指向的区位论"来看，事实上跟杜能关于孤立国内农业企业的经营合理的假设是一脉相承，但杜能并没有明确地指出利润指向，这个判断只是笔者根据杜能阐述的内容所得出的结论，而且杜能讨论的是农业企业的问题，这也使得研究者容易忽视"利润最大化指向的区位论"的杜能源头。另外，回顾上文对韦伯的工业区位论的分析发现，事实上是由于韦伯在研究中假定了给定的需求和价格水平（即一定的收入水平），才使得他的研究只注重了基于成本（或称费用）的区位理论。从这个意义上说，勒施的工作只是在韦伯的基础上放宽了假设，肯定了需求随价格变化和市场地域大小变化的事实，从而得出了利润最大化指向区位理论。另外，理论基本上脱离不了现实社会发展程度和水平的限制，在杜能和韦伯所处的自由竞争的资本主义时代，企业获得最大利润的关键点在于销售成本的高低，具体地说，杜能时代的销售成本主要由运输费用来影响和决定，韦伯时代影响的因素有所增多，故而韦伯的区位理论中考虑了除运输成本外的劳动力、集聚等更多因素。而到了勒施所处的第二次世界大战前后的垄断资本主义时期，利润的决定因素除了销售成本以外也较多地受到市场消费因素的影响，所以勒施的理论中对影响区位的经济因素又有了进一步的拓展。从这个意义上说，勒施是区位理论的传承者，当然也是集大成者。

为是他的创作。[①] 我们认为这种创新也是传承基础上的创新，实际上是深化了韦伯的集聚理论。从研究的切入点来看，韦伯是从自然资源不均分布出发后导入集聚，而勒施则从相反的方向讨论同质的平原[②]上如何形成空间差异，即同质空间上的集聚问题。从研究的重点和落脚点来看，韦伯考虑的是需求和价格一定的情况下在哪里生产的问题，而勒施同时重点考虑的是需求价格和市场地域大小变动情况下的销售区域问题。

当然，最值得提出的是勒施通过一组初等方程简洁地描述了一个高度简化、在垄断竞争条件下运行的空间经济的模型。就是通过这种方式，勒施建立了他的一般均衡体系。这种第一次尝试用一组方程来包容一般的空间关系的尝试，并通过用垄断竞争代替了完全竞争的假设的处理方式，几乎就完成了空间问题回归主流经济学一般均衡分析的框架。但遗憾的是，勒施的分析并非把空间经济作为整体，而是作为几个重要部门来理解。更“致命”的是，勒施的模型中，商品和要素市场并不是通过效用函数和生产函数的方式相关，所以并不满足瓦尔拉斯体系的典型特点。而且，仅仅依靠未知数和方程个数的相等未必能够表明均衡的存在。所以，勒施的一般均衡体系并非真正意义上的一般均衡体系[③]，虽然已经很近了。

二 两个尝试：区域经济学和新城市经济学的贡献和局限

继“区位理论”之后，第二次世界大战以来，经济学中关于区位和空间问题回归主流经济学研究框架的尝试至少存在着两次开创新时代的机会和条件，但遗憾的是都功败垂成了。这里所指的第一次机会出现在20世纪50年代，以沃尔特·艾萨德为代表的区域科学研究的流派；第二次机会则是出现在20世纪60年代末70年代初的“新城市经济学”研究流派。[④]

20世纪50年代至60年代，艾萨德就抨击经济学分析是“在一个

① 《经济空间秩序——经济财货与地理间的关系》中译者绪言，引自［德］奥古斯特·勒施《经济空间秩序——经济财货与地理间的关系》，王守礼译，商务印书馆1995年版，第7页。

② 从这个意义上说，可以近似地认为勒施是在讨论韦伯没有讨论的“广布原料”前提下的区位分布问题。

③ ［美］沃尔特·艾萨德：《区位与空间经济——关于产业区位、市场区、土地利用、贸易和城市结构的一般理论》，杨开忠等译，北京大学出版社2011年版，第42—43页。

④ 梁琦：《空间经济学：过去、现在与未来》，《经济学季刊》2005年第4卷第4期。

没有空间维度的空中楼阁中”进行的①，他在空间经济方面的努力②推进了区域学科作为一个新的学科领域的兴起，他不仅全面而系统地总结了杜能以来各个时期主要的区位理论、土地利用、城镇结构、经济均衡等方面的主要观点和研究进展，而且开创了综合时间和空间两个因素建立普适性的一般性的经济学理论体系的研究道路，这个影响是极其深远的。不仅承了上，而且启了下，为后来区域经济学科的研究甚至是新经济地理学的兴起提供了思想的“种子”。因此可以说，艾萨德的研究将杜能以来关于区位和空间经济的研究历史划分为前艾萨德时期、艾萨德时期及后艾萨德时期三个阶段。③

总的来说，艾萨德的研究贡献主要是在内容上基于运输成本和空间因素展开了建立区位和空间经济“一般理论”的研究体系的尝试，在方法上找到了适合于“一般理论”的研究体系的垄断竞争和动态演化的研究方法。具体来说，至少表现在两个大的方面：一是关于区位空间经济的“一般均衡理论”的建立。一方面是将“运输成本”引入了传统的一般均衡理论，从而迈出了“区位和空间经济一般理论”与“一般均衡理论”之间打通联系的第一步。另一方面，则是通过引入加入空间因素的一般均衡理论将杜能、韦伯、克里斯塔勒、勒施等人的模型整合到一个统一的易驾驭的框架下，成为其特定的表现形式，并把区位问题重新表述为一个标准的替代问题。正如艾萨德自己指出的那样：“总之，我们认为，区位和空间经济的一般理论涵盖了占卜在空间中的所有经济活动，它关注投入和产出的地理分布以及价格和成本的地理变化。……我们就从区位和空间经济的一般理论走向了一般均衡理论。”④二是对垄断竞争理论与空间问题关系的准确认识及推进了两者的融合。

---

① ［美］沃尔特·艾萨德：《区位与空间经济——关于产业区位、市场区、土地利用、贸易和城市结构的一般理论》，杨开忠等译，北京大学出版社2011年版，第21—23页。

② 有代表性意义的事件就是1954年区域科学协会的成立、1956年《区位与空间经济——关于产业区位、市场区、土地利用、贸易和城市结构的一般理论》一书的出版以及1960年《区域分析方法》一书的出版等。

③ 杨开忠：《区位与空间经济》中文版序言，载［美］沃尔特·艾萨德：《区位与空间经济——关于产业区位、市场区、土地利用、贸易和城市结构的一般理论》，杨开忠等译，北京大学出版社2011年版，第1—2页。

④ ［美］沃尔特·艾萨德：《区位与空间经济——关于产业区位、市场区、土地利用、贸易和城市结构的一般理论》，杨开忠等译，北京大学出版社2011年版，第47页。

经济学角度的空间发展过程本质上表现为垄断竞争的过程。“因为空间关系中总存在着垄断的成分。在某种意义上说，广义的一般垄断竞争理论同样可以被看作是区位和空间经济的一般理论。”[①] 在研究了霍特林、卡尔多、勒施及张伯伦理论[②]的基础上，明确提出垄断竞争理论有助于解决空间一般均衡研究的观点。

但遗憾的是，艾萨德并没有能构建一个一般区位均衡的理论，其模型只是一个没有考虑规模经济和不完全竞争的残缺不全的空间模型，而且他没有对这个空间模型进行深入的理论研究，所以他也没有能够顺利地将空间问题带入经济学的核心领域。

“新城市经济学”的“新”其实并不新，本书认为这个学派只是在杜能农业区位理论基础上的延伸而已。其开创性和代表性人物阿隆索（W. Alonso）通过将杜能的农业城镇解释为中央商务区，并设定工人分布在商务区周边而构建了其模型。[③] 其核心的观点就是通勤成本和居住成本之间存在着某种的平衡关系。但这个模型依旧属于规模收益不变和完全竞争的模型范畴。[④] 而且，阿隆索及其后来的“新城市经济学”学者的研究对象主要集中在城镇系统及城镇内部空间结构，把收益递增现象视为一种外部性并当作“黑箱”处理之，对城镇是如何形成的这一更加本质的问题有意忽略了。这样使其研究与杜能的经典模型有着同样的基本缺点，那就是假设存在一个中心，但没有解释为什么存在一个中心商业区，在它的周围形成了城镇，尽管也可以用集聚经济来做些说明，但总不是那么令人满意。特别是关于单中心城镇的假设，与现实世界偏离太大，使这类模型的现实解释力很差。

综上可知，区域经济学和新城市经济学的研究对空间问题回归经济学主流都做出了一定的贡献，但两者都没有给出一个同时包括收益递

---

① ［美］沃尔特·艾萨德：《区位与空间经济——关于产业区位、市场区、土地利用、贸易和城市结构的一般理论》，杨开忠等译，北京大学出版社2011年版，第47页。

② 他尤其重视张伯伦的垄断竞争理论，认为他的分析明白地表明研究现实的空间经济时需要应用垄断竞争方法。这被认为是奠定了新经济地理学的思想基础。藤田昌久甚至认为，新经济地理学也只是关于区位和空间经济的“一般理论”，如果比照艾萨德的深刻思想来看，新经济地理学确实不是什么“新”理论。

③ W. Alonso, *Location and Land Use*, Cambridge: Harvard University Press, 1964.

④ ［法］皮埃尔－菲利普斯·库姆斯、蒂里·迈耶、雅克－弗朗索瓦·蒂斯：《经济地理学——区域和国家一体化》，安虎森等译，中国人民大学出版社2011年版，第26—27页。

增、随之而来的不完全竞争、运输成本以及要素流动等内容的正式框架[①]，因此只能作为贡献者，而不是作为开创者的角色而出现。

第四节　新经济地理学派的理论创新与“集聚与城镇发展”研究的新契机

前文的研究表明，在相当长的历史时期里，“集聚与城镇发展”的空间因素介入经济学的研究“基本处于休眠状态”[②]，难登主流经济学的大雅之堂。幸运的是，这种尴尬的局面从20世纪90年代初开始得到了改变。1991年，著名经济学家保罗·克鲁格曼在《政治经济学杂志》发表了空间经济学领域具有开创意义的《收益递增与经济地理》一文，举起了空间因素回归主流经济学研究领域的大旗。但是实事求是地说，本书认为这里的标题定位为新经济地理学派的“理论创新”并不准确，其思想基本是延续了前文所提及的各位开展空间区位研究的思想家的观点，所不同的只是处理方法和技术上的创新和进步。所以，用“方法创新”可能更加适合其在经济学说史上应该占据的位置。

与前人的研究所不同的是，克鲁格曼的分析是建立在迪克西特和斯蒂格利茨的垄断竞争模型的基础上[③]，采用了萨缪尔森的“冰山运输成本”的处理技术，从国际贸易理论的视角，成功地将空间概念引入垄

① ［日］藤田昌久、［美］保罗·克鲁格曼、［英］安东尼·J. 维纳布尔斯：《空间经济学——城市、区域和国际贸易》，梁琦等译，中国人民大学出版社2007年版，第27页。

② Paul Krugman, “Increasing Returns and Economic Geography”, *Journal of Political Economy*, 1999, 99, pp. 483 – 499.

③ 行文至此，我们很容易回忆起上文提及的艾萨德同样关注了垄断竞争与空间因素的必然联系，并特别强调了张伯伦的模型的重要意义。这里我们需要简要阐述下张伯伦模型及迪克西特及斯蒂格利茨模型的相关性。应该说，张伯伦是最先提出了垄断竞争的思想，其里程碑式的意义在于打破了长期以来理论研究中占据主流的完全竞争范式下的一般均衡论，开创了市场形态的变化允许企业具有规模报酬递增的生产函数的研究。然而，作为“妙手偶得之”的开创者，其工作只是“无心插柳”式的试探性研究，真正将垄断竞争思想与一般均衡的建模技术融合在一起并建立了全新的分析框架的是迪克西特及斯蒂格利茨完成的。参见E. H. Chamberlin, *The Theory of Monopolistic Competition*, Cambridge: Harvard University Press, 1933; A. K. Dixit, J. E. Stiglitz, “Monopolistic Competition and Optimum Product Diversity”, *American Economic Review*, 1977, 66, pp. 297 – 308。

断竞争的一般分析框架中①，建立了新经济地理学的奠基模型“核心—边缘模型”（C－P 模型）。从而从根本上改变了新古典的规模收益不变（递减）和完全竞争的一般均衡分析框架，建立起了收益递增、在不完全竞争（垄断竞争）的经济空间中、考虑了运输成本的一般均衡分析框架，将长期以来杜能、劳哈特、韦伯、帕兰德、克里斯塔勒、勒施以及以艾萨德为代表的区域经济学派、以阿隆索为代表的新城市经济学派的努力实现了，空间因素终于实现了从思想和处理方法（技术上）的双重回归。这也使我们终于可以在主流经济学的框架下分析集聚与城镇发展的问题。

C－P 模型的基本逻辑及均衡条件的获得可以简要地概括为“三种效应”和“两个力量”。三种效应即市场接近效应、生活成本效应以及市场竞争效应。市场接近效应（或者是本地市场效应）反映了垄断型的企业会将生产区位定位于市场规模较大的地方，而向规模较小的地方输出其产品。生活成本效应（或者是价格指数效应）反映了企业的集中带来本地最终消费品数量的增多和种类的扩大，从而形成了节约运输成本的客观效果，实际上是通过生活成本的降低促进了实际收入的升高。市场竞争效应（或者是市场拥挤效应）反映了竞争相对较少的区位更能够吸引不完全竞争型企业的到来。可见，前两个效应的共同作用形成了促进空间集聚和城镇形成的表现为积累循环的因果关系的集聚力。而后者则是一种促进企业分散布局的分散力。自然，三种效应的不同作用分类造成了影响集聚与城镇发展的集聚力和分散力两种力量。

本着对克鲁格曼 C－P 模型的扬弃，新经济地理学派的研究主要沿着两个方向展开。

第一条是继续克鲁格曼的思路，在迪克西特—斯蒂格利茨的垄断竞争一般均衡的分析框架中、利用“冰山运输成本”的假设展开讨论，从工业品集合和农产品消费两个角度来定义了消费者偏好并符合不变替代弹性（CES）的特征，从多样化的工业品组合消费来定义生产函数并符合柯布—道格拉斯函数的特征。从具体的处理方式来看，这一分支相对于 C－P 模型的主要改进是在企业生产函数方面进行了新的假设，拓展考虑了物质资本、以企业家才能为代表的人力资本、知识资本、中间

① 具体情况本书的第三章“若干理论铺垫”部分有详细的阐述。

投入品等更多的生产要素。而且，在集聚形成的具体机制上，分支本身又出现了分歧。表现在有的分析基于生产要素可以在空间流动的前提展开，要素的流动引发生产的转移进而造成空间支出份额上的变化，从而通过本地市场的放大效应及价格指数的效应产生了集聚的推动力量。其代表性的研究如马丁（P. Martin）、罗杰斯（C. A. Rogers）的自由资本模型（F－C 模型）①；奥塔维斯（G. I. P. Ottaviano）② 以及佛斯里德（R. Forslid）③ 分别提出的自由企业家模型（F－E 模型）等。而有的则是在生产要素不能在空间自由流动的假设前提下展开研究的，集聚是通过资本形成或者是资本积累的空间差异促进了生产的空间转移进而进入刚才提到的集聚通道而产生。其代表性的研究有鲍德温（R. E. Baldwin）④ 的资本创造模型（C－C 模型）等。

第二条则是在克鲁格曼思想的指引下，抛弃了其研究的技术方法而展开的。突出表现为放弃了柯布—道格拉斯的生产函数、不变替代弹性的效用函数以及“冰山运输成本”的处理方式。取而代之的是准线性二次效用函数和线性的运输成本，从而摆脱了 C－P 模型的非线性关系，通过线性的消费者需求函数大大简化了模型，实现了模型长期均衡下内生变量的显性解。更具突破性的是，这一分支放弃了迪克西特—斯蒂格利茨的垄断竞争的一般均衡分析框架，而通过线性模型中的消费者本身就反映了多样化工业品需求的二次需求函数以及生产者通过其自身的空间分布决定的其面临市场竞争强度来定价的市场定价策略来反映垄断竞争市场的特征。其代表性的研究实际上也是在前一分支的基础上产生的，例如将刚才提到 F－C 模型和 F－E 模型相结合形成的线性自由资本模型以及线性自由企业家模型等。

需要指出的是，作为本书研究基础和重点的两阶段城镇形成发展模型，就是基于新经济地理学派的研究方法和思路来展开进行的，而且主

---

① P. Martin, C. A. Rogers, “Industrial Location and Public Infrastructure”, *Journal of International Economics*, 1995. 39. pp. 335－351.

② G. I. P. Ottaviano, “Monopolistic Competition, Trade and Endogenous Spatial Fluctuations”, *Regional Science & Urban Economics*, 2001, 31, pp. 51－77.

③ R. Forslid, “Agglomeration with Human and Physical Capital: An Analytically Solvable Case”, *Discussion Paper No.* 2102, Center for Economic Policy Research, 1999.

④ R. E. Baldwin, “Agglomeration and Endogenous Capital”, *European Economic Review*, 1999, 43, pp. 253－280.

要是沿着第一条分支的研究路径进行的。

小结　集聚、城镇形成发展的思想脉络与本书的理论基础

本章从“空间集聚”视角下城镇形成与发展思想演进的角度比较全面系统地总结了经济学理论演进中关于“城镇空间”的研究脉络。其阶段性特征总结起来可以概括为“初始的关注—中途的迷失—回归的努力—复兴的曙光”四个发展阶段。“初始的关注”主要表现在古希腊学者（如色诺芬、柏拉图等）对城镇经济的提及、早期经济学者坎梯隆基于运输成本对经济运行模式的研究以及斯密宏大而又略显凌乱的著作中反映出来的产业布局与城镇发展的研究体系。“中途的迷失”主要反映在李嘉图基于其后来被熊彼特称为“李嘉图恶习”的研究方法对空间因素的“冷藏”处理以及马歇尔主要理论体系和研究技术对空间因素的排斥。值得一提的是，研究发现，“迷失”严格地说主要是反映在研究方法的技术层面上，在认识上这一阶段仍存在着关注空间因素的星星之火，例如著名的“马歇尔冲突”实际上是开启了张伯伦垄断竞争的序幕，并为作为本书研究基点之一的迪克西特—斯蒂格利茨模型奠定了基础；另外，即使是作为“黑箱”存在的马歇尔外部性的研究，也成为后来城镇及集聚经济学的重要依托。“回归的努力”在承接了“迷失”阶段对空间因素认识上的关注的基础上主要表现为分析技术上的新尝试。按照时间阶段可以划分为两个时期，一是“二战”之前的发展阶段，以区位理论为代表，主要是基于完全竞争前提下对市场需求非均质分布的讨论；二是“二战”之后的发展阶段，以区域经济学和新城市经济学为代表。两次努力失败的原因在于没有建立不完全竞争前提下报酬递增、运输成本及要素流动的框架模型。“复兴的曙光”主要反映新经济地理学派对产业集聚及城镇化创新性的处理技术和解释角度。新经济地理学家以垄断竞争为理论支柱，结合“本地市场效应”“价格指数效应”构成的集聚力及分散力的博弈解释了经济集聚及城镇形成发展现象。本书认为，新经济地理学家的研究为空间因素的研究提供了一个主流经济学的标准分析框架，这也构成了本书的研究基础。

第三章　基于空间集聚视角的城镇形成与发展的两阶段模型

第二章关于“空间集聚”视角下城镇形成与发展思想演进脉络的系统梳理和分析，不仅为本书在空间集聚视角下认识城镇化问题提供了思路，更重要的是为本书在经济学的主流研究框架下分析城镇化问题找到了合适的研究方法。

需要指出的是，虽然当前国内外关于产业集聚的形成与城镇化发展的文献可谓汗牛充栋，但绝大部分都是基于马歇尔外部性的认识框架进行的讨论。事实上，外部性是以经济系统中行为主体的活动已经在空间中形成集聚为前提，反映到生产层面上即具有报酬递增和某种垄断特征性质的企业在市场上从事相关经济活动时形成的。这表明外部性是具有报酬递增和某种垄断特征性质的企业从事相关经济活动的结果，而并不是报酬递增的直接原因。所以，马歇尔外部性认识框架下对集聚的研究是一种事后的讨论①，更多的是以模糊集聚形成内在机理的“黑箱”的形式存在的，是在默认了集聚已经形成并发展到一定规模后对集聚可能具有特征的总结，而非事前的具有前瞻性和预见性的内在运行机制的逻辑分析。

为此，我们认为，关于城镇化问题研究的一个重要任务就是基于个人、企业等微观主体的行为过程对空间集聚和城镇形成发展的内在逻辑予以分析，从而真正解释城镇化的客观规律。本书认为，基于空间集聚的城镇化发展过程的一个突出特征，就是表现为内在收益递增的动力和外在集聚经济互相作用形成的积累循环的因果关系链。正是基于此，本章从新经济地理学的研究视角构建了产业集聚与城镇化发展的两阶段自我强化模型。首先详细介绍了“冰山”运输成本及基于空间视角的D－

---

① 安虎森：《空间经济学原理》，经济科学出版社2005年版，第66页。

S模型，为两阶段模型的构建进行了相关理论和处理技巧上的铺垫。其次从“内生集聚动力的外在化”与“城镇集聚效应的内在化”两个视角形成了两阶段的城镇形成发展模型。

在本章的结尾，我们进一步将均质空间的假设推广到非均质空间的假设，并深入分析了模型发挥作用所需的市场条件及政府出现对模型的影响，从而拓展了两阶段城镇形成发展模型的内涵和外延，同时也为下一章对中国城镇化的研究铺平了道路。

第一节　若干理论铺垫：“冰山”运输成本及基于空间视角的D-S模型

通过第二章的理论回顾可知，将“城镇空间”问题纳入主流经济学一般均衡的分析框架中最关键是要解决两个方面的问题，即规模报酬递增的生产函数以及不完全竞争（或者更确切地说是垄断竞争）的市场结构问题，并在此基础上研究规模报酬递增与运输成本之前的权衡。对于运输成本，开创性的工作来自萨缪尔森（Paul Samuelson）的冰山运输成本处理技巧；对于垄断竞争模型，里程碑意义的工作则来自迪克西特（Avinash Dixit）和斯蒂格利茨（Joseph E. Stiglitz）构建的被认为是掀起了经济学中收益递增和不完全竞争革命的D-S模型。本节就是对两者做相关介绍，并为后文构建空间经济学视角下的两阶段城镇形成和发展模型做理论和方法技巧上的铺垫。

一　运输成本与“冰山理论”处理技巧

运输成本是一个熟悉而又陌生的概念。之所以熟悉，是因为它几乎贯穿于现实生活的方方面面，我们每个人都能真切地感受到它的存在；之所以陌生，则是因为它作为影响经济生活的主要因素之一，却长期游离于主流经济学的理论体系之外。重新审视第二章关于空间问题与经济学理论关系的文献综述，很容易发现，“运输成本”作为独立的经济学概念受到关注可以追溯到坎梯隆甚至可能更远，之后的斯密、马歇尔等经济学者的著作和思想体系中都将其作为重要经济因素加以考虑。但遗憾的是，这些关注仅停留在认识的层面，就技术处理来讲，“运输成本”作为重要的研究对象纳入严谨的经济学模型分析走过了艰难而曲折的道路。

较早在经济学理论体系中明确提出并分析运输成本概念的是区位理论的奠基人杜能。第二章理论梳理部分对杜能圈模型及其修订有比较详细的阐述，从中可以发现运输成本在杜能圈模型中扮演着极其重要的角色。这一点在对比李嘉图和杜能两人在空间经济学发展中的地位时表现得尤为明显。我们的研究表明：杜能和李嘉图两人在对待“运输成本”的问题上表现出了截然相反的态度和做法。李嘉图不仅将运输成本视为与其他成本无异的成本形式，而且将它“冷藏”起来作为既定因素，自然地剔除了他在经济理论体系中的空间因素。而杜能则将运输成本视为成本项目中的重要构成部分，并将生产成本与运输成本并列来特别强调运输成本的重要性。可以说，杜能将运输成本纳入其理论体系的技术处理是具有开创性意义的工作。具体来看，杜能圈模型主要是基于地租公式的研究，其公式表达为：$R=(P-C-Kt)Q-I$。其中，R 表示地租，P 为农产品出售单价，C 表示农产品的生产成本，K 为生产地与销售地即城镇的距离，t 为农产品的运费率，Q 为农产品数量，I 为房屋、树木、垣篱等一切可与土地分开的东西的价值所生的利息。可见，由运费率及运输距离共同决定的运输成本是影响地租公式乃至杜能圈模型的重要因素。甚至可以说，杜能圈模型就是以运费问题为中心，说明土地利用受市场距离的影响的模型。[①] 杜能对“运输成本”的探讨为之后的进一步研究提供了重要启示。事实上，其关于运输费用包含运输距离和运输费用的观点是韦伯研究运输成本的重要基础，而其所谓“马在运输途中要消耗谷物”的运输成本理解方式可能正是日后萨缪尔森“冰山运输成本”处理技术的思想源泉。

韦伯作为区位理论的另一位重量级人物，工业区位论的奠基人，其理论框架的基本内容是以“最小运输费用指向”为基本点，加上“劳动力指向”和“集聚倾向”这两个改变力之间的竞争和博弈，形成了区位布局理论的三个阶段，从而找出工业产品的最低生产成本点，并以

---

① 任美锷：《经济地理学的理论与应用》，《中山文化季刊》1943 年第 1 卷第 1 期。

该点作为工业企业布局的理想区位。在“最小运输费用指向”的研究上，韦伯基于杜能对运输成本的分解，进一步将运输费用的考察简化为运距和运量的考察，并定义了“广布原料”“地方原料”以及“纯原料”“失重原料”[①]，并在此基础上给出了“原料指数”和“区位重量”的公式：原料指数 = 地方原料重量/产品重量；区位重 = 原料指数 + 1。分析得出，当生产过程不可分割且只存在一个原料地和消费地的情况下，最小运输费用原理指导下的区位分布原则是，原料指数等于1，工厂在原料地和消费地自由布局；原料指数小于1，工厂在消费地布局；原料指数大于1，工厂在原料地布局。总之，韦伯就是以运输成本为核心形成了其工业区位模式第一阶段的理论框架。

可见，运输成本在区位理论中极其重要，甚至可以视为区位理论的根基。可以认为，将空间区位理论顺利地纳入主流经济学的理论体系的关键就是要处理好运输成本的问题。但是这面临着两个具体的困难：一是如果要在区位理论的一般均衡模型中考虑运输成本，意味着既要考虑商品生产部门又要考虑运输部门，而实际上建立一个既包括运输成本又纳入了产品生产部门的一般均衡模型是相当复杂的；二是运输成本的存在会影响需求弹性，这就和后文将重点介绍的在引导空间经济学回归主流领域具有基础地位的迪克西特—斯蒂格利茨模型（D - S 模型）产生了冲突，因为该模型引入空间经济学的一个重要假设就是不变需求弹性。可见，关键问题是如何在技术上恰当地处理运输成本，使其能够有效回避这两个棘手的问题。萨缪尔森关于冰山理论（Icebergs）的研究成果能够巧妙地解决这个问题。

冰山理论（Icebergs）是处理运输成本回归经济学研究体系所面临的上述两个问题的一种巧妙而实用的技术，由保罗·萨缪尔森（Paul Samuelson，1952）在其国际贸易理论中首次进行了相关的讨论。[②] 萨缪尔森指出，对运输成本的处理并不是要建立一个像整齐严谨的商船船队

---

① ［德］阿尔弗雷德·韦伯：《工业区位论》，李刚剑等译，商务印书馆 2010 年版，第 64—67 页。可以判断，当产品生产过程中仅仅使用了广布原料的时候，没有考虑原料地的必要，工业布局在消费地；当产品所需原料仅为地方原料且为纯原料的时候，工业区位的考虑是自由选择的；当产品所需原料仅为失重原料的时候，工业区位的考虑应该是原料地。

② P. A. Samuelson, “The Transfer Problem and Transport Cost II: Analysis of Effects of Trade Impediments”, *Economic Journal*, 1954, Vol. 64, No. 254, pp. 264 - 289.

那样的模型，也不是要通过其他看不见的项目做一些处理等，就像一块冰从出发地到目的地会有一部分融化掉一样，我们可以通过将运输成本视为运输过程中所运输的产品在路上像冰一样融化掉了一部分来处理运输成本的问题。简言之，萨缪尔森提出假定自由运输的货物在运输途中就好像冰山一样要被融化一些，最终只有一部分能到达目的地，损失的那部分就是运输成本。

在萨缪尔森构建的模型中，假设只存在美国和欧洲之间贸易的情形，因为交易成本的存在，美国从欧洲的衣服进口量不是（要少于）欧洲的出口量 Y，而是 a_yY；同样，欧洲从美国的食品进口量也不是（要少于）美国的食品出口量 X，而是 a_xX。显然，a_x，$a_y<1$。

萨缪尔森指出，任何国家的国际收支平衡状态都可以简单地由国内价格比率及进出口的情况来表达。

所以对于美国来讲，就有：

$$\left(\frac{p_c}{p_f}\right)_A \text{clothing imports} = \text{food exports} \tag{3-1}$$

即：

$$\left(\frac{p_c}{p_f}\right)_A = \frac{X}{Y \cdot a_y} \tag{3-2}$$

同样，对于欧洲来讲，就有：

$$\left(\frac{p_c}{p_f}\right)_E \text{clothing exports} = \text{food imports} \tag{3-3}$$

即：

$$\left(\frac{p_c}{p_f}\right)_E = \frac{X \cdot a_x}{Y} \tag{3-4}$$

由式（3-2）和式（3-4），很容易得到式（3-5）：

$$\left(\frac{p_c}{p_f}\right)_A = \frac{X}{Y \cdot a_y} = \frac{1}{a_y} \cdot \frac{X}{Y} = \frac{1}{a_y} \cdot \frac{1}{a_x} \cdot \left(\frac{p_c}{p_f}\right)_E \Rightarrow \frac{\left(\frac{p_c}{p_f}\right)_E}{\left(\frac{p_c}{p_f}\right)_A} = a_x a_y \tag{3-5}$$

产品从生产地（美国或是欧洲）到消费地（欧洲或是美国）的途中会有一部分“融化”掉。可以进一步定义 $p_f = p_h/\tau$，p_f，p_h，τ 分别代表了产品的国外价格、国内价格及作为冰山融化掉的部分。运送 1 单位的物品，只有τ（$\tau<1$）部分能达到目的地，其余（$1-\tau$）部分损失掉了。

可见，正是视“运输成本”为融化掉的冰山这种“聪明”的处理方式，成功地将“运输成本”转移到所运输的产品上。然而上面的分析也很明显，萨缪尔森的“冰山理论”技术处理实质上忽略了运输成本与距离的关系，用一个参数代表运输成本（或者是贸易壁垒）的影响，依然是将空间因素忽略的处理方式。

随后，克鲁格曼引进距离因素对萨缪尔森“冰山运输成本”技术进行了修正。克鲁格曼设定运输成本存在情况下的产品运输的离岸价格（$p_{F.O.B}$）和到岸价格（$p_{G.I.F}$）之间存在这样的关系，即：

$$p_{F.O.B}=p_{G.I.F}\cdot\exp(-TD) \tag{3-6}$$

其中 $C_D=\exp(-TD)$，C_D 为单位产品从离岸处到到岸处的剩余数量，D 为运输距离，T 为运输过程中以“冰山”形式融化掉的参数。对函数 C_D 求关于 D 的偏导数，并作适当的变形，得到：

$$\frac{\mathrm{d}C_D}{\mathrm{d}D}=\exp(-TD)\cdot\frac{\mathrm{d}(-TD)}{\mathrm{d}D}=(-T)\cdot\exp(-TD)\Rightarrow\frac{\mathrm{d}C_D/\mathrm{d}D}{C_D}=-T$$

可见，距离每增加一个单位，到达的产品数量就要减少相应的部分，这个百分比就是克鲁格曼修正的以冰山形式“融化”掉的比例 T，那么，$1-T$ 当然就代表了剩余的比例。[①]

进一步分析，因为 $p_{G.I.F}=p_{F.O.B}\cdot\exp(TD)$，故而分别对其求关于 D 的一阶偏导数和二阶偏导数：

$$\frac{dp_{G.I.F}}{dD}=T\cdot p_{F.O.B}\cdot\exp(TD) \tag{3-7}$$

$$\frac{\partial^2 p_{G.I.F}}{\partial D^2}=T^2\cdot p_{F.O.B}\cdot\exp(TD) \tag{3-8}$$

由一阶偏导和二阶偏导都大于零可以知道，随着运输距离的增加，到岸产品的价格会以递增的比例越长越高。而且，可以发现任何两个区位之间的运输成本都是一个固定的份额，与运输产品数量的多少没有关系，这就使不变需求弹性的设定得到了满足。可以说，至此，克鲁格曼对萨缪尔森“冰山运输成本”的修订技术基本上解决了长期困扰运输

① 对比可知萨缪尔森的表述刚好相反，但究其实质是相同的。

成本纳入经济学模型研究的问题。[①]

二　基于空间视角的 D－S 模型

迪克西特和斯蒂格利茨指出：（福利）经济学的一个基本问题就是要研究生产中是否存在一种市场的解决方案能够实现社会最优的商品种类和数量。但事实上分配上的公平（distributive justice）、外部效应（external effects）以及规模经济（scale economies）的存在[②]，往往导致了不完全的市场结构，从而使市场均衡偏离社会最优的目标。因此，研究的主要目的就是从（内部的）规模经济入手来研究不完全竞争的市场结构模型。这实际上就决定了该模型在将规模经济和不完全竞争这种现实经济生活中的常态化现象纳入相对严谨的经济模型中的开创性意义。正是在此基础上，克鲁格曼进一步将 D－S 模型运用到空间分析中，构建了空间版本的 D－S 模型，从而为利用一般均衡分析来研究解决空间经济学的问题带来了福音。

克鲁格曼修订的空间版本的迪克西特—斯蒂格利茨（D－S）模型的核心部分主要体现在消费者行为和生产者行为两个方面。

在具体展开之前，有必要对模型营造的经济环境做简单的介绍：

第一，空间是连续的一维空间，且空间范围内的土地是均质的，即土地的肥沃程度和密度处处相同。

第二，空间中存在两个部门，即现代部门（工业部门，用“I”表示）和传统部门（农业部门，用“A”表示）。

第三，空间主要由两部分人组成，即工人和土地所有者。工人不仅可以从事工业部门的生产，也能从事农业部门的生产，且自

---

① 总结起来，克鲁格曼研究的运输产品的市场价格具有以下的特征：一是与距离呈现出一种凸性函数关系；二是与初始市场价格成正比例变化；三是千米/吨的产品运输费用率不依赖于运输产品数量的多少，从而实际生活当中运输的规模经济现象在新经济地理学的研究视野中没有得到应有的体现。“冰山运输成本”技术在新经济地理学的建模当中起着基础性的作用，“冰山运输成本”技术的缺陷也就代表着新经济地理理论的缺陷。无法否认的是，没有“冰山运输成本”技术的运用，便没有今天经济地理学研究的繁荣局面。参见何雄浪、李国平《运输成本、交易成本与交易效率——新古典经济学分析框架的矫正》，《学习月刊》2007 年第 4 期。

② A. K. Dixit, J. E. Stiglitz, “Monopolistic Competition and Optimum Product Diversity”, *American Economic Review*, June 1977, 67, pp. 297－308.

由选择其居住场所和职业（符合完全自由流动的条件）。类似于“中心—外围”模型中的处理方式，模型将消费者的效用函数定义为：

$$U = I^{\mu} A^{1-\mu} (0 < \mu < 1) \tag{3-9}$$

其中 I、A 分别表示现代部门和传统部门的消费量，μ 代表对现代部门的制成品支出份额的常数。

I 为定义在现代部门制成品种类范围内连续空间上的效用函数，设定其符合不变替代弹性（CES）的函数形式，可得：

$$I = \left[\int_0^n i(x)^{\rho} \mathrm{d}x \right]^{1/\rho} \tag{3-10}$$

其中，有 $0 < \rho < 1$，$i(x)$ 表示对现代部门制成品 $x \in [0, n]$ 的消费量，n 为可供选择的现代部门制成品的种类范围。

$1/\rho$ 表示为差异产品的需求弹性，ρ 代表了消费者对现代部门制成品多样性偏好的程度。随着 ρ 从 0 向 1 趋近的过程，消费者对差异化产品的消费愿望越来越弱，直至达到差异化产品的完全替代。由此定义 $1/(1-\rho)$ 为任意两种制成品的替代弹性，用 θ 表示，即 $\theta \equiv 1/(1-\rho)$。

第四，空间内 L_1，L_2 两地的运输成本为正，从 L_1 到 L_2，传统农业部门产品的到岸量由 $\exp(-T^A |L_1 - L_2|)$ 给出，现代工业部门的到岸量由 $\exp(-T^I |L_1 - L_2|)$ 给出。

（一）对于消费者行为，如何确定需求函数？设定消费者对于差异化商品具有多样化的偏好，其效用函数由商品的数量和种类共同决定。具体来说，模型的核心效用函数为不变替代效应的柯布—道格拉斯型函数，即：

$$U = I^{\mu} A^{1-\mu} (0 < \mu < 1) \tag{3-11}$$

其中 I、A 分别表示现代部门和传统部门的消费量，μ 代表对现代部门的制成品支出份额的常数。

I 为定义在现代部门制成品种类范围内连续空间上的效用函数，设定其符合不变替代弹性（*CES*）[①] 的函数形式，可得[②]：

$$I = \left[\int_0^n i(x)^\rho \mathrm{d}x\right]^{1/\rho} \tag{3-12}$$

其中，$0<\rho<1$，且 $i(x)$ 表示对现代部门制成品 $x \in [0, n]$ 的消费量，n 为可供选择的现代部门制成品的种类范围。

$1/\rho$ 表示为差异产品的需求弹性，ρ 代表了消费者对现代部门制成品多样性偏好的程度。随着 ρ 从 0 向 1 趋近的过程，消费者对差异化产品的消费愿望越来越弱，直至达到差异化产品的完全替代。由此定义 $1/(1-\rho)$ 为任意两种制成品的替代弹性，用 θ 表示，即 $\theta \equiv 1/(1-\rho)$。

设定 Y 为给定的收入，p^A 和 $p^I(x)$ 分别为传统农业部门成品的和现代工业部门制成品的价格，那么显然，消费者效用最大化的约束条件就是：

$$Y = p^A A + \int_0^n p^I(x) i(x) dx \tag{3-13}$$

下面的步骤就是要讨论如何推出需求函数的问题。为此，可以分两部分来实现这个目的。[③] 第一，在忽略 I 为多少的前提条件下分析如何选定一个 $i(x)$，使获得现代部门制成品组合的成本最低；第二，即消费者面临如何在传统农业部门的产品和现代工业部门制成品之间进行权

---

① 如果对于偏好序≥有对应的效用函数 $U(x) = (a_1 x^\rho + a_2 x^\rho \cdots + a_n x^\rho)^{1/\rho}$（$\forall x \in X$），则称≥为 CES 偏好序，$u(x)$ 称为 CES 效用函数。这里，$(a_1, a_2, \cdots, a_n) \gg 0$，$\sum_{i=1}^n a_i = a$，$\rho$ 为常数。参见王祖祥《微观经济分析》，武汉大学出版社 2001 年版，第 13—14 页。CES 效用函数可被称为“偏爱多样化”函数。可以从两个角度来理解这个别称：一是对于同样的支出水平，消费的产品种类越多，则效用水平越高。二是正是由于消费者存在多样化的消费偏好，生产提供的工业品的种类越多，工业品的价格指数就越低，这样获得相同效用水平所需要花费的支出就越少。

② 这里隐含的寓意是现代部门的制成品之间的差别化程度是连续的。事实上在 D－S 模型中设定的正是差别化程度呈现出分散化的状态，由离散化相连续化的处理是藤田昌久、克鲁格曼及维纳布尔斯对 D－S 模型所做的调整。见［日］藤田昌久、［美］保罗·克鲁格曼、［英］安东尼·J. 维纳布尔斯《空间经济学—城市、区域与国际贸易》，梁琦译，中国人民大学出版社 2005 年版，第 54—55 页。显然，差别化程度连续性的调整加强了 D－S 模型在空间范围内的适应性。相对于文中连续状态下的表达式，离散状态下的表达式为：$l = \left[\sum_{x=1}^n i(x)^\rho\right]^{1/\rho}$。

③ 由于消费者对于传统农业部门的农产品和现代工业部门的制成品的偏好是可分的，且现代工业部门制成品的消费函数与数量同向变化。所以这里，克鲁格曼认为可以借用 Deaton 和 Muellbauer（1980）对两阶段的预算模型适用条件讨论时候所用的方法来处理。

衡分配的问题（见附录1）。

可以将消费者的效用函数表示为：

$$U = \mu^{\mu}(1-\mu)^{1-\mu} Y G^{-\mu}(p^{A})^{-(1-\mu)} \tag{3-14}$$

其中，表达式 $G^{-\mu}$（p^{A}）$^{-(1-\mu)}$ 为模型中经济体的生活费用指数（cost of living index）。

事实上，D－S模型的惊艳之处更在于其设定了现代工业制成品的种类 n 为内生变量，也就意味着 n 的变化对消费者有影响。为了弄清这种影响的机制，可以将现代工业部门制成品的价格抽象为 p^{I}，于是上面得出的价格指数表达式可以改写为：

$$G = \left[\int_0^n p(x)^{\rho/(\rho-1)}dx\right]^{(\rho-1)/\rho} = np^{(\rho-1)/\rho} = np^{\frac{1}{1-\frac{1}{1-\rho}}} = np^{\frac{1}{1-\theta}} \tag{3-15}$$

通过式（3－15）推知，$\theta\uparrow \Rightarrow G\uparrow$。即，现代工业部门制成品之间的替代弹性 θ 越低，表明产品之间的差异程度越高，产品种类 n 增加引起的价格指数下降的幅度就越大，消费者的效用水平也就越高。这实际上也验证了上文的注释部分对CES函数又称为“偏爱多样化”函数的缘由。

下面，我们进一步探讨存在多个地区及运输成本存在条件下的情形。在“冰山”运输技术条件下，用 $p_{l_1}^{I}$ 和 $p_{l_1l_2}^{I}$ 分别表示现代工业部门制成品在生产地的离岸价格（F. O. B）和在销售地的到岸价格（G. I. F）的关系为：

$$p_{l_1l_2}^{I} = p_{l_1}^{I} T_{l_1l_2}^{I} \tag{3-16}$$

显然，由于运输成本的存在，各个区位现代工业部门制成品的价格指数应该会有所变化，设定区位 l_2 处的价格指数为 G_{l_2}。因此，在存在 L（$l_1 \in$（0，L]）个独立区位，且区位 l_1 处存在 n_{l_1} 种产品的假设条件下，我们可以根据上文得到的价格指数的表达式得出区位 l_2 处的价格指数为 G_{l_2}：

$$G_{l_2} = \left[\sum_{l_1=1}^{L} n_{l_1}(p_{l_1}^{I} T_{l_1l_2}^{I})^{1-\theta}\right]^{1/(1-\theta)} \tag{3-17}$$

区位 l_2 对区位 l_1 地区产品的消费需求为：

$$\mu Y_{l_2}(p_{l_1}^{I} T_{l_1l_2}^{I})^{-\theta} G_{l_2}^{(\theta-1)} \tag{3-18}$$

于是，可得 l_1 处生产的产品在各地总的销售量为：

$$i_{l_1}^{I} = \mu\sum_{l_2=1}^{L} Y_{l_2}(p_{l_1}^{I}T_{l_1l_2}^{I})^{-\theta}G_{l_2}^{(\theta-1)}T_{l_1l_2}^{I} = \mu\sum_{l_2=1}^{L} Y_{l_2}(p_{l_1}^{I})^{-\theta}(T_{l_1l_2}^{I})^{1-\theta}G_{l_2}^{(\theta-1)} \tag{3-19}$$

（二）对于生产者行为，如何确定利润最大化及工资方程？在经济活动的生产方面，设定传统农业部门是完全竞争的，而且生产的过程是收益不变的。现代工业部门的生产存在规模经济，在各地区现代工业部门仅以劳动作为生产的唯一投入且生产技术相同的假设前提下，可得生产厂商的成本函数如下：

$$C^{I} = \omega^{I}l^{I} = \omega^{I}(F + ci) \tag{3-20}$$

其中，F、c、l^{I} 分别代表生产厂商的固定投入、边际投入及劳动力投入。

设定只生产一种商品的厂商位于区位 l，ω_l^{I}、p_l^{I} 分别为厂商支付给工人的工资率及产品的离岸价格。于是，厂商利润函数可以表示为：

$$\pi_l^{I} = p_l^{I}i_l - \omega_l^{I}(F + ci_l) \tag{3-21}$$

在消费者行为的讨论部分，已经有：$i(x) = \mu Yp^{I}(x)^{-\theta}/G^{-(\theta-1)}$。在价格指数假设为给定的情况下，我们可以将式子 $\mu Y/G^{-(\theta-1)}$ 视为常数，并 K 用表示。于是，现代工业部门制成品的需求表达式可以简化为：$i(x) = \mathrm{K}p^{I}(x)^{-\theta}$。

于是，利润最大化的条件可以表示为（见本章附录 2）：

$p_l^{I}(1-1/\theta) = c\omega_l^{I}$ 或 $p_l^{I} = c\omega_l^{I}/(1-1/\theta)$① 或 $p_l^{I} = c\omega_l^{I}/\rho$

于是得到，

$$\pi_l^{I} = \omega_l^{I}\left[\frac{c \cdot i_l}{\theta-1} - F\right] \tag{3-22}$$

即，进退自由的经济背景下，零利润条件时的均衡产出为：

$$i^{*} = F(\theta-1)/c \tag{3-23}$$

相应的均衡劳动力投入为：

① 由此式可推知，现代工业部门制成品的单位价格中可变成本 $c\omega_l^{I}$ 所占的份额为（$1-1/\theta$）。克鲁格曼对这一点的处理所得出的结论类似于自有资本模型（F－C 模型）在处理过程中所得到的结论。关于 F－C 模型可见 Martin. P. and C. A. Rogers, "Industrial Location and Public Infrastructure", *Journal of International Economics*, 1995, 39, pp. 335－351. 这个模型实际上也是对 D－S 模型的修正，其价值在于处理区域市场规模和非对称的交易成本等外生的非对称问题。

$$i^* = F + ci = F + c \cdot F(\theta - 1)/c = F\theta \quad (3-24)$$

①

回顾前文的分析，我们知道，如果产量满足下面的式（3-25）②，即：

$$i^* = \mu \sum_{l_2=1}^{L} Y_{l_2}(p_{l_1}^I)^{-\theta}(T_{l_1l_2}^I)^{1-\theta}G_{l_2}^{(\theta-1)} \quad (3-25)$$

进一步由前文讨论的零利润条件时价格与工资的关系 $p_l^I = c\omega_l^I/(1-1/\theta)$，可得到工资方程③：

$$\omega_{l_1}^I = \left(\frac{\theta-1}{\theta c}\right)\left[\mu \sum_{l_2=1}^{L} Y_{l_2}(T_{l_1l_2}^I)^{1-\theta}G_{l_2}^{(\theta-1)} \cdot \frac{1}{i^*}\right]^{1/\theta} \quad (3-26)$$

（三）对价格指数和工资方程的标准化处理。符合逻辑的若干标准化处理将大大简化模型的表达，使研究能够更加明了地直入主题。鉴于后文研究的必要性，主要对价格指数及工资方程做相关标准化处理。为此，要做的只是找到合适的计量单位将其简化。实现这个目标可以通过对边际投入和固定投入寻找合适的计量单位来实现：一是，选取边际投入（边际劳动需求）c 满足 $c = 1 - 1/\theta = \rho$，这使基于生产者行为的利润最大化的条件（或者称之为定价方程）简化为 $\rho_l^I = \omega_l^I$，同时产量方程 $i^* = F\theta = l^*$。二是，选取固定投入 $F = \mu/\theta$，则区位 l 处的厂商数目表达式变为 $n_l = L_l^I/F\theta = L_l^I/\mu$，且厂商零利润时候的产出水平也可得 $i^* = \mu = l^*$。综合起来，可以得到通过标准化简化之后的价格指数方程和工资方程如下：

$$G_{l_2} = \left[\sum_{l_1=1}^{L} n_{l_1}(p_{l_1}^I T_{l_1l_2}^I)^{1-\theta}\right]^{1/(1-\theta)} = \left[\frac{1}{\mu}\sum_{l_1=1}^{L} L_l^I(\omega_l^I T_{l_1l_2}^I)^{1-\theta}\right]^{1/(1-\theta)} \quad (3-27)$$

---

① 值得注意的是，此时得到的自由厂商的均衡价格和劳动投入皆为常数，因此我们可以进一步得到地区 l_1 处现代工业部门工人数量、产品种类数之间的关系，即：$n_{l_1} = L_{l_1}^I/l^* = L_{l_1}^I/F\theta$。这在后文的若干标准化处理中会用到。

② 即为上文讨论消费者行为时，运输成本存在情况下 l_1 处生产的产品在各地总的销售量（需求函数）。显然，这使厂商零利润的条件得到满足。

③ 可见，如果能够获知各个地区的收入水平、价格指数及运输成本，就可以得到各地区现代工业部门厂商收支相抵（零利润）情况下的工资方程。而且，由消费者行为部分得到的关于生活费用指数的表达式 $G^{-\mu}(p^A)^{-(1-\mu)}$，可以得到名义工资水平 $\omega_{l_1}^I$ 与实际工资水平 $\varpi_{l_1}^I$ 的关系为：$\varpi_{l_1}^I = \omega_{l_1}^I G_{l_1}^{-\mu}(p_{l_1}^A)^{-(1-\mu)}$。

$$\omega_{l_1}^{I} = \left(\frac{\theta - 1}{\theta c}\right)\left[\mu \sum_{l_2=1}^{L} Y_{l_2}(T_{l_1 l_2}^{I})^{1-\theta} G_{l_2}^{(\theta-1)} \cdot \frac{1}{i^*}\right]^{1/\theta}$$

$$= \left[\sum_{l_2=1}^{L} Y_{l_2}(T_{l_1 l_2}^{I})^{1-\theta} G_{l_2}^{(\theta-1)}\right]^{1/\theta} \tag{3-28}$$

至此，克鲁格曼也通过对 D-S 模型的修正解决了一般均衡理论的分析框架中规模报酬递增的生产函数以及不完全竞争（或者更确切地说是垄断竞争）的市场结构问题，从而基本上扫清了主流经济学分析框架研究城镇空间问题的技术障碍。

第二节 内生多样化偏好、集聚外部经济与城镇形成发展的两阶段模型

基于第一节若干理论和技术处理方式的分析，本节着重构建两阶段“产业集聚—城镇形成”模型。城镇形成的第一阶段，即内生多样化偏好、收益递增及城镇形成的阶段。我们分析了多样化偏好（包括消费者对消费品的多样化偏好及生产者对中间产品的多样化需求偏好）是如何内生了生产厂商生产函数的收益递增，然后分析了多样化的偏好连同收益递增的生产函数将在有条件的情况下达到形成城镇的空间均衡问题。城镇发展的第二阶段，即外部性、集聚经济与城镇发展的正反馈效应的阶段。我们重点分析了基于马歇尔外部性扩展延伸而来的包括了资金、技术、交流及其他各种在城镇集聚基础上形成的、又反过来进一步强化收益递增、进而增加城镇集聚吸引力的外部效应。不得不指出的是，这里的思想源流来自古希腊时期柏拉图及色诺芬提出的“多样化偏好与城镇形成的总体思路”，详细内容可参见本书第二章第一节的相关部分。

一 第一阶段：内生多样化偏好、收益递增与城镇形成

多样化的内生偏好主要表现在两个方面，一个是从消费者需求的角度来看，消费者的效用函数不仅取决于消费数量的多少，同样受到消费品种类丰富与否的影响；另一个是从生产者需求的角度来看，生产领域同样存在着对中间产品的多样化偏好倾向。这种多样化偏好内生了收益递增的生产函数特征，并与城镇集聚的形成息息相关。

（一）基于需求上的消费多样化偏好、报酬递增与城镇集聚形成

1. 消费多样化偏好与报酬递增

首先设定我们要考察的经济系统。

对于生产者来说，经济系统中存在着提供若干不同种类 n（取值为 [0，N]）的工业产品的厂商，而且每个厂商只提供一种产品且生产不存在范围经济只存在规模经济。通过假定厂商之间具有相同的固定和边际成本规定了生产函数存在规模收益递增的特征。由此，将企业的生产函数写成：

$$C(n) = C + \alpha q(n) \quad (3-29)$$

其中 C，α，$q(n)$ 分别代表了企业的固定成本、边际成本以及产量。

对于消费者来说，经济系统中的消费者偏好相同，效用函数满足不变替代弹性（CES）的函数形式，即：

$$U = \left[\int_0^N i(n)^{(\theta-1)/\theta} dx\right]^{\theta/(\theta-1)} \quad (3-30)$$

其中的 θ 代表了消费者对消费品之间的替代弹性的大小，是一个大于 1 的指标。对其单调性来说，随着 θ 的增大，效用函数有趋向线性化的趋势，即消费品之间趋向完全替代。由此可以判断，θ 的大小与消费者的多样化偏好成反比，θ 越小，多样化的消费偏好越强烈。

下面我们由消费者的效用最大化推出生产者的效用最大化的问题。

假定消费者面临着总支出为 I 的约束条件，且消费品的市场价格定义为 $p(n)$。于是，消费者的效用最大化问题可表示为：

$$\max U = \max\left[\int_0^N i(n)^{(\theta-1)/\theta} dx\right]^{\theta/(\theta-1)}$$

$$s.t. \int_0^N p(n) i(n) dx = I$$

设定拉格朗日函数并由效用最大化的条件求得消费者对产品 n 的总需求函数为：

$$q(n) = p(n)^{-\theta} \quad (3-31)$$

进而，假定企业在生产中只利用一种生产要素，即劳动，且劳动者工资水平为 ω。于是，我们可以讨论生产者即企业的利润最大化的问题：

$$\max \pi = \max[p(n)q(n) - \omega L(n)]$$

$s.t.\ q(n) = p(n)^{-\theta}$

同样，根据利润最大化的一阶条件，并结合 $C(n) = C + \alpha q(n)$ 的生产函数形式，我们得到：

$$p(n) = \theta\alpha\omega/(\theta - 1) \tag{3-32}$$

显然，式（3－32）中，$p(n)$ 的值是恒定的，或者说是与 n 无关的量。于是将（3－32）代入零利润时候的均衡条件得到企业的均衡产出如下：

$$q(n) = C(\theta - 1)/\alpha \tag{3-33}$$

同上，式（3－33）也表现出与 n 无关的特点，所以可以直接写成：

$$q = C(\theta - 1)/\alpha$$

从而，可以得到企业的平均产出和边际产出如下：

$$q/L = (\theta - 1)/\theta\alpha;\ \mathrm{d}q/\mathrm{d}L = 1/\alpha \tag{3-34}$$

于是我们得到了：

$$\text{边际产出} - \text{平均产出} = \mathrm{d}q/\mathrm{d}L - q/L = 1/\theta\alpha$$

显然，这是一个恒大于0 的结果，也就是说企业的生产显示出规模报酬递增的特征。而且可以看到，因为 α 为设定的常数，所以存在着随着 θ 的减小而增加的特点。所以可以得到以下的命题：

命题（1）：空间视角的 D－S 模型框架下，随着消费者对消费品多样化偏好的增加，那么最终产品的生产企业将表现出规模报酬递增的特征，而且这种多样化的偏好越强烈，企业规模报酬递增的程度或者说是结果就越明显。

2. 消费多样化偏好、报酬递增与集聚形成的空间均衡

在此可以回忆前文对杜能农业区位理论的阐述，在对待城镇形成的问题上，杜能实际上是采用了先入为主的处理方式，即首先假定城镇存在，并且所有工业制成品由城镇生产，城镇周边农业按照一定的规律分布。城镇向周边农村输送工业制成品，同时从农村摄取必需的农产品。事实上，这是给出了一个预设的城镇模型，城镇的存在是预先假定了一种达到了均衡状态的实际结构。显然，更加令人注目的应该是城镇是如何形成的，从模型的角度来讲就是到底是在什么条件下会达到城镇形成的空间均衡状态。为此，本章运用藤田昌久（2004）的空间集聚综合模型来探讨这个问题。

(1) 预设单一中心城镇存在情况下的空间均衡：回到杜能模型

我们沿用杜能的思路，预设城镇的存在，在此基础上形成空间均衡价格，然后分析均衡价格的维持和锁定条件。

设定 p^A (0)，p^I (0) 分别为城镇（即单中心的中心地区）中传统农业部门产品和现代工业部门产品的标准价格，p^A (l)，p^I (l) 分别为区位 l 处的传统农业部门产品和现代工业部门制成品的标准价格。根据前文对正运输成本的假设可知，以城镇中心为起点向外界农村腹地延伸的过程中，农产品的平均运输成本是递减的，而工业产品的平均运输成本是递增的。由此，区位 l 处的商品价格为：

农产品价格：

$$p^A(l)=p^A(0)\exp(-T^A|L_1-L_2|)=p^A(0)\exp(-T^Al) \quad (3-35)$$

工业产品价格：

$$p^I(l)=p^I(0)\exp(T^I|L_1-L_2|)=p^I(0)\exp(T^Il) \quad (3-36)$$

第一，考察农产品市场出清的情况。

对于农产品的需求数量，有：

对于传统农业部门的产品的需求量来说，假设 Y 为需求者的收入，那么农产品的需求函数可以简单地表示为：

$$A=(1-\mu)Y/P^A \quad (3-37)$$

可以规定城镇中的现代工业部门的工人数量为 L^I，以城镇为中心的周边农业腹地的边界为 l_b，且农业地区单位产品所需的工人数量为 c^A，则可得，传统农业部门所需的劳动力为：

$$2l_bc^A$$

城镇现代工业部门所需的工人数量为：

$$L^I=L-2l_bc^A$$

由此，在不失一般性的前提下假设城镇工人工资水平 ω^I (0) $=1$。根据设定，城镇收入就是现代制造业部门工资总额，得到城镇工人的收入为：

$$Y^I=\omega^I(0)L^I=\omega^I(0)(L-2l_bc^A)=L-2l_bc^A \quad (3-38)$$

代入上文农产品的需求函数表达式 (3-37)，得到城镇地区对传统农业部门产品的需求量为：

$$D^A(0)=[(1-\mu)(L-2l_bc^A)]/p^A(0) \quad (3-39)$$

对于农产品的供给数量，有：

在区位 l 处的单位土地产生的利润为 p^A (l)，带入上面的农产品需求的表达式，可得到由此增加的农产品的需求量，即

$$(1-\mu)p^A(l)/p^A(l)=1-\mu \tag{3-40}$$

因此，运往城镇的农产品的数量为：

$$1-(1-\mu)=\mu$$

由此，得到传统农业部门对城镇地区提供的农产品的供给总量为：

$$S^I(0)=2\mu\int_0^{l_b}\exp(-T^A l)\mathrm{d}l \tag{3-41}$$

综合农产品市场的供给和需求的相关情况，下一步可以得到农产品市场出清时候的均衡价格为：

由市场出清时候的供需平衡的原则，得到：

$$[(1-\mu)L-2l_b c^A]/p^A(0)=2\mu\int_0^{l_b}\exp(T^I l)\mathrm{d}l \tag{3-42}$$

解得，城镇地区农产品市场出清时候的均衡价格为：

$$p^A(0)=[(1-\mu)/2\mu][(L-2l_b c^A)/\int_0^{l_b}\exp(-T^A l)\mathrm{d}l] \tag{3-43}$$

第二，传统农业生产部门的农民与现代制造业部门的工人工资均等。

这里实质上就是分析空间内区位之间实现工资等额时候的均衡条件。

设定 R (l)，ω^A (l) 分别为区位 l 处的地租和工资率，而农业地区的地租为农产品的价格除去单位产出所需劳动者的工资后的余额，即有：

$$R(l)=p^A(l)-c^A\omega^A(l) \tag{3-44}$$

得出：

$$\omega^A(l)=[p^A(l)-R(l)]/c^A \tag{3-45}$$

由此，在以城镇为中心的农村腹地的边界处 l_b 就有：

$$\omega^A(l_b)=[p^A(l)-R(l_b)]/c^A=p^A(l)/c^A=p^A(0)\exp(-T^A l)/c^A \text{①} \tag{3-46}$$

这实际上是给出了居住在以城镇为中心的农村腹地的边界 l_b 上的农民所获得的名义工资水平的表达式。由此，在农业边界处农民的实际工

① 回顾杜能的杜能圈模型，在农业用地的边界 l_b 处，地租为0，即 R (l_b) $=0$。

资水平为：

$$\varpi^{A}(l_b)=\omega^{A}(l_b)\{[G(l_b)]^{\mu}[p^{A}(l_b)]^{1-\mu}\}^{-1} \tag{3-47}$$

可得农民的实际工资表达式如下（见附录3）：

$$\varpi^{A}(l_b)=\omega^{A}(l_b)\frac{1}{[G(l_b)]^{\mu}[p^{A}(l_b)]^{1-\mu}}=[G(l_b)]^{-\mu}(c^{A})^{-1}[p^{A}(0)]^{\mu}\exp(-\mu(T^{A}+T^{I})l_b) \tag{3-48}$$

上文设定了城镇工人的工资水平 $\omega^{I}(0)=1$，于是其实际工资为：

$$\varpi^{I}(0)=\omega^{I}(0)[G(l)]^{-\mu}[p^{A}(0)]^{-(1-\mu)}=[G(l)]^{-\mu}[p^{A}(0)]^{-(1-\mu)} \tag{3-49}$$

于是，在工人和农民的实际工资水平实现平等的，即 $\varpi^{I}(0)=\varpi^{A}(l_b)$ 的情况下，就有：

$$[G(l)]^{-\mu}[p^{A}(0)]^{-(1-\mu)}=[G(l_b)]^{-\mu}(c^{A})^{-1}[p^{A}(0)]^{\mu}\exp(-\mu(T^{A}+T^{I})l_b) \tag{3-50}$$

得到：

$$p^{A}(0)=c^{A}\exp[\mu(T^{A}+T^{I})l_b] \tag{3-51}$$

联立方程组，可得：

$$[(1-\mu)/2\mu][(L-2l_bc^{A})/\int_0^{l_b}\exp(-T^{A}l)dl=c^{A}\exp[\mu(T^{A}+T^{I})l_b] \tag{3-52}$$

由此解出：

$$L-2l_bc^{A}=(2\mu c^{A})[1-\exp(-T^{A}l_b)]\exp[\mu(T^{A}+T^{I})l_b]/(1-\mu)T^{A} \tag{3-53}$$

观察式（3-53）的两端可见，等号左边的表达式是关于 l_b 单调递减的，而等式右边的表达式则是关于 l_b 单调递增的，这证实了等式唯一解的存在性。推而断之，这个唯一解的存在反过来能够被利用来解出上面的若干均衡值。

综合式（3-44）至式（3-53）可以解出模型研究的空间结构均衡时候的两部门工人的实际工资水平：

$$\varpi\equiv\omega(0)=\rho^{\mu}(c^{A})^{-(1-\mu)}(2\mu c^{A}/(1-\mu)\theta fT^{A})^{\mu(\theta-1)}[1-\exp(-T^{A}l_b)]^{\mu(\theta-1)}\exp[\mu(\rho^{-1}\mu-1)(T^{I}+T^{A})l_b] \tag{3-54}$$

又根据名义工资与实际工资水平的关系，

$$\varpi(l)=\omega(l)[G(l)]^{-\mu}[p^{A}(l)]^{-(1-\mu)} \tag{3-55}$$

可以得到，均衡状态下的名义工资如下：

$$\omega^{*}=\omega(l)=\exp[\mu T^{I}-(1-\mu)T^{A}]l \tag{3-56}$$

由此，我们得到：

命题（2）：（杜能模型的解释）在制造业产品之间的差异化程度较大，而包括城镇和农村的劳动人口在内的总的劳动人口不太多的情况下，制造业的集聚力将大于分散分布的农户的分散力，从而通过制造业的集中带动城镇形成发展。

（2）预设单一中心城镇存在时空间均衡的持续和锁定：超越杜能模型

截至目前，我们分析了预设单一中心城镇的空间结构实现均衡状态情况下的相关均衡价格。下一步，为了进一步深化模型的解释性，需要深入分析单一中心城镇空间结构的持续性。一个直观而又简单的条件是，要实现并且保持现有的空间均衡状态，必须实现的条件是集中分布于单一中心城镇的厂商没有搬离城镇而在乡村腹地建立新厂的动机，即零利润厂商在单一中心城镇之外的任何区位都不能提供高于城镇工资的工资水平。显然，如果厂商在城镇之外的区位上能够提供高于城镇工资的工资水平，原有的空间均衡将会被打破。为了将这个条件模型化，首先引入市场潜力函数的表达式：

$$\phi(l)=\left[\frac{\varpi^{I}(l)}{\varpi^{A}(l)}\right]^{\theta} \text{①} \tag{3-57}$$

需要解释的是，$\varpi^{I}(l)$代表了厂商在区位 l 处所支付的零利润条件下的实际工资水平，且满足 $\varpi^{I}(l)=\omega^{I}(l)[G(l)]^{-\mu}[p^{A}(l)]^{-(1-\mu)}$；$\varpi^{A}(l)$代表了区位 l 处农民的实际工资水平。根据上文的空间均衡条件，$\varpi^{A}(l)$满足 $\varpi^{A}(l)=\varpi^{I}(0)$的条件，亦即，在中心城镇处的市场潜力 $\phi(0)=[\varpi^{I}(0)/\varpi^{A}(0)]^{\theta}=1$。所以，模型表达式条件下的单一中心城镇的空间结构实现均衡的条件就是，对于所有的区位 l，市场潜力函数满足条件：

$$\phi(l)=\left[\frac{\varpi^{I}(l)}{\varpi^{A}(l)}\right]^{\theta}\in(0,\ 1] \tag{3-58}$$

---

① ［日］藤田昌久、［比］雅克－弗朗科斯·蒂斯：《集聚经济学》，刘峰等译，西南财经大学出版社 2004 年版，第 462—465 页。

根据上文对空间均衡状态下空间均衡价格的分析，空间均衡状态下农业部门的名义工资水平为：$\omega^A(l)=\exp[\mu T^I-(1-\mu)T^A]l$。鉴于本部分的研究方法和思路与上一节理论铺垫部分的模型相同，可以知道现代制造业部门工人的工资方程在连续空间的表达形式如下①：

$$\omega^I(l)=\{Y(0)\exp[-(\theta-1)T^I l][G(0)]^{\theta-1}+\int_{-l_b}^{l_b}Y(s)\exp[-(\theta-1)T^I|l-s|][G(s)]^{\theta-1}\mathrm{d}s\}^{1/\theta} \tag{3-59}$$

显然，因为前面已经给出了价格指数的表达式，现在市场潜力函数的求解关键在于收入水平的确定问题。我们知道，根据假设条件，城镇的收入水平即为现代制造业部门工人的工资水平，即为 $Y(0)=\omega^I(l)L^I$。将前文的表达式分别代入，则可得：$l=0$ 时，$Y(0)=\omega^I(l)L^I=\omega^I(0)(L-2c^A l_b)=L-2c^A l_b$；同时，在城镇之外的区位处，收入水平为传统农业部门的产值，即 $Y(l)$ 此时的值为 $p^A(l)$，同样，将前文的表达式分别代入，可得：

$l\neq0$ 时，$Y(l)=p^A(l)=p^A(0)\exp(-T^A l)$。故而，将市场潜力函数可以表达为以下形式：

$$\phi(l)=\exp\{\theta[(1-\mu)T^A-\mu T^I]l\}\left\{\left(\frac{1+\mu}{2}\right)\exp[-(\theta-1)T^I l]+\psi(l,l_b)\left(\frac{1-\mu}{2}\right)\exp[(\theta-1)T^I l]\right\} \tag{3-60}$$

其中：

$$\psi(l,l_b)\equiv1-\frac{\int_0^l\exp(-T^A s)\{1-\exp[-2(\theta-1)T^I(l-s)]\}\mathrm{d}s}{\int_0^{l_b}\exp(-T^A s)\mathrm{d}s}$$

为了讨论单一中心城镇形成并维持和锁定的可能性，我们在上面分析的基础上进一步研究城镇处的市场潜力函数的相关性质。显然，在区位 $l=0$ 处，即在现有城镇的区位处，市场潜力函数 $\phi(l)=1$，即取到了单一中心城镇空间结构均衡状态存在情况下的最大值。进一步分析有必要通过现有城镇的市场潜力函数的斜率来讨论 $\phi(l)$ 的取值趋势。因此，就有：

① 此处区位 l 与 s 的区分，同比于前文 L_1 与 L_2 的区位之分。

$$\frac{d\phi(0)}{dl} = \theta[(1-\mu)T^A - (1+\rho)\mu T^I] \tag{3-61}$$

当（3－61）大于0，即（1－μ）T^A－（1＋ρ）$\mu T^I>0$ 的时候，市场潜力函数的取值在现有城镇的右边（东边）是逐渐增大的。从现实情况的角度来解释就是：

命题（3）：随着城镇的向外延伸，工厂提供给工人的工资水平越来越高，以至于吸引厂商和工人寻求新的区位布局。显然，这种情况下的单一中心城镇空间结构均衡状态是不可能存在的。

当式（3－61）小于0，即（1－μ）T^A－（1＋ρ）$\mu T^I<0$ 的时候，表明现有城镇右边（东边）的潜力函数曲线的斜率为严格的正值，而左边（西边）的潜力函数曲线的斜率为严格的负值。显然，这表明在城镇，即 $l=0$ 处市场潜力函数取得其极值点。但这只是单一中心城镇空间结构均衡状态存在必要条件，需要进一步分析的是在满足什么条件的情况下这个条件能够成为充分必要条件。我们知道，l 在［$-l_b$，l_b］的范围内取值，而 l_b 随着 L 的增大而增大，所以 l 的取值也与 L 密切相关。在 L 的取值足够小的时候，城镇的边界 l_b 趋近于0，可推知这种情况下除开城镇之外的所有地点的市场潜力函数取值都小于1，此时(1－μ）T^A－（1＋ρ）$\mu T^I<0$ 构成了单一中心城镇空间结构均衡状态显然存在的充分必要条件。那么，当 L 足够大，而导致的城镇边界 l_b 足够大的情况下，单一中心城镇的结构还能维持吗？我们回到上文的市场潜力函数，当 L 无限大时，$l_b\to\infty$，可以先根据条件解出 ψ（l，l_b）的表达式，然后代入上文的市场潜力函数，即可得到 $L\to\infty$ 时，市场潜力函数的极限表达式：

$$\bar{\phi}(l) = R\exp[\theta(\rho-\mu)(T^I+T^A)l] + (1-R)\exp\{-[(1-\mu)(\theta-1)]T^I l - \frac{d\phi(0)}{dl}l\} \tag{3-62}$$

其中：

$$R = \frac{(1-\mu)\rho T^I}{(1-\mu)\rho T^I + (\rho-\mu)(T^I+T^A) - \frac{d\phi(0)}{dl}}$$

观察式（3－62）：从总体上看，$\bar{\phi}$（l）是由两个关于 l 的指数函数构成。所以根据函数性质推知其至多存在一个拐点，亦即随着 l 的无限增大，一定存在一个区位处 l，使 $\bar{\phi}$（l）的值大于1，从而使空间稳定结构失衡。而如果进一步观察构成 $\overline{\phi}$（l）的两个指数函数发现，当 $l\to\infty$ 的时候，第二个指数函数一定是趋近于0的，所以我们可以进一步将 $l\to\infty$ 时候 $\overline{\phi}$（l）函数取值的讨论细化到该函数表达式右边第一个指数函数的研究。显然，这主要是涉及变量 ρ 和 μ 的对比关系问题。当 $\rho-\mu>0$ 的时候，R 为正，第一个指数函数随 l 增大而增大，一定存在某处使得 $\overline{\phi}$（l）的值大于1，此时单一中心城镇空间结构均衡状态不复存在；当 $\rho-\mu<0$ 时，第一个指数函数随 l 增大而趋向于0，这也意味着 $\overline{\phi}$（l）随着 l 的增大而下降，意味着单一中心城镇空间结构均衡状态的稳定；当 $\rho-\mu=0$ 时，同样能够得出 $\overline{\phi}$（l）随 l 增大而下降，单一中心城镇空间结构均衡状态的判断。

于是，我们得到形成的城镇的稳定性的命题如下：

命题（4）：空间均衡（城镇）形成的必要条件是：$(1-\mu)T^{A}-(1+\rho)\mu T^{I}<0$。这个条件如果得到满足，然后再实现 $\rho-\mu<0$ 或者 $\rho-\mu=0$，就满足了经济不断集聚的黑洞条件。已然形成的城镇会在周围形成集聚阴影（agglomeration shadow），起到锁定城镇区位的作用，从而实现了城镇形成的空间均衡稳态。

（二）基于供给上的中间投入品多样化需求、报酬递增与城镇集聚形成

1. 中间投入品的多样化需求与报酬递增

与上面讨论消费者的多样化偏好时候不同，这里讨论的是最终产品生产部门对于中间产品多样化的偏好如何增进最终产品生产部门的规模报酬情况。

同样首先对我们所要考察的经济系统进行设定。假设经济系统中具有若干有着规模报酬不变的生产函数特征的最终产品生产部门，它们需要使用具有差异性的中间产品作为投入。对于中间产品的生产厂商，假定每一个中间产品的生产企业只生产一种中介产品，提供给最终产品的生产厂商，其生产函数具有报酬递增的性质。

我们设定最终产品生产部门的生产函数是具有不变替代弹性（CES）的函数形式，为：

$$Y=\left[\sum_{i=1}^{N}q(i)^{(\theta-1)/\theta}\right]^{\theta/(\theta-1)} \qquad (3-63)$$

式（3－63）中的 Y，x（i），θ 分别代表了最终产品生产部门厂商

的总产出水平、生产过程中中间产品的投入量以及中间产品投入品的替代弹性。θ 同样是大于 1 的指标。

接着上面分析消费者多样化偏好的分析思路，我们这里设定中间产品生产厂商的生产函数为：

$$C(i)=C+\alpha q(i) \tag{3-64}$$

显然这里同样隐含着生产中只使用劳动力作为要素投入的假设，而且 C、α、$q(i)$ 分别代表了固定成本、边际成本以及产出量指标。所以，厂商的投入成本可以写成 $\omega C(i)$。

这样，这里可以顺利里写出中间产品生产厂商的利润函数：

$$\pi(i)=p(i)q(i)-\omega C(i) \tag{3-65}$$

下面需要探讨的是最终产品生产部门对中间产品的需求函数问题，这里拟通过最终产品生产部门实现均衡时候的成本最小化规律来做进一步的分析。

最终产品生产部门成本最小化，即：

$$\min\sum_{i=1}^{N}p(i)q(i)$$

回顾上文的约束条件，即：

$$Y=\left[\sum_{i=1}^{N}x(i)^{(\theta-1)/\theta}\right]^{\theta/(\theta-1)}$$

通过建立拉格朗日乘数求解上述的最小化问题，得到：

$$p(i)=\lambda Y^{1/\theta}q(i)^{-1/\theta} \tag{3-66}$$

式（3-66）只要稍加调整即可以得到中间产品的需求函数：

$$q(i)=p(i)^{1/\theta}Y\lambda^{\theta}$$

于是，我们有条件进一步考察中间产品生产企业面临的利润最大化的问题，即：

$$\max\pi(i)=\max[p(i)q(i)-\omega C(i)]=\max\{p(i)q(i)-\omega[C+\alpha q(i)]\}$$

$$s.t.\ q(i)=p(i)^{1/\theta}\cdot Y\cdot\lambda^{\theta}$$

将约束条件代入最大化利润表达式，并对 $q(i)$ 求导令倒数为 0，可以得到：

$$p(i)=\theta\alpha\omega/(\theta-1) \tag{3-67}$$

显然，这个价格依然是与 i 无关的函数，也就是说各种中间投入品的价格相同。又由于中间产品生产的市场结构近乎完全竞争市场，亦即基本不存在进入和退出的门槛和壁垒，所以市场均衡时的厂商的利润水平当为0，于是就有：

$$p(i)q(i)-\omega C(i)=0\Rightarrow p(i)q(i)=\omega[C+\alpha q(i)] \tag{3-68}$$

将 $p(i)$ 代入式（3－68）即得到：

$$q(i)=C(\theta-1)/\alpha \tag{3-69}$$

进而，中间产品生产企业的生产函数为：

$$C(i)=C+\alpha q(i)=C\theta \tag{3-70}$$

也就是说，在只有劳动力作为唯一生产要素投入的前提下，最优的中间产品的种类如下：

$$N=L/C(i)=L/C\theta \tag{3-71}$$

于是，将式（3－69）、式（3－70）、式（3－71）代入最终产品生产部门的总产出的表达式 Y。可以得到：

$$Y=[\sum_{i=1}^{N}q(i)^{(\theta-1)/\theta}]^{\theta/(\theta-1)}=\{C(\theta-1)/[\alpha(C\theta)^{\theta/(\theta-1)}]\}\cdot L^{[1+1/(\theta-1)]} \tag{3-72}$$

分析式（3－72）可以看到，$\{C(\theta-1)/[\alpha(C\theta)^{\theta/(\theta-1)}]\}$ 是关于 θ 的单调递增函数。而后面的部分 $L^{[1+1/(\theta-1)]}$ 可以分两个层面来看，一是从弹性的角度来看，这个式子表明 Y 与劳动量 L 之间存在大于1的弹性，也就是说每当劳动力的数量上涨1个百分点，会引起最终产品生产部门的产量上涨超过1个百分点，这显然是明显的规模报酬递增的表现；二是在认定最终产品的规模报酬递增的情况下，我们可以看到，随着 θ 越来越大，即替代弹性越来越小，规模报酬的程度将表现出越来越大的趋势。

于是，我们得到如下的命题：

命题（5）：空间视角的D－S模型框架下，如果最终产品的生产企业在生产中需要投入多样化的中间产品，那么一个单位的中间产品生产的要素投入将带来大于1个单位的最终产品的产出，即带来的是最终产品生产企业的规模报酬递增的特征。而且，多样化中间产品之间的替代弹性越小，最终产品生产企业的规模报酬递增特征越明显。

2. 中间投入品多样化需求、报酬递增与集聚形成的空间均衡

从生产者的角度来看，假定宏观经济的基本面中存在三个基本的部

门，分别是工业中间生产部门（IS）、工业最终生产部门（IE）及传统的农业部门（A）。考虑一个同时存在中间产品和最终产品生产的城镇，显然这里暗含着中间产品和最终产品提供专业化的服务的假设。

在不失一般性的前提下，我们可以用单个的企业生产来代替整个最终产品生产的情况，并假定没有劳动力投入时候的最终产品生产函数为：

$$Q^{IE} = \int_0^{IS} [q(i)]^{\rho} di\}^{1/\rho} \tag{3-73}$$

式（3－73）中的 IS 代表了城镇中可以得到的中间产品的数量，$q(i)$表示中间产品 i 的数量，ρ 在［0，1］内取值。

进一步，考虑劳动力投入时候的工业最终生产部门（IE）的生产函数可以写为：

$$Q^{IE} = l^{1-\alpha}\{\int_0^{IS} [q(i)]^{\rho} di\}^{(1/\rho)\cdot\alpha} \quad (0 < \alpha < 1) \tag{3-74}$$

需要解释的是，这里隐含着现代工业部门的劳动力使用服从的是柯布—道格拉斯生产函数。而且，p 代表了产出，l 代表了劳动力的使用量，$\int_0^{IS}[q(i)]^{\rho}di$ 则代表了中间产品的使用量，这其中的 $q(i)$ 表示中间产品 i 的数量，而 IS 则代表了中间产品的数量，ρ 代表了中间产品的差异程度并与之成正比。

接下来我们讨论中间产品的生产问题，在专业化分工且单个企业生产一种类型产品的假设前提下，生产 $q(i)$ 产量的中间产品所需的劳动力数量为：

$$l(i) = F + cq(i) \tag{3-75}$$

其中，F 代表了固定的劳动力需求量，而 $cq(i)$ 则代表了随着产量变化的劳动力需求量，c 是边际劳动力需求的概念。

由此，最终产品生产企业的利润可以表达如下：

$$\pi = Q^{IE} - PQ^{IE} = Q^{IE} - \int_0^{IS} p(i) \cdot q(i) di \tag{3-76}$$

需要注意的是，为了符号的简便，这里先考虑没有劳动力投入情况下的利润情况，后面再进一步推而广之。可推出利润最大化时候的中间产品的投入量为：

$$q(i)^* = Q^{IE} p(i)^{-\theta} (P^{IS})^{\theta} \tag{3-77}$$

显然，这里的 i 在［0，IE］取值。P^{IS}代表了中间产品的价格指数，可将之定义为：

$$P^{IS} \equiv \left[\int_0^{IS} p(i)^{1-\theta} di\right]^{1/(1-\theta)} \tag{3-78}$$

其中，$\theta \equiv 1/(1-\rho)$ 表示为任意两种制成品的替代弹性。

同样，中间产品生产厂商的利润水平为：

$$p(i)q(i)^* - \omega l(i) \tag{3-79}$$

当中间产品生产厂商的利润为0，综合上面的式子可以得到中间产品生产厂商的均衡产出，即：

$$q(i)^* = (F/c) \cdot [\rho/(1-p)] \tag{3-80}$$

进而得出均衡产量时候的均衡劳动力的需求量为：

$$l(i)^* = F/(1-p) = F\theta \tag{3-81}$$

于是，得到在城镇生产的产品种类数量为：

$$L^{IS}/l(i)^* = L^{IS}/F\theta \tag{3-82}$$

根据上一小节的分析可知，距离城镇 l（$0 < l < l_b$）处的均衡名义工资可以表示为：

$$\omega^*(l) = \omega^*[p^{IE}(l)]^{\mu}[p^A(l)]^{1-\mu} \tag{3-83}$$

其中，p^{IE}（l），p^A（l）分别表示在距离城镇 l 处的工业最终产品的价格和农业产品的价格。这里依然利用前文提到的标准化式 $\omega^*(0)=1$，于是，代入均衡名义工资的表达式（3-83）并变形得到：

$$\omega^*(l) = [p^{IE}(l)/p^{IE}(0)]^{\mu}[p^A(l)/p^A(0)]^{1-\mu} \tag{3-84}$$

同理，在标准化观点的指引下得到城镇中间产品生产的一般均衡价格为：

$$P^{IS}(0) = \omega^*(0)/\rho = 1/\rho \tag{3-85}$$

推而广之得到距离城镇 l 处的中间产品的价格可以表示为：

$$P^{IS}(l) = \exp(T^{IE}l)/\rho \tag{3-86}$$

显然，这是包括了运输成本的价格。

所以，综合起来得到距离城镇 l 处的中间产品的价格指数表达式：

$$P^{IS}(l) = [\exp(T^{IE}l)/\rho] \cdot (L^{IS}/F\theta)^{1/(1-\theta)} \tag{3-87}$$

同时，因为工业最终产品生产部门（IE）的成本函数可以写为：

$$C^{IE} = \alpha^{-\alpha}(1-\alpha)^{\alpha-1}\omega^{1-\alpha}(P^{IS})^{\alpha} \tag{3-88}$$

式（3-88）中，工资率 ω 是给定的，而 $P^{IS} \equiv \left[\int_0^{IS} p(i)^{1-\theta}\right.$

$di]^{1/(1-\theta)}$为中间产品的价格指数。其中，$p(i)$表示的是中间产品 i 的价格，同上一部分的分析一样，$\theta \equiv 1/(1-\rho)$表示为任意两种制成品的替代弹性。

所以，我们可以得到距离城镇 l 处的最终产品的单位生产成本如下：

$$C^{IE}(l) = \alpha^{-\alpha}(1-\alpha)^{\alpha-1}\omega^{1-\alpha}(\omega^*(l))^{1-\alpha}[P^{IS}(l)]^{\alpha}$$
$$= \alpha^{-\alpha}(1-\alpha)^{\alpha-1}\rho^{-\alpha}(F\theta)^{\alpha/(\theta-1)}(\omega^*(l))^{1-\alpha}\exp(\alpha T^{IE}l) \tag{3-89}$$

（1）最终产品生产部门（IE）的供给需求分析

首先，可以对工业最终产品生产部门（IE）及传统的农业部门（A）产品的需求量定义为：

$$A = (1-\mu)Y/P^A$$

$$IE = \mu Y/P^{IE}$$

于是可以得到，距离城镇 l 处的最终产品（IE）的需求数量：

$$D^{IE}(l) = \mu[P^A(l) + \omega^*(l)L^{IE}(l)]/P^{IE}(l) \tag{3-90}$$

显然，城镇的需求量，即 $l=0$ 时候的需求量为：

$$D^{IE}(0) = \mu[P^A(0) + \omega^*(0)L^{IE}(0)]/P^{IE}(0) = \mu[L^{IS}(0) + L^{IE}(0)]/P^{IE}(0) \tag{3-91}$$

在供给方面，距离城镇 l 处的最终产品（IE）的产出数量为：

$$S^{IE}(l) = \omega^*(l)L^{IE}(l)/(1-\alpha)C^{IE}(l) \tag{3-92}$$

同样，城镇的供给量，即 $l=0$ 时候的供给量为：

$$S^{IE}(0) = \omega^*(0)L^{IE}(0)/(1-\alpha)C^{IE}(0) = L^{IE}(0)/(1-\alpha)C^{IE}(0) \tag{3-93}$$

（2）劳动力市场出清条件分析

我们可以得到劳动力市场出清的条件如下：

$$2C^A l_b + L^{IE}(0) + \int_{-l_b}^{l_b} L^{IE}(l)dl + L^{IS} = L \tag{3-94}$$

最终产品生产部门（IE）在中间产品（IS）上支出的可以表示为：

$$Z_{IE}^{IS} = \alpha[C^{IE}(0)Q^{IE}(0)] + \int_{-l_b}^{l_b} C^{IE}(l)Q^{IE}(l)dl$$

用根据上文已经得出的最终产品生产部门的供给方程，我们进一步得到总支出的另一个表达式：

$$Z_{IE} = \alpha[L^{IE}(0)/(1-\alpha) + \int_{-l_b}^{l_b}[\omega^*(l)L^{IE}(l)/(1-\alpha)]dl \quad (3-95)$$

于是就有

$$L^{IS} = [\alpha/(1-\alpha)][L^{IE}(0) + \int_{-l_b}^{l_b}\omega^*(l)L^{IE}(l)dl] \quad (3-96)$$

综合这一系列的分析，我们可以将本部分最初得到的关于劳动力市场出清的条件进一步调整为：

$$2C^A l_b + L^{IE}(0)/(1-\alpha) + \int_{-l_b}^{l_b}\{1 + [\alpha \cdot \omega^*(l)/(1-\alpha)]L^{IE}(l)dl + L^{IS} = L \quad (3-97)$$

（3）工业中间产品生产部门（IS）的潜力函数分析

为了研究区位的持续稳定性，我们回顾上一节中关于潜力函数的定义。这里我们继续利用这个函数表达式：

$$\phi(l) = \left[\frac{\omega^{IS}(l)}{\omega^*(l)}\right]^{\theta}\omega^{IS} \quad (3-98)$$

式（3－98）中 ω^{IS}代表了距离城镇 l 处的厂商 IS0 利润水平下支付的工资水平。当且仅当 l 大于或者等于 1 的时候，会有 ϕ（l）小于或等于 1，即城镇中生产中间产品的厂商集聚达到均衡状态。下一步分析集聚的重点在于市场潜力函数均衡状态的取得问题，所以当务之急就是要通过合理的表达式来替换 ω^{IS}（l）。回顾上节对市场潜力函数的探讨，我们这里可以用 αC^{IE}（l）Q^{IE}（l）来代表距离城镇 l 处对于中间产品的总支出。可以用 C^{IE}（0）Q^{IE}（0）替换 Y（0），C^{IE}（l）Q^{IE}（l）替换 Y（l），T^{IE}替换 T^I，α 替换 μ。于是上面的市场潜力函数可以写为①：

$$\phi(l) = \alpha\{L^{IE}(0)\exp[(1-\theta)T^{IS}l] + \int_{-l_b}^{l_b}\omega^*(s)L^{IE}(s)\exp[(1-\theta)T^{IS}(|l-s|-|s|)ds\}/(1-\alpha)L^{IE}[\omega^*(l)]^{\theta} \quad (3-99)$$

需要指出的是，在工业中间产品生产部门（IS）、工业最终产品生产部门（IE）及传统的农业部门（A）三个基本部门的经济结构中，两个工业部门布局形式的不同将分别产生两种不同交易模式的单一集聚中心。一种是工业中间产品生产部门（IS）和工业最终产品生产部门

① 此处区位 l 与 s 的区分，同比于前文 L_1 与 L_2 的区位之分。

（IE）都集中在城镇布局，那么结果就是城镇地区向农村地区输出最终产品。这种模式被称为综合性的城镇发展模式。另一种是只有工业中间产品生产部门（IS）全部集中在城镇，而工业最终产品生产部门（IE）则在农村和城镇散开布局。显而易见，这种模式被称为 IS 部门专业城镇发展模式。正是基于这个划分，我们下面也将以这两种模式来具体分析中间产品多样化视角下的城镇形成和发展问题：

（1）综合性城镇形成的均衡问题

这种模式下的产品输出输入的结构为城镇输出产品 IE，同时输入农产品 A，于是就有：$S^{IE}(l)=0$；$L^{IE}(l)=0$（$l\neq 0$）。即在城镇以外的地方不存在最终工业产品 IE 的生产，当然也就不存在这一类厂商的劳动力供给。以此为基点，并综合上文已经得到的相关表达式，可以将市场潜力函数的表达式调整为以下的形式：

$$\phi(l)=\exp\{-\theta[\mu T^{IE}-(1-\mu)T^{A}+\rho T^{IS}]l\} \quad (3-100)$$

显然，根据空间均衡的条件，即 $\phi(l)\leqslant 1$。也就是说，上面的市场潜力函数要满足均衡条件的话，就必须实现 $\mu T^{IE}-(1-\mu)T^{A}+\rho T^{IS}\geqslant 0$，稍微调整就得到综合性城镇实现空间均衡的条件为：

$$\frac{1-\mu}{\rho}-\frac{\mu}{\rho}\frac{T^{IE}}{T^{A}}\leqslant\frac{T^{IS}}{T^{A}} \quad (3-101)$$

根据这一部分的分析，我们得到如下的命题：

命题（6）：上文考虑的综合性的城镇能够达到空间均衡，而且要达到空间均衡并实现稳态发展的话，当且仅当满足以下条件的时候才能实现：

$$\frac{1-\mu}{\rho}-\frac{\mu}{\rho}\frac{T^{IE}}{T^{A}}\leqslant\frac{T^{IS}}{T^{A}}$$

（2）IS 部门专业城镇的均衡问题

这种模式下的产品输出输入的结构与上一种模式就截然相反了，这种情况下只有中间工业产品 IS 集中在城镇布局。这样，城镇就只是输出中间产品 IS，而输入农产品 A。于是就隐含了以下几个条件：

$$D^{IE}(l)=S^{IE}(l)(0\leqslant l\leqslant l_b) \quad (3-102)$$

与上一模式的分析逻辑一致，基于上面的隐含条件在结合上文的相关表达式，市场潜力函数的表达式为：

$$\phi(l) = \exp(-\varepsilon l)\left\{1 + \frac{(1-\mu)(\theta-1)T^{IS}}{1-\mu+\alpha\mu}\int_0^L \exp[2(\theta-1)T^{IS}s]\left(1 - \frac{1-\exp(-T^A s)}{1-\exp(-T^A l_b)}\right)ds\right\} \tag{3-103}$$

其中，$\varepsilon = \theta\{[\alpha\mu + (1-\mu+\alpha\mu)\rho]T^{IS} - (1-\mu)T^A\}/(1-\mu+\alpha\mu)$

显然，IS 部门专业化城镇的空间结构要实现均衡的话，须满足的条件是：

$$\frac{(1-\alpha)(1-\mu)}{\alpha} - \frac{1-\mu+\alpha\mu}{\alpha}\frac{T^{IE}}{T^A} \leqslant \frac{T^{IS}}{T^A} \leqslant \frac{(1-\alpha)(1-\mu)}{\alpha} + \frac{1-\mu+\alpha\mu}{\alpha}\frac{T^{IE}}{T^A} \tag{3-104}$$

同样，根据这一部分的分析，我们得到如下的命题：

命题（7）：上文考虑的 IS 部门专业化城镇能够达到空间均衡，而且要达到空间均衡并实现稳态发展的话，当且仅当满足以下条件的时候才能实现：

$$\frac{(1-\alpha)(1-\mu)}{\alpha} - \frac{1-\mu+\alpha\mu}{\alpha}\frac{T^{IE}}{T^A} \leqslant \frac{T^{IS}}{T^A} \leqslant \frac{(1-\alpha)(1-\mu)}{\alpha} + \frac{1-\mu+\alpha\mu}{\alpha}\frac{T^{IE}}{T^A}$$

至此，我们就分别从消费者和生产者多样化的偏好特征中分析了报酬递增的内生性，并证明了在多样化偏好及报酬递增生产函数特征的基础上存在着有条件的空间均衡从而形成城镇集聚经济。这样，我们就结束了模型第一阶段的分析，接下来转向模型第二阶段的分析。

二　第二阶段：外部性、集聚经济与城镇发展的正反馈效应

当第一阶段产业集聚的内在动力促成集聚经济形成发展并推进了集聚所在地区城镇形成的基础上，我们进入第二阶段，即集聚、城镇化形成基础上的外部性和集聚经济将进一步形成“滚雪球效应”，从而进一步推进集聚经济和城镇化的发展。显然，回顾本章引言的描述，这一阶段的分析就是进入了当前大多数学者所关注并着重分析的部分。因此，本章这里只做简要描述性的介绍。

让我们首先回顾本书第二章第二节对马歇尔视野中的集聚现象的外部性特征的关注。① 马歇尔对地方性工业在产业区内集中最精彩、也是后人引用最多的分析来自对地方性工业在产业区内集中所带来的利益的

① 下面对马歇尔外部经济的回顾见本书第二章“空间集聚视角下城镇形成与发展思想的演进”中“‘马歇尔冲突’以及作为‘黑箱’的马歇尔‘外部经济’”的详细阐述。

阐述。他将这种利益的提升称为“外部经济”[①]，认为“外部经济”非常重要，“这种经济往往能因许多性质相似的小型企业集中在特定的地方——即通常所说的工业地区生产——才能得到”[②]。

一是地方性工业在产业区的集中有利于形成积累循环的良性机制，营造协同创新的区域环境。所谓的积累循环的良性机制就是一种锁定状态，能够使地方性工业长时间稳定地存在于特定的地方，就像马歇尔在该部分开篇即提出的结论：“当一种工业已经这样选择了适合自己发展的地区时，就会长久设在那里。”[③] 积累循环的良性机制的形成主要得益于知识技术的外溢及相关辅助性行业的伴生。对于产业区内的技术外溢，马歇尔形象的将产业区内的技术比喻为“空气”，产业区内的任何人甚至是小孩子都能呼吸到这种“空气”。这些“空气”的存在不仅使产业区内的知识技术传播顺利快速进行，而且促进了发明和改良的步伐以及各种新思想的诞生。[④] 对于相关辅助性行业的伴生，实际上是加强了产业区的支撑力量，就像是高耸的大厦除了承重墙以外还有辅助墙的帮扶。马歇尔认为，地方性工业在特定地区集中的形态出现之后要不了多久，辅助性行业就会在附近的地方产生了，供给上述工业工具和原料、为它组织运输，而在许多方面又为它提供原料的经济。

二是地方性工业在产业区的集中有利于实现中间投入品的经济使用，降低单个厂商的生产成本。地方性工业在产业区内的集中完全可以提供一个足够容量的市场支撑各种各样专业化供应商的生存和发展。而另一方面，专业化供应商面对众多性质相似的企业的供给客观上形成了成本分摊的效果，有效降低了单个厂商的生产成本，“即使在同一种类的生产总量很大的区域里，用于这个行业的个别资金不很大，但有时也

① 经济学家建立了很多基于马歇尔外部经济的城市和产业集聚模型，但其外部经济来源总不是很清楚，而且外部经济对单个厂商是外部的，对行业来说则是内部的，外部经济的基本机制总是很含糊。

② ［英］阿弗里德·马歇尔：《经济学原理》，廉运杰译，华夏出版社2005年版，第225页。

③ 同上书，第229—230页。

④ 这个过程，马歇尔在《经济学原理》（华夏出版社2005年版，第229—230页）有十分形象的描述：“从事需要同样技能的行业的人，互相从邻近的地方获益匪浅。行业的秘密不再是秘密，而似乎公开散发在空气中，连孩子们都不知不觉地学到许多。优良的工作得到恰当的赏识，机械上以及制造方法和企业的总体组织上的发明和改良一有成绩，就迅速得到研究。如果一个人有了新思想就会被别人所采纳，并与别人的意见结合起来，又成为新的思想的源泉。”

能达到很高程度的高价机械的经济使用”。对此，马歇尔解释为：“因为辅助行业用生产过程中的一个小部门为许多邻近的工业进行工作，这些辅助工业就能不断地使用具有高度专门性质的机械，虽然这种机械的原价也许很高，折旧率也很大，但也能够本。”[①]

三是地方性工业在产业区的集中有利于提供专业技术工人市场，缓解劳动力市场的供求摩擦。专业技术工人无论是对于自身的求职还是工厂的需求来说，都不是一件容易的事情，就像马歇尔所说的，“一个工厂的厂主，即使能获得一般劳动的大量供给，也往往会因为缺少某种专门技能的劳动而束手无策；而有特殊技能的工人如果遭到解雇，也不易有别的出路”。而事实上，恰恰是地方性工业集中的产业区为技术型工人和需要技术型工人的工厂提供了一个较为完善的劳动力市场，雇主们往往在这里能够找到所需要的优秀的专门的技术工人，而寻找职业的人也能找到称心的雇主。

实事求是地说，马歇尔对外部性的描述相对比较模糊，但鉴于其在经济学说史上的重要地位，这一点还是被后世的学者准确地捕捉到并作了详细的论证及进一步的挖掘。有学者对其进行了更加条理化和系统化的分类，如 Gill 和 Kharas[②]；也有学者受此启发提出了诸多与发展经济学理论密切相关的观点。[③] 总的来说，可将基于马歇尔外部性主要内容及发展延伸的主要观点总结为资金外部性、技术外部性[④]、交流外部性及其他外部性等几个主要的方面：

第一，资金外部性（pecuniary externalities）。资金外部性是市场行

---

① ［英］阿弗里德·马歇尔：《经济学原理》，廉运杰译，华夏出版社 2005 年版，第 229 页。

② 他们基于马歇尔的外部性探讨将集聚带来的外部效应简单明了地划分为三类，即“分享（sharing）”“匹配（matching）”“学习（learning）”。“分享”主要表现在生产厂商对于更广范围和种类的投入品的分享以及投入品供应商对于更大市场需求的共享；“匹配”主要表现为生产厂商对于以劳动者为代表的多样化投入要素的匹配；“学习”则主要表现为显性隐性知识在集聚形成的交流机制下基本无障碍的交流和传播。Gill, Indermit Singh and Homi Kharas, “An East Asian Renaissance: Ideas for Economic Growth”, *The International Bank for Reconstruction and Development*, The World Bank, 2007.

③ 颇具代表性的诸如：罗森斯坦—罗丹的大推进理论、佩鲁的增长极理论、缪尔达尔的积累和循环的因果关系理论、赫希曼的前后向关联理论、卡尔多的规模动态经济理论、阿瑟的正反馈理论以及松山的补充性理论，等等。

④ 这里资金外部性和技术外部性的划分来源于 Scitovsky（1954）。T. Scitovsky, “Two Conceptions of External Economics”, *The Journal of Political Economy*, 1954, 62（2）, pp. 143－151.

为的衍生品，只有它们参与到价格机制所导致的交换活动中才会对相关利益主体产生影响。简言之，其主要是通过价格或者成本方面的因素影响企业的利润来实现的。这里主要表现在两个方面。一是集聚促成的运输成本下降。第二章的理论回顾中详细介绍了从坎梯隆到韦伯关于运输成本与集聚及城镇形成发展之间的关系。简言之，就是集聚使生产要素在空间上集中布局，实际上是通过距离的缩短成就了成本的降低。从企业的实践来说，就是企业布局在集聚地比在其他的非集聚地布局时成本要节约得多，在集聚地进行的产品生产和分配比其他非集聚地要廉价。二是集聚条件下市场关联形成的市场需求对成本的影响。可以从消费者与生产者的市场关联形成的市场需求和生产者之间的市场关联形成的市场需求两个方面来理解。从消费者市场需求的角度来看，集聚不仅意味着企业的集聚，同时也意味着劳动者随之的迁移而形成的个人、家庭的集中，这当然也就意味着巨大的消费市场的潜力。在拥有巨大的消费品市场潜力的地方布局当然也意味着企业能够分得更大的“蛋糕”。反过来，消费品市场的扩大将带来企业产品消费量的增加、利润的扩大，正常情况下将带来劳动者收入的增加，并进一步刺激消费、扩大消费品市场需求，从而进入另一个循环往复的过程。[①] 从生产者市场需求的角度来看，或者说是从产业市场需求的角度来看，在产业链的意义上，相当部分企业的产品只是为最终产品的生产提供的中间产品，或者从另一个方面来看，企业不仅生产出产品而且需要购买为生产这种产品服务的原材料、配件等作为投入品。因此，类似于消费品市场上的集聚偏向性，要素市场上同样存在着集聚偏向性的倾向。也就是说，集聚产生的巨大产业市场，将会吸引更多的经济活动进一步集聚来分享产业需求和产业购买的特征。同样，这种进一步的集聚又将在更大程度上扩大产业市场需求，形成新的积累循环过程。这里需要特别提出的是从产业需求的角度来理解集聚外部性的时候存在着垂直关联生产[②]降低贸易成本的问题。概括起来就是上游企业集聚的地方将因为能够为下游企业提供较低的成本而吸引下游企业的到来；而下游企业的到来将为上游企业创造更

① 即下一章将要讨论的多样化带来的资金外部性问题。

② 即一个部门向另外一个部门的生产提供中间产品。

大的市场空间从而增强了上游企业集中布局地的集聚力。[①]

第二，技术外部性（technological externalities）。技术外部性指的是非市场交互作用的影响，主要是通过直接影响企业的生产函数来实现。这里我们借用哈耶克（F. A. Hayek）文化进化论的核心观点来对"知识"进行明确分类，有助于这里的理解。哈耶克认为，人类的知识具有有限可阐明性的特点[②]，即只是大部分是"只可意会、不可言传"的。具体来说，根据知识的传递特征可以将其分为两种类型，一种是容易编码并实现无损耗传播的"显性知识"（codified knowledge）；另一种则是含糊的不易编码传播的"隐性知识"（tacit knowledge ）或称为"黏性知识"（sticky knowledge）。随着科技的进步，以信息为代表的"显性知识"的传播更加便捷并且实现了传播途中边际成本的恒定。然而，"缄默知识"的传播则表现出明显的空间局限性，其传播的边际成本随着距离的增加表现出递增的特征。显然，作为创新重要源泉的"缄默知识"传播的有效方式只有面对面的直接交流和接触。这样，集聚的特征在"隐性知识"的传播中自然就扮演了特殊的角色。[③] 基于上文的分析，我们认为集聚在产生技术外部性方面的作用渠道主要表现在两个重要的方面：一个是有利于提高单个企业的创新效率；另一个是集聚形成的有利于创新扩散的高效平台。就提高单个企业的创新效率来说，集聚点内强烈的创新竞争意识、共享的文化价值观以及临近优势形成的合作氛围构成了良好的创新情境，将极大地激励集聚微观主体的创新行为。况且，集聚点内形成的镶嵌于集聚内部的网络结构、社会资本以及文化价值观之上的隐性知识本身就是促进创新的不可复制的战略性资源。就形成的有利于创新扩散的高效平台来看，基于相似价值观基础上的正式和非正式的主体交流活动将不可避免地促进各种知识、想法、信息和成果在集聚内部网络的各个网络节点共享和传播，形成"创新

---

① 即下一章将要讨论的专业化带来的资金外部性问题。

② 哈耶克较早且系统地研究了学习、知识与经济发展的关系，他强调人类知识传播的局限性及布局的分散性。参见 F. A. Hayek，"Economics and Knowledge"，*Economica*. 1936，Vol（4），pp. 53 – 56；F. A. Hayek，"The Use of Knowledge in Society"，*American Economic Review*，1945，Vol35（4），pp. 519 – 530。

③ "知识穿流肯定是跨走廊和跨街道比起跨海洋和跨大陆来得更加容易。"E. H. Glaester，J. Scheinkinan and A. Shieifer，转引自梁琦《产业集聚论》，商务印书馆 2004 年版，第 146 页。

—创新扩散—再创新”的循环互动的良性模式。[①]

第三，交流外部性（communication externalities）。交流外部性主要是通过影响消费者的效用函数来实现的。如果将前者划归为经济上的外部效应的话，外部交流性更多地体现为社会的范畴。既然人的本质属性被认为是社会性，而且人是一种社会动物，那么作为社会动物的基本属性的“交流”就成为人的本质之所在。社会学家费舍尔（Claude S. Fischer）就曾形象地描述道：“我们每一天的生活都是与人打交道……虽然现代国家拥有分工详细的职能部门和机构，日常生活的进行依然是通过个人之间的联系进行的……这些个人之间的联系同样是我们行动的最大动机……”[②] 正像藤田昌久指出的那样，交流外部性更多地表现为一种“社会和文化的舒适度”。与他人交流并通过这种交换思想的行为进而获取感情上的愉悦倾向是人类的基本特性，与他人相互影响的倾向也是人类基本的特性。距离对于这种影响来讲是一种障碍，因此，集聚为特征的城镇对于社会交往的发展而言是一种理想的制度。他甚至证明了在不存在报酬递增和非完全竞争的情况下，经济人之间非市场意义上的交流的社会倾向就能够导致集聚的发生。[③] 事实上，对于这种交流外部性的外延及其在集聚及城镇存在和发展中的地位在相关的研究结论中有一定的拓展。其代表性的理论就是著名城市学家科特金（Kotkin）在研究城市史的过程中对其的界定和发展。科特金在其著作《全球城市史》中以纵观历史的总结性的语气明确提出：“究竟是什么使得城镇如此伟大？又是什么导致它们逐渐衰退？……有三个关键因素决定了这些城镇的全面健康发展，即地点的神圣；提供安全和规划的能力；商业的激励作用。”[④] 除了商业的激励作用更多地表现为经济发展的层面，其他的两项诸如安全和神圣则更多地表现在思想社会层面的意义。正像历史学家林奇（Kevin Lynch）所说“一个突出的城镇景观不过是一个轮

---

① 林竞君：《网络、社会资本与集群生命周期研究——一个新经济社会学的视野》，上海人民出版社2005年版，第175—220页。

② Claude S. Fischer, *To Dwell Among Friend*, Chicago: University of Chicago Press, 1982, pp. 2 - 3.

③ ［日］藤田昌久、［比］雅克 - 弗朗科斯·蒂斯：《集聚经济学》，刘峰等译，西南财经大学出版社2004年版，第14—15、222—277页。

④ ［美］乔尔·科特金：《全球城市史》，王旭等译，社会科学文献出版社2010年版，第18—19页。

廓而已”[①]，更重要的是城镇营造的神圣。而且，像另一位历史学家皮雷纳（Hcnri Pirenne）[②]注意到的那样，安全的需要也是城镇存在的重要前提和存在的重要外部效应。

第四，其他外部性。当然，有些有限的特定的资源共享并不是每个集聚城镇都能享受到的，例如，依靠自然资源形成的城镇，其外部性我们可以称之为资源外部性。

值得指出的是，上面分析的集聚的这些不同形式的外部性在具体城镇化的发展上有其相应的实现形式，简单来讲，可以分为以下几个层面：一是集聚的外部性为城镇发展的市场扩张、服务业的发展以及就业容量的扩大创造了供给和需求方面的促进条件。二是集聚的外部性有利于土地资源的高效和合理利用，从而推进了城镇化发展进程中土地资源的节约。三是集聚的外部性将形成信息集中、知识进展以及技术进步的客观效果，通过信息费用的节约、知识传播的迅捷以及技术更新的快速成为推动城镇发展的强大动力。四是集聚的外部性有利于创造城镇工业生产的效率和居民生活的舒适并实现污染的集中治理和成本降低。[③]

第三节　两阶段城镇形成发展模型的延伸：模型拓展及其运行的条件分析

两阶段城镇形成发展模型的落脚点是要获得充分的城镇集聚经济效应，以期实现积累循环的因果关系，生成城镇形成发展的自我强化机制。但实际情况是，我们分析的两阶段城镇形成发展模型是在均质空间下[④]、市场作用充分发挥的前提条件下形成的城镇化发展模式。那么，问题是，如果不是均质的空间结构呢？如果政府的作用存在呢？如果政府的作用限制了市场作用的有效发挥呢？如果政府的作用限制了空间非

① Kevin Lynch, *The Image of the City*, Cambridge: The Technology Press, 1960, pp. 4 – 5.

② Henri Pirenne, *Medieval Cities: Their Origins and the Revival of Trade*, Princeton: Princeton University Press, 1925, pp. 55 – 57；［比］亨利·皮雷纳：《中世纪的城市》，陈国梁译，商务印书馆 2009 年版，第 36—50 页。

③ 周天勇：《高级发展经济学》，中国人民大学出版社 2006 年版，第 162—174 页。

④ 这一点显然是受到杜能的研究方法的影响，这一点在第二章的理论回顾中有说明。杜能设想的圈层空间结构是“肥沃的却没有任何河流与运河可供通航的平原”。

均质条件下应有的城镇形成呢？或者说政府就使得两阶段的城镇发展模型偏离了发展轨道呢？城镇依然能够出现并形成自我强化的锁定效应吗？本节主要基于非均质的空间假设对两阶段城镇形成发展模型进行拓展，并在此基础上进一步分析该模型运行的条件，为下一章转向基于集聚的中国城镇化发展的实证研究做铺垫。

一 非均质空间下两阶段城镇形成发展模型：以港口城镇为例

事实上，这并不是一个平滑的世界，高山、峡谷、河流、沙漠等自然环境的不同、各种自然资源的选择性分布以及要素禀赋的差异化空间布局都注定了空间的非均质性。[①] 可以说，这个空间世界的非均质性是绝对的，均质则是相对的。就像兰德斯（D. S. Landes）指出的那样："地理学告诉我们的是很不愉快的事实，即像生命这种天性是不公平、不平衡的。而且，这种天生的不公平很不容易补救……"[②]

我们前面分析的是在均质空间下，通过运输成本研究了经济系统的内生力量作用于经济活动的空间分布进而产生集聚经济和城镇的问题，解释了相同或者是相似的自然条件及要素禀赋下如何"产生以少数区位出现集聚"和城镇为代表的经济活动强度和密度空间差异的问题。但面对非均质化的空间系统呢？下面，本书以港口等交通枢纽的存在为事例，分析以港口为代表的优越的地理位置如何形成集聚经济和城镇的区位布局。

我们构建了一个修正的几何形状的世界（如图 3 - 1 所示）。在这个世界中，假设沿着这条直线分布的是均质的土地，而在 b 这一点分岔为两个分支，直观上的形象就像是山谷中的三条河流在这一点汇集一

---

① 对于这一点，存在着"两个天性"（也有的译为"两个本质"）的论断，即"第一天性"和"第二天性"。所谓"第一天性"，指的是由于刚才提到的自然条件及要素禀赋方面的"天生"的差异，也就是说包括自然资源在内的许多一般性的生产要素并不是均质地分布在这个地球上，这样就造成了表现为集聚和非集聚地的区域空间不均质发展的现象。所谓的第二天性，则是在第一天性的基础上产生的，是指人类活动改变第一天性后的差异。普遍认为，发达国家表现在空间上的区域差异主要是来自第二天性。即在运输成本不断下降的世界中，至少针对欧盟这种在空间特征上相对同质的区域而言，空间发展不平衡的差异原因可以从商品交换的各种关联性、生产要素的可流动性以及市场化运行等相关的问题中去寻找。参见 W. Cronen, *Nature's Metropolis*, Chicago and the Great West, W. W. Norton, 1991；［法］皮埃尔 - 菲利普斯·库姆斯、蒂里·迈耶、雅克 - 弗朗索瓦·蒂斯《经济地理学——区域和国家一体化》，安虎森等译，中国人民大学出版社 2011 年版，第 3 页。

② D. S. Landes, *The Wealth and Poverty of Nations*, NewYork: Abacus, 1998, pp. 4 - 5.

样。但是在这里，我们将之视为港口、交通路线的汇集点等交通枢纽。另外，如果图中的0点代表了现存的一个城镇，S意味着潜在农业区的边界点[①]，那么接下来的故事就会变成以下的模式：对于一个存在于城镇0的企业来讲，如果它从城镇中迁出往东移动的话，与之伴随的是其产品运送到位于其西边消费者的运输成本逐渐升高，而运送到其东边消费者的运输成本逐渐降低，当然这是在它的移动还没有越过分支点b的情况。那么，当其移动越过分支点的时候，会发生什么呢？显然，无论其越过分支点之后的走向是怎样的，都意味着从它所选择的分支运送产品到另一分支的运输成本将提高。这样，基本可以断定S重新布局在分支点b的时候产生的运输成本是最低的。

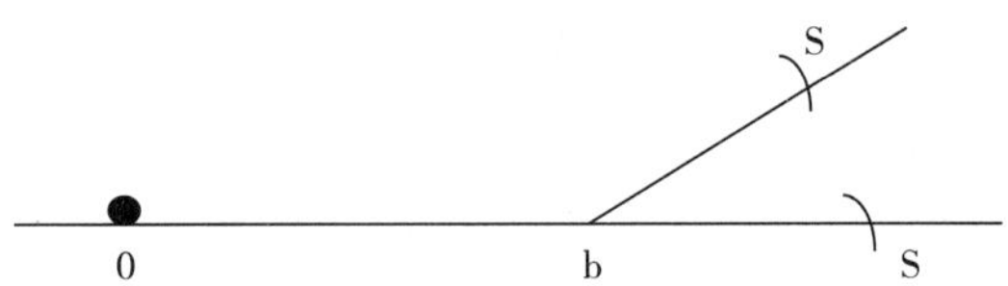

图3-1　交通枢纽（港口、交通路线汇集点等）的存在与城镇形成

资料来源：［日］藤田昌久、［美］保罗·克鲁格曼、［英］安东尼·J. 维纳布尔斯：《空间经济学——城市、区域和国际贸易》，梁琦等译，中国人民大学出版社2007年版，第269—270页；安虎森：《空间经济学原理》，经济科学出版社2005年版，第282—283页。

为进一步说明，我们可以写出迁移而产生的总运输成本如下：

$$TC = \tau \mathrm{d}\left[\left(\frac{s}{4}\right)^2 + \frac{(S-s)^2}{2} + (S-b)\left(|b-s| + \frac{S-b}{2}\right)\right] \quad (3-105)$$

其中，τ代表了单位产品的单位距离的运输成本，（S－s）/2代表了新选址的厂商在满足S到s范围内的产品需求时候产生的运输成本，（S－b）/2则表示了S到分支点b的平均距离，|b－s|表示了新布局的工厂距离分支点的距离。进一步对运输成本的表达式求导，得到：

$$\frac{\partial TC}{\partial s} = \tau d\left(\frac{3s}{2} + b - 2S\right)（当 s < b 的时候） \quad (3-106)$$

$$\frac{\partial TC}{\partial s} = \tau d\left(\frac{3s}{2} - b\right)（当 s > b 的时候） \quad (3-107)$$

---

① 这里假定，两个分支上的S到o的距离相等。而且2b > S，这样的话，新的工厂即使建立在越过b点的之外的地方，也同样能够实现厂商到两个分支点运输成本的最小化。

显然，从这两个求导得出的式中可以发现，式（3－106）的值是小于式（3－107）的，也就是说分支点是一个运输成本最小化的点，在这个点上最容易产生城镇。[①] 后面的故事自然就进入了两阶段城镇形成发展模型的第二阶段，在市场作用充分发挥的情况下，城镇集聚经济效应也充分发挥作用，从而步入循环积累的自我强化的城镇发展机制。

窥一斑而知全豹，由港口等交通枢纽与城镇形成的情况大致可以推知非均质空间条件下城镇形成和发展的逻辑思路：空间的非均质性中的“天生”的优势地区形成了比较利益（上文的分析中体现为运输成本的节约），在此基础上不受限制的市场主体（即市场作用得到了充分发挥，没有人为的制度性限制造成的空间进入障碍）当然会选择收益最高的区位布局，从而形成了产业的集中直至城镇的形成。然后，在市场机制的引导下，这种空间差异形成的比较利益优势将通过集聚经济效应的发挥进一步演变为产业优势和空间竞争优势，形成自我强化的循环机制。由此可见，非均质空间背景下，基于市场作用的城镇形成发展同样表现出两阶段的特征。与均质空间下基于市场条件的两阶段城镇形成发展模型不同的是，这里用空间非均质形成的比较利益优势替代了内生的多样化偏好阶段。至此，我们完成了对两阶段城镇形成发展模型的拓展。

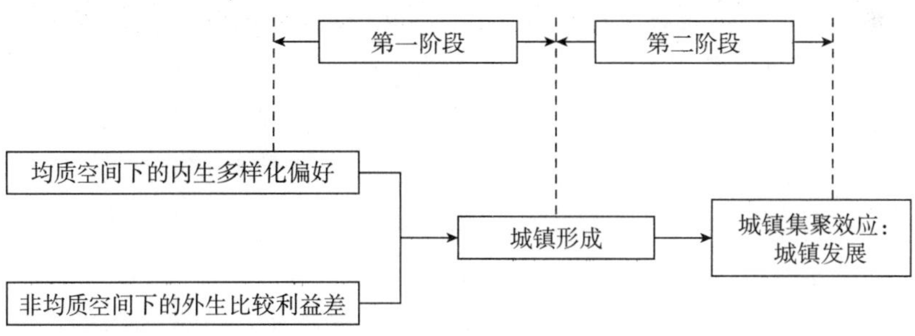

图3－2　两阶段城镇形成发展模型的拓展（均质空间和非均质空间的情况）

---

① 藤田昌久等解释了为什么为最容易而不是一定，因为如果说分岔点是位于已经存在的城镇的集聚阴影之下，那么新的城镇的形成就会绕过这个点。比较典型的例子就是韩国的汉城（首尔）并非港口城市，但距离其100千米的仁川却拥有便利的港口条件，但事实是，由于既有城镇汉城（首尔）巨大的锁定效应，以致仁川没有因为其便利的港口条件形成真正意义上的城镇。参见［日］藤田昌久、［美］保罗·克鲁格曼、［英］安东尼·J. 维纳布尔斯《空间经济学——城市、区域和国际贸易》，梁琦等译，中国人民大学出版社2007年版，第270页。

二　非均质空间下两阶段城镇形成发展模型：历史和偶然的视角

空间非均质性的含义是多元的，不仅包括了上文提到的原料资源、气候特征、地表状况、天然的运输方式等空间上“天生”的硬件设施的差异，同样涵盖了在此基础上形成的历史文化、路径惯性、地方传统等软环境因素的作用。

在“集聚初始是如何产生的”这个问题上，基于历史偶然因素产生产业集聚萌芽的观点是独特而颇受认可的。研究认为，在多种经济活动的要素回报率相差无几可能出现多重竞争性均衡结果的情况下，往往是历史以及偏好、技术、要素禀赋等因素极大地影响了最终结果。而其中是历史在报酬递增及外部经济中起到了关键性的作用，在多重均衡出现的情况下决定最终空间均衡结果的往往是历史发挥了中心性的作用。

克鲁格曼就用历史偶然因素的观点来解释为什么美国的毛毯业会在道尔顿（Dalton）这个名不见经传而又找不到任何市场理由的小城集聚的原因。他认为，正是因为在 1895 年，年轻的伊万斯（Catherine Evans）小姐别出心裁地制作了一个床罩作为朋友的新婚礼物这件事情成就了小城毛毯业的产业集聚。当时的这个床罩引起了收到礼物的幸运者及邻居的喜爱，从而激发了她制作更多相关的制品并颇具商业头脑地做起了生意。[①] 随后随着机器代替手工劳动，慢慢地毛毯制造商逐渐在这里集中，进而引发了一个产业在该地的兴起。显然，克鲁格曼眼中的美国毛毯业正是基于伊万斯小姐制作床罩这个历史偶然因素。波特同样持有类似的观点，他明确指出机遇对于集群的产生是十分重要的。一个地方早期出现的企业往往得益于当地的有利条件。[②] 他也通过这个观点解释了意大利萨梭罗的瓷砖产业集聚的例子。他认为，正是因为萨梭罗这个地方早在 13 世纪就出现了瓷器和瓦器的制造业，这种悠久的历史条件决定了该地区丰富经验的烧窑工人的供给以及相关技术的积累，形成了相比于其他地区具有比较优势的历史给定的“初始条件”[③]。

行文至此，如果认为产业集聚是由于历史的偶然因素的形成并且不

---

① ［美］保罗·克鲁格曼：《地理和贸易》，张兆杰译，北京大学出版社 2000 年版，第 58—59 页。

② ［美］迈克尔·波特：《竞争论》，高登第等译，中信出版社 2003 年版，第 254 页

③ ［美］迈克尔·波特：《国家竞争优势》，李明轩等译，华夏出版社 2002 年版，第 198—212 页。

能预料甚至掌控的话，那就错了。连克鲁格曼本人也认可："这里最初的偶然因素并不是最重要的，重要的是使得这些偶然因素具有如此大而持久的影响力的积累过程。"① 亦即，虽然产业集聚的萌芽基本上都表现为历史偶然因素引致而成，但如果反问一下为什么在发生了同样的偶然因素的地方没有产生产业集聚的话，我们应该能够冷静地分析这种偶然因素背后更深层次的必然因素。这种必然的联系就表现在与区域发展紧密相连的"第一天性"，包括自然条件以及由此产生的生活习惯、人文精神和历史传统，等等。

因此本书认为，偶然性事件之所以能够引发产业集聚的萌芽并实现其持续发展，绝对与当地行动者的知识因素有关。而这些行动者的知识并不是来自外生系统，而是在现实的社会环境和互动中内生习得的。②

基于现实环境而产生的历史偶然性进而推进集聚经济和城镇形成发展的典型是在自然资源的基础上形成发展的集聚经济和城镇。显然，这实际上是强调了空间非均质的客观事实。但必须明确的是，与空间均质条件下的内生多样化的偏好动力形成的集聚经济和城镇一样，基于自然资源或条件的空间不均质条件下形成的集聚经济和城镇照样具有积累循环或者说是路径依赖的集聚经济和城镇发展的锁定功能，使集聚经济和城镇的发展进入良性的发展轨道。不过值得指出的是，这种自然资源或者说是自然条件本身具有不可持续的特点，当这种初始的动力条件丧失的时候，集聚经济和城镇能否持续就值得怀疑了，就像当前世界许多资源型的城镇发展随着资源的枯竭所遇到的发展瓶颈一样。同样，基于现实环境基础上的互动而产生的历史偶然性进而推进集聚经济和城镇形成发展的典型就是上文克鲁格曼和波特所分析的案例。本书认为，这种对于两阶段城镇形成发展模型中内生多样化偏好的动力产生替代的路径能够形成集聚经济和城镇发展的持续动力，自然条件形成文化精神，文化精神造就集聚经济和城镇形成发展的历史偶然性，历史偶然性推进集聚经济和城镇的形成和发展，这构成了一个新的积累循环的因果关系。

---

① ［美］保罗·克鲁格曼：《地理和贸易》，张兆杰译，北京大学出版社 2000 年版，第 60—62 页。

② 林竞君：《网络、社会资本与集群生命周期研究——一个新经济社会学的视野》，上海人民出版社 2005 年版，第 120—121 页。

三 政府出现对两阶段城镇形成发展模型的挑战：均质和非均质的世界

首先，有必要特别强调一下本书在分析两阶段城镇形成发展模型时所秉承的价值判断。即只有在市场的作用得到充分发挥的前提下，资源才能得到有效的最优配置，城镇形成和发展的持续力才是最强的。也就是说，基于市场作用的发挥程度与城镇形成发展的集聚力的大小以及资源配置的优化程度是成正比的。

作为“看得见的手”的政府调控和作为“看不见的手”的市场机制是经济学视角下资源配置的两种基本形式。可以说，政府的出现意味着对市场作用一定程度上的替代，这对基于市场作用的充分发挥的两阶段城镇形成发展模型来讲，意味着挑战。本书认为，政府作用的出现可以从两个角度对两阶段城镇形成并发展模型的行程及稳定性产生两个方面的影响：

一个是非均质空间的角度。根据本节的分析，在非均质的空间世界中，城镇极有可能在自然条件优越、资源禀赋充足的区位形成并发展。而政府的作用一方面有可能顺应这种趋势，不仅为市场引导下基于比较利益的集聚机制的充分发挥营造良好的环境，甚至还能通过资金的投入、制度的支持等政策因素来强化这种趋势。另一方面也有可能鉴于政治、文化等非经济因素的影响而违背这种趋势，不仅阻碍市场引导作用的发挥，甚至反而在“天生”不具优势反显弱势的地点建立城镇，从而影响集聚经济效应的持续作用。

另一个是均质空间的角度。根据本章上面几小节的分析，均质的空间世界中，市场的作用将引导多样化的内生偏好形成城镇出现的内在动力，进而通过集聚作用的充分发挥形成锁定机制。同样，政府的出现一方面也有可能是为市场作用的发挥做好服务工作，从而实现与市场作用的相得益彰，促进城镇化的发展；另一方面也有可能阻碍市场作用的发挥，从而形成对城镇化发展的障碍。

前文的分析表明，无论是对于均质空间还是对于非均质空间下的城镇形成和发展的两阶段模型的一个重要的前提条件就是市场作用的充分发挥。这样，对政府的出现对城镇形成发展的作用的评判就演变为对政府的作用到底是限制了还是促进了市场作用发挥的判断。所以，首先要弄清楚的问题是无论是在均质还是非均质条件下城镇形成发展的过程中市场到底发挥着什么样的作用，或者更明白地表达应该是基于集聚的两阶段城镇形成发展模型中市场机制发挥作用的条件是什么。在弄清楚这一点的基础上，政府的出现对于两阶段城镇形成发展模型的影响效果的评判就显得“手到擒来”了。基于此，下一步主要分析本章前面部分研究的两阶段城镇形成发展模型中市场作用的条件。

本书认为，本章前文讨论的两阶段城镇形成发展模型中市场作用发挥的条件至少表现在以下几个主要的方面：

一是要有灵敏的感知者，即具有完备充分的微观决策主体。基于集聚的城镇形成主要表现在微观主体的集中布局，而城镇形成后集聚效应的发挥也是通过微观主体的行为来实现的。可以说，基于集聚的城镇形成本来就是微观主体在市场作用下进行的资源配置在空间上的反映和表现。因此，基于集聚的城镇产生的前提条件就是完备充分的微观主体的决策行为。这要求，一方面微观主体应该具有充分的经济理性，并且其行为具有“经济人”的特征。作为个人来讲，就是要追求个人利益的最大化；作为企业来讲，就是要追求企业利润的最大化。另一方面微观主体要有实现其自由决策的条件，即能够让微观主体在自由宽松的条件下进行利益最大化和利润最大化的决策和选择而不受限制。

二是要有顺畅的传导者，即具有统一高效的要素市场体系。资源及相关经济要素进行最佳区位选择的一种重要基础性条件就是要有统一高效的要素市场作为载体。而事实上统一高效的要素市场也是城镇市场功能及其集聚效应充分发挥作用的重要支撑。统一高效的要素市场意味着：第一，结构的完整性。即需要建立包含所有要素的市场体系，资源配置优化需要各个要素发挥不同的作用，如果某一要素市场的缺失将引起“牵一发而动全身”的客观放大效果，从而影响城镇集聚的形成及其作用的发挥。第二，联系的有机性。对于整个市场来讲应该是一个联系紧密、合理互补、高度组织的一体化有机整体，尤其对于各类市场来讲相互之间应该具有高度的关联性。显然，各自为政的“诸侯经济”是实现这个要求的大敌。第三，层次的多元性。有形要素市场的作用（包括其集聚力和辐射力）是有宽度和广度的，克服这个局限的重要途径就是构建多层次的要素市场体系，尽可能地扩大其作用范围，增强城镇集聚经济与区域经济发展的相互联系和依存。

三是要有忠诚的合作者，即具有定位合理的政府扶持机制。市场作用的充分发挥其实也离不开具有合理定位的政府的支持作用。在基于集聚的城镇形成发展过程中，政府作用支持市场作用良性发挥的一个重要表现就是交通、通信等基础设施的投入，这个过程的顺利完成将大大提升城镇集聚的吸引力。从某种意义上说，基于集聚的城镇化的发展过程就是各种微观主体决策机制下形成的经济组织与良好的城镇基础设施条件在一定的空间范围内结合互动发展的过程。从世界经济发展的历史看，第二次世界大战之后蓬勃发展的工业园区就是政府引导下基础设施的强力投入在市场作用下引发集聚及城镇发展的典型案例。

实际上，前两个条件可以视为政府的“无为而治”，后一个条件可以视为政府的“适时而动”。总结起来，就是两阶段城镇形成发展模型中市场作用发挥的条件就是要政府“有所为有所不为”。

进一步，如果政府的作用是“什么都为”，将对两阶段城镇形成发展模型产生的影响具体表现在哪些方面呢？本书认为，政府的不当行为将挤占市场作用的空间，对基于集聚的城镇化推进主要表现为以下两个方面的作用：

一是表现为对两阶段城镇形成发展模型的偏离。这里的“偏离”指的是政府的作用使得城镇化的发展直接脱离了基于集聚的两阶段城镇形成发展的城镇化发展的轨道，实际上是政府的“乱作为”。突出的表现就是在政府作用下，将一些没有比较紧密必然联系的、布局指向性没有重合的企业硬性地配置在一起形成集中布局进而成为城镇。虽然由政府的初始硬性外推力形成的企业集中也存在着一些并不重要的经济联系，也会存在基础设施的共享效应，从而形成一定的集聚经济；但从本质上看，这种城镇不仅不符合均质空间下的内生多样化偏好，也不符合非均质空间下的外生比较利益差距，是一种不合理的城镇布局。甚至，这种不符合经济规律的布局会在资源要素稀缺的条件下对事实上具有发展区位优势的地区的发展形成冲击，破坏应有的合理的城镇集聚的产生和形成。

二是表现为对两阶段城镇形成发展模型的扭曲。这里的“扭曲”指的是政府的作用使得基于集聚的两阶段城镇形成发展的城镇化得不到充分的发展，其后果就是城镇集聚不足或者是城镇集聚过度。基于集聚的城镇化发展是基于空间视角的考量，那么从空间区位的角度来看，城镇是存在承载容量的限制，不仅包括了上限，也涵盖了下限的要求

（见图 3－3）。对于集聚不足，本书认为，由于政府制度环境的制约造成的微观决策主体的不自由、要素传导市场的不完善以及政府不作为，都将导致市场作用的萎缩，进而形成集聚不足，集聚效应得不到发挥，影响两阶段城镇形成发展模型的顺利完成和持续发展。事实上，集聚不足就会造成集聚的不经济。例如，以机场和铁路建设为代表的公共事业的集聚需要达到一定程度的城镇集聚规模的支撑。而由于城镇集聚规模过小却为了维持城镇成长的临界需求采取的从外部输入需求的途径，也将产生更多的成本，从而影响集聚利益。对于集聚过度，就是将确实存在联系的经济单位过度密集地安排在一个区位，城镇是形成了，集聚经济也产生了，但同时也伴随着因集中过度而造成的短缺、经济效率降低等“拥挤成本”（Congestion costs）。事实上，“大城市病”就在一定程度上是与“拥挤”密切相关。城镇的企业布局过于密集、人口密度过大、建筑物过密等会产生一系列的城镇问题：城镇噪声、交通堵塞、住宅紧张、卫生条件恶化、环境污染等[①]，从而造成城镇集聚的不经济性，影响两阶段城镇形成发展模型作用的正常发挥。

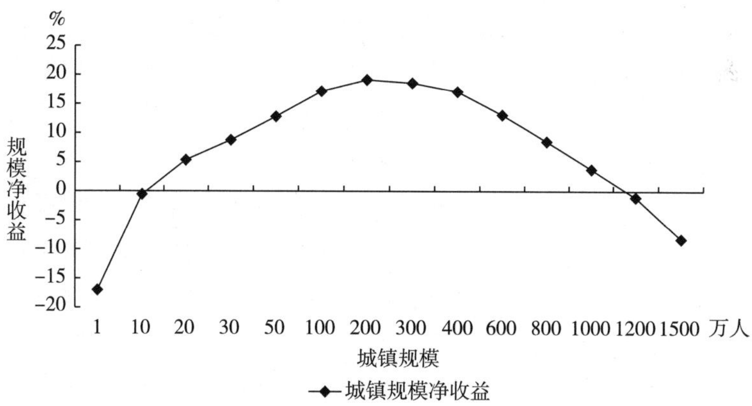

图 3－3　城镇规模与规模净收益之间的倒“U”形关系

资料来源：王小鲁、夏小林：《优化城市规模　推动经济增长》，《经济研究》1999 年第 9 期；王小鲁：《中国城市化路径与城市规模的经济学分析》，《经济研究》2010 年第 10 期。

---

① 冯云廷：《城市集聚经济》，东北财经大学出版社 2001 年版，第 30—32 页。

总的来说，政府的出现，如果是顺应市场作用的发挥甚至是以实际行动支持市场作用的发挥，将使得两阶段城镇形成发展模型顺利实现，形成科学合理的城镇集聚经济，进而推动城镇化发展。但相反，如果政府的出现是违背市场发展规律的，将会对两阶段的城镇发展模型产生两个层面的影响，一是“偏离”，使得城镇化的发展直接脱离了基于集聚的两阶段城镇形成发展的城镇化发展的轨道。二是“扭曲”，指的是政府的作用使得基于集聚的两阶段城镇形成发展的城镇化发展得不到充分的发挥或者说是发挥过度。当然，两种作用都会对两阶段城镇形成发展模型造成弱化甚至断裂的局面，影响到基于集聚的城镇化发展的未来持续能力。

小结　基于空间集聚的城镇形成发展的一般机制

本章的研究表明，基于产业空间集聚的城镇形成发展过程在均质和非均质空间的假设条件下都表现为两个阶段的发展过程。

在均质空间条件下，产业的空间集聚形成进而推进城镇化发展的过程是内生过程和外生过程两阶段共同作用的结果。对于第一阶段，本章在“迪克西特—斯蒂格利茨模型”（D－S模型）所建立的框架基础上，从供给和需求两个角度分析和解释了企业在多样化偏好下的规模报酬递增现象。从需求的角度来看，即着眼于消费者领域，消费者对于消费品的多样化的需求偏好直接影响着产品生产企业的规模报酬情况，而且这种多样化偏好的程度越强，将给产品生产企业带来更大的规模报酬。从生产者的角度来看，即着眼于生产者领域，中间产品生产者的存在将促使最终产品生产者形成规模报酬递增的特征，而且中间投入产品之间的替代弹性越小，将给最终产品生产者带来更大的规模报酬。进一步，在验证多样化成就企业的规模报酬的基础上，我们分别研究了多样化偏好下以及伴随中间产品的城镇形成的空间均衡问题。综合起来也就是说，消费者对最终产品的多样化偏好和生产者对中间投入品的多样化需求将自然地形成规模报酬递增的特征，进而通过城镇的出现实现了空间意义上的均衡状态，一起构成了集聚形成并促进城镇化发展的内在动力。对于第二阶段，本章认为，在集聚形成并促进城镇形成的前提下，将会出现包含了资金外部性、技术外部性、交流外部性及其他外部性的城镇集聚经济现象，这成为集聚促进城镇发展、集聚经济又反过来进一步扩大集聚吸引力的锁入效应（lock－in）的主要表现，一起构成了集聚形成并促进城镇化发展的外在动力。

在非均质空间条件下，基于市场作用的城镇形成发展同样表现出两阶段的特征。与均质空间下基于市场条件的两阶段城镇形成发展模型不同的是，这里用空间非均质形成的比较利益优势替代了内生的多样化偏好阶段。

需要指出的是，无论是均质还是非均质空间条件下两阶段城镇形成发展模型的建立都基于市场作用充分发挥的前提条件。而当政府出现的时候，其对于两阶段城镇形成发展的过程可能是加强的正效应，也有可能是扭曲甚至偏离的负效应。

第四章　两阶段城镇形成发展模型与中国城镇化发展的实践

第三章研究了均质空间下和非均质空间下的两阶段城镇形成发展模型，并对模型所描述的城镇化过程的顺利完成所需要具备的市场条件以及政府的出现对模型的作用和影响进行了深入分析。我们认为，只有在两阶段城镇形成发展模型的轨道上推进的城镇化才能获得良好的集聚效应并实现自我强化的发展机制。所以，本章的任务就是要在第三章研究结论的基础上分析两阶段城镇形成发展模型与中国城镇化历史进程的耦合状况，对当前中国城镇化发展的现状进行评判，为未来基于两阶段城镇形成发展模型的中国城镇化发展提供政策思路。①

第一节　两阶段城镇形成发展模型与中国城镇化历史进程的耦合

世界上几乎没有一个国家的资本流动和调拨是完全由经济力量支配的，几乎每一个政府都通过指导或促成投资按特定方向流动来实行一定的地区发展政策。这在计划经济曾经盛极一时的中国更是如此。②

回顾第三章两阶段城镇形成发展模型中关于政府作用的分析，当政府出现的时候，政府作用对于两阶段城镇形成发展的过程可能是加强的正效应，也有可能是扭曲甚至偏离的负效应，这取决于政府行为与市场规律的契合程度。因此，如果要了解中国城镇化历史进程与两阶段城镇

---

① 需要指出的是，限于篇幅，在准确表达意思的前提下，本章将“两阶段城镇形成发展模型”有时候简称为“两阶段”。

② 王绍光、胡鞍钢：《中国：不平衡发展的政治经济学》，中国计划出版社 1999 年版，第 191 页。

形成发展模型的耦合情况，就要弄清楚政府在城镇化进程中的作用性质。如果说政府行为是与市场规律相互协调、相互促进的，显然是对城镇化的促进，这种情况下的城镇化发展一定在很大程度上遵循着两阶段城镇形成发展模型的运行轨道。如果说政府行为是与市场规律相悖的，显然将对城镇化的发展形成阻碍，这种情况下的城镇化发展与两阶段城镇形成发展模型的运行轨道将呈现扭曲甚至偏离的状态。

一　体制转型与中国城镇化进程中外致型、适应型产业空间集聚

在现实经济生活中，集聚和城镇的形成和发展确实受到市场和计划两种力量的导向和调控。在市场机制下，微观主体根据市场规律办事，企业将由低利润地区转移至高利润地区，劳动力、资金等经济要素也将内生性地流向具有更高使用效率的地区，从而形成市场导控下的城镇集聚。而在国家的城镇和区域发展战略及政策的指导下，利用政府的力量对资源和要素进行导控，使得资源和要素表现为一种有计划的定向流动的集聚，就是计划导控下的城镇集聚。①

政府计划的力量在集聚及城镇形成发展中的作用主要通过以下几个方面的途径来发挥：一是公共品的供给方面。良好的公共品供给不仅能够提高集聚本身的经济效率，而且能够起到“筑巢引凤”的作用。二是制度的供给方面。制度定义和限制了个人的决策集合。② 地方的制度供给及由此产生的信誉水平是影响区域投资环境的重要因素。三是维护市场秩序和环境。这里具体涉及密切关系到经济健康稳定运行的创业、就业及市场竞争环境。显然，保证这些环境的统一、开放、公平、有序是保证集聚和城镇形成发展的重要推动力。四是具体的经济指导方面。表现为直接影响到集聚和城镇发展的具体的产业规划政策以及城镇发展规划政策等。③ 从另一个角度来理解，即按照第三章对于两阶段城镇形成发展模型发挥作用必须具备的市场条件的分析，政府发挥良性作用的途径就是帮助市场机制充分发挥作用，即保证市场上完备充分的微观决策主体、统一高效的要素市场体系以及定位合理的政府扶持机制。

---

① 冯云廷：《城市集聚经济》，东北财经大学出版社2001年版，第69—73页。

② D. North, *Institutions*, *Institutional Change and Economic Performance*, Cambridge: Cambridge University Press, 1990, pp. 21－32.

③ 徐强：《产业集聚因何而生——中国产业集聚形成机理与发展对策研究》，浙江大学出版社2004年版，第84—96页。

新中国的城镇化进程有其有别于先发国家的特殊性。不同于先发国家城镇化的推进只是单纯伴随着工业化的结构转型过程，新中国成立以来的城镇化发展不仅与工农业的结构转型密切相关，同时还面临着体制转型的背景。特别是改革开放以来，中国城镇化发展的推进实际上是农业经济向工业经济的一般转型与计划经济向市场经济的体制转型交织在一起的过程，具有“双重转型”的特征。[①] 也就是说，新中国成立至改革开放的一段时期内，中国的城镇化是在计划经济体制下推进的，而改革开放以来，中国的城镇化是在计划经济体制向市场经济体制转轨的背景下推进的。显然，无论处于哪个时期，政府无疑都占据着重要的位置。因此，分析中国城镇化历史进程与两阶段城镇形成发展模型的耦合情况，不能回避政府作用、两阶段城镇形成发展模型与中国城镇化三者的分析。

因此，本书认为，针对新中国成立以来中国宏观经济发展的实际，中国城镇化进程中的集聚严格来讲都是计划导控的结果。唯一不同的是，改革开放之前，这种计划导控更多地考虑了政治、国家安全的因素；而改革开放之后，这种计划导控更多地考虑了市场经济因素。所以，本书将前者定义为外致型的产业空间集聚（deformed spatial industry agglomeration）；后者则定义为适应型的产业空间集聚（adaptive spatial industry agglomeration）。我们认为，外致型的产业空间集聚是计划化的导控方式下两阶段的城镇形成发展模型发生扭曲甚至偏离的发展形式；而适应型的产业空间集聚则是计划化的导控方式下城镇化发展逐渐向两阶段城镇形成发展模型的运行机制回归并实现集聚持续发展的方式。

二　新中国成立初期外致型产业空间集聚与中国城镇化“两阶段”的扭曲和偏离

新中国成立以来“以重工业优先发展”为核心和主导的工业化发展战略直接推动了外致型产业空间集聚的形成，进而推动了城镇建设，促进了城镇化的大发展。但不得不指出的是，这种更多地基于政治考量的计划化的工业化发展战略形成的产业空间集聚推动的城镇发展完全不同于第三章模型所描述的两阶段城镇形成发展模式，而是发生了扭曲甚

① 辜胜阻、易善策、李华：《中国特色城镇化道路研究》，《中国人口·资源与环境》2009 年第 1 期。

至偏离，城镇化的发展在很大程度上不能拟合甚至直接脱离了基于集聚的两阶段城镇形成发展的城镇化发展的轨道[①]，形成了一种孤立型的城镇自我循环发展机制，其健康性和持续性不容乐观。

始于"一五"时期的"156项重点工程"建设以及起步于"三五"时期的"三线"工程建设是"以重工业优先发展"的工业化发展战略的具体表现和实现形式，由此基本形成了重工业化的国民经济格局，并对中国的城镇化发展产生了深远的影响。

（一）"156项重点工程"建设、产业空间集聚的区域重构与内地[②]城镇发展

新中国成立伊始，新生的共和国处境堪忧，对内面临着巩固新生的人民政权、快速发展经济的迫切需要；对外则是要应付敌对势力的外交孤立、经济封锁、军事包围及政治颠覆，以保证国家的独立和安全。为此，借鉴苏联经济建设[③]的经验，借助苏联援助，制定以重工业化为目标的第一个五年计划显得无可奈何但又水到渠成。[④] 第一个五年计划的重要内容，就是以苏联援助中国的156个大型的工业项目（又称"156项重点工程"）为起点，力图搭建比较完整的基础工业和国防工业体

---

① 当然，这里我们并不否认存在着一些政府作用契合非均质空间的比较利益及均质空间下的多样化偏好的情况。但我们认为，这只是极少的一部分。

② 当时全国的区域划分为：东部地区——辽宁、河北、天津、北京、山东、江苏、上海、浙江、福建、广东、广西；中部地区——黑龙江、吉林、内蒙古、山西、河南、湖北、湖南、安徽、江西；西部地区——陕西、甘肃、宁夏、青海、新疆、四川、云南、贵州、西藏。"一五"时期的"沿海"是指东部地区，"内地"是指中西部地区。薄一波：《若干重大决策与事件回顾（上）》，中共中央党校出版社1991年版，第290—306页。

③ 所谓苏联经验，就是以计划经济的资源调配方式，以牺牲农业为代价，通过高积累低消费保证工业化的资本积累来突出发展重工业和国防工业，从而实现高速增长并赶超发达国家。就其优越性来说，这种发展模式具有在短时间集聚优势资源迅速积累工业化资金从而实现工业化的优势。从苏联的历史来看，只用两个五年计划就基本实现了工业化，并在第二次世界大战后跻身世界第二大强国，其发展速度之快令人惊叹。但就其劣势来说，代价也是很大的，例如农业停滞不前、食品和轻工业发展不前导致的消费品缺乏、服务业不发达，等等。

④ 借鉴苏联经验是有其特定的历史环境考虑的，一是由于"苏联模式"在当时是一个现成的可以模仿的模式。二是由于"苏联模式"长期以来被认为是社会主义正统模式的代名词，走社会主义道路就应该走"苏联模式"。事实上大部分社会主义国家都不同程度地照搬了"苏联模式"。三是中国当时所处的国际环境，只能得到苏联的支持。中国科学院国情分析研究小组：《城市与乡村——中国城乡矛盾与协调发展研究》，科学出版社1996年版，第15—22页。

系，奠定工业化的基础。[①] 不仅如此，除了上文重点提及的重工业化的工业化战略的发展倾向以外，“156 项重点工程”建设的空间布局特征反映出当时的中央政府更多地考虑了以下一些因素：一是力图改变旧中国的工业生产和城镇分布过于集中于沿海地区的不平衡状况，希望通过追求内陆地区的繁荣和城镇建设来实现平衡的发展需要。二是出于国防安全的需要，工程中的国防项目主要分布在中西部相对偏僻的地区。三是在前两者的基础上寻求资源利用的就近化、投资效益的最大化以及交通运输的便利化。可见，国防政治上的需要是这一轮建设高潮的主要考虑因素，经济上的权衡倒在其次，这样形成的产业集聚同样也是更多地反映了计划的色彩，是本章定义的典型的外致型产业空间集聚。

“156 项重点工程”的开工建设开启了中国重工业化的工业化发展的开端，在工业化与城镇化相互作用规律的推动作用下，项目的空间布局特征也直接影响到了其所依托的城镇载体的发展，决定了城镇发展的动力、方向、性质、技术甚至是城建方式、地域结构、规模结构等一系列基本因素[②]，从而直接决定了这一时期中国城镇化的发展进程。

总结来看，“156 项重点工程”的空间布局形成的外致型产业空间集聚及由此所引发的中国城镇发展主要表现为以下几个方面的特征：

一是从区域宏观层面来看，工程的空间布局体现了“生产力均衡布局、区域平衡发展”的总体思路，出现了一系列计划经济条件下政府推动形成的外致型产业空间集聚，推动了中国工业及城镇布局的区域重构。这主要表现为这些重工业企业的选址主要规划布局在东北地区和中西部地区，如表 4 -1 所示，实际开工的 150 个项目中的 106 个民用项目中，布置在东北地区和中部地区的比重超过 77%；另外的 44 个国防企业中，分布在中部地区和西部地区的比重几乎超过了 80%。也就是说，按照当时沿海和内地的区域划分，“156 项重点工程”有接近八成分布在内陆地区，而分布在沿海的只有两成左右。这些工程中的相当一部分企业在建设的过程中都重点考虑并努力实现了联合选厂以及成组布局，成为与城镇建设相协调的综合配套的外致型产业空间集聚。应该

---

① 宋凤英：《奠定中国工业化基础的“156 项工程”揭秘》，《党史博采》2009 年第 12 期；刘振华：《建国初“156 项”工程项目的确立》，《中国档案》2009 年第 1 期。

② 何一民、周明长：《156 项工程与新中国工业城市发展（1949—1957 年）》，《当代中国史研究》2007 年第 14 卷第 2 期。

说，这种空间上的布局从根本上调整了当时“我国全部轻工业和重工业，都有约百分之七十在沿海，只有百分之三十在内地”① 的局面，改变了中国工业化的空间取向，为中国城镇化发展特别是内地城镇的发展奠定了坚实的工业化基础。

表4－1　“156项重点工程”的区域、省域及城市布局情况一览

地区	省份	城市	主要代表性项目
东北地区	辽宁	沈阳	沈阳第一机床厂、沈阳风动工具厂、沈阳第二机床厂、沈阳电缆厂、沈阳飞机工业集团、沈阳黎明发动机制造公司、沈阳航天新光集团
		抚顺	抚顺西露天矿、抚顺龙凤矿、抚顺老虎台矿、抚顺胜利矿、抚顺东露天矿、抚顺第二制油厂、抚顺热电站、抚顺铝厂（一期、二期）
		阜新	阜新平安五号立井、阜新新丘六号立井、阜新海州露天矿、阜新热电站
		鞍山	鞍山钢铁公司
		本溪	本溪钢铁公司
		大连	大连热电站
		杨家杖子	杨家杖子钼矿
		葫芦岛	渤海船舶重工有限公司
	黑龙江	哈尔滨	哈尔滨铝加工厂（一期、二期）、哈尔滨锅炉厂（一期、二期）、哈尔滨量具刃具厂、哈尔滨电表仪表厂、哈尔滨汽轮机厂（一期、二期）、哈尔滨电机厂前轮发电机车间、哈尔滨电刷厂、哈尔滨滚珠轴承厂、哈尔滨东安发动机集团、哈尔滨飞机工业集团
		富拉尔基	富拉尔基热电站、富拉尔基特钢厂（一期、二期）、富拉尔基重机厂

① 毛泽东：《毛泽东选集》（第五卷），人民出版社1977年版，第270页。另据统计，我国近代工业主要集中在沿海地区，1949年沿海10省（不含海南和广西）集中了全国近70%的工业产值，如果加上黑龙江和吉林两个省，占比可达80%以上。总体上是初步形成了以上海为中心的长江三角洲工业城镇群和以沈阳、天津、青岛为中心的沿海工业区。中国科学院国情分析研究小组：《城市与乡村——中国城乡矛盾与协调发展研究》，科学出版社1996年版，第39页。

续表

地区	省份	城市	主要代表性项目
东北地区	黑龙江	鹤岗	兴安台二号立井、鹤岗东山一号立井、鹤岗兴安台十号立井、兴安台洗煤厂
		鸡西	城子河洗煤厂、城子河九号立井
		双鸭山	双鸭山洗煤厂
		佳木斯	佳木斯热电站、佳木斯造纸厂
	吉林	吉林	吉林热电厂、吉林铁合金厂、吉林染料厂、吉林氮肥厂（吉林肥料厂）、吉林电石厂、吉林电缆厂
		长春	长春第一汽车厂
		丰满	丰满水电站
		辽源	辽源中央竖井
		通化	通化湾钩立井
西部地区	陕西	西安	西安热电站（一期、二期）、西安高压电瓷厂、西安开关镇流器厂、西安绝缘材料厂、西安电力电容器厂、西安航空动力控制工程有限公司、西安庆安集团、西安黄河机器制造厂、西安北方光电有限公司、西安北方华山机电有限公司、西安北方庆华机电集团公司、西安北方晴川集团有限公司、西安东方集团有限公司、西安北方惠安化学工业有限公司、西安昆仑（集团）有限责任公司
		兴平	陕西兴平柴油机厂、兴平秦岭航空电气公司、兴平华兴航空机轮公司
		宝鸡	宝鸡宝成通用电子公司、宝鸡长岭机器厂
		铜川	铜川王石凹立井
		鄠县	鄠县热电站（一期、二期）
	甘肃	兰州	兰州炼油厂、兰州西固热电站、兰州合成橡胶厂、兰州氮肥厂、兰州石油机械厂、兰州炼油化工机械厂
		白银	白银有色金属公司
	内蒙古	包头	包头钢铁公司
	新疆	乌鲁木齐	乌鲁木齐热电站
	云南	个旧	个旧电站（一期、二期）、锡业公司
		东川	云南昆明东川矿务局
		会泽	云南曲靖会泽铅锌矿
	四川	成都	成都热电站、成都宏明无线电器材厂、成都新兴仪器厂、成都锦江电机厂
		重庆	重庆电站

续表

地区	省份	城市	主要代表性项目
中部地区	山西	太原	太原第一热电站、太原第二热电站、太原化工厂、太原氮肥厂、太原制药厂、山西太原无线电厂、太原北方兴安化学工业有限公司、太原汾西机器厂、太原新华化工有限责任公司
		大同	大同鹅毛口立井
		侯马	山西侯马平阳机械厂
		潞安	潞安洗煤厂
	湖北	武汉	青山热电站、武汉钢铁公司、武汉重型机床厂
	湖南	株洲	株洲热电站、株洲硬质合金厂
		湘潭	湘潭船用电机厂
	江西	南昌	南昌航空工业集团
		大余	西华山钨矿
		虞南	大吉山钨矿
		定南	岿美山钨矿
	河南	洛阳	洛阳热电站、洛阳有色金属加工厂、洛阳拖拉机厂、洛阳滚珠轴承厂、洛阳矿山机械厂、洛阳柴油机集团有限公司
		郑州	郑州第二热电站
		平顶山	平顶山二号立井
		三门峡	三门峡水电站
		焦作	焦作中马村立井
	安徽	淮南	淮南谢家集中央洗煤厂
东部地区	北京	北京	北京热电厂、北京有线电厂、北京电子管厂、北京大华无线电器材厂
	河北	石家庄	石家庄热电厂（一期、二期）、华北制药厂
		峰峰	峰峰洗煤厂、峰峰通顺二号立井
		热河	承德钒钛矿和选矿厂

注：这里对东中西部的划分根据国发〔2000〕33 号文件，不包括港澳台地区，与新中国成立初期的划分（见上文的注释）不尽相同。

资料来源：国家计划委员会对外经济贸易司、对外经济贸易部技术进出口司、机械电子工业部技术引进信息交流中心：《中华人民共和国技术引进四十年资料汇编（1950—1990）》，文汇出版社 1992 年版，第 17—34 页；董志凯、吴江：《新中国工业的奠基石——156 项建设研究 1950 - 2000》，广东经济出版社 2004 年版，第 420—493 页；李百浩、彭秀涛、黄立：《中国现代新兴工业城市规划的历史研究——以苏联援助的 156 项重点工程为中心》，《城市规划学刊》2006 年第 4 期。

二是从作为工程建设空间载体的城镇来看，其形成和发展主要有三种情况：第一种是在原本就具有工业基础的城镇布局，通过改造老城区、内向性重组城镇空间从而形成新型工业区的老城内部集约式发展模式。这种情况主要发生在东北地区，例如沈阳在这一时期就大规模改扩建了铁西和大东工业区，新建了北部的陵北工业区，扩建东北部的沈海为地方工业区，形成布局合理、功能完整的新型工业区。[①] 第二种是在原本没有工业基础，但有城镇发展基础的中国传统城镇布局，通过依托传统城镇的老城区，在郊区建设新兴工业区的脱离老城区而发展新工业区的发展模式。这种情况主要发生在内陆地区如洛阳、成都、兰州、太原等。例如，洛阳原本是一个人口不足 8 万人，而且基本上没有工业布局的消费型城镇，正是由于"156 项重点工程"中相关项目及配套企业进驻的大力推进，形成了颇具规模的外致型产业空间集聚，使得城镇迅速地依托工业区形成了带状的发展格局。到 1957 年，洛阳已然发展成为人口超过 20 万的新兴的工业城镇。第三种是在既没有工业基础也没有城镇发展基础的"不毛之地"布局，通过重点项目的支撑，人为地规划城镇建设，迅速完成人口和产业集聚的完全新建的发展模式。这种情况主要发生在中西部资源比较丰富的地区。例如，平顶山就是从一个荒山野岭，在"资源采掘型的煤炭工业城市"的国家定位的强力推动下，一举发展成了颇具规模的中等城市。

客观上讲，"156 项重点工程"建设及其由此形成的外致型产业空间集聚，极大地推动了中国城镇化，特别是内陆地区城镇化的发展（见图 4－1），由此也积极地发挥了推动中国城镇化发展的区域特征向均衡方向发展的作用。但是从与两阶段城镇形成发展模型耦合的角度来看，"156 重点工程"建设推动的集聚和城镇发展的过程是对两阶段城镇形成发展模型的扭曲甚至偏离。之所说是扭曲，是因为"156 重点工程"建设中有相当部分的工程是在具有城镇发展基础的区位布局，或者是在有资源优势的区位布局，基本上能够纳入非均质空间下城镇形成发展模型的轨道。所不同的是，这种计划经济条件下政府计划外力推动下的集中布局并没有市场机制发挥作用的土壤，也就不存在自由的微观

① 李百浩、彭秀涛、黄立：《中国现代新兴工业城市规划的历史研究——以苏联援助的 156 项重点工程为中心》，《城市规划学刊》2006 年第 4 期。

决策主体、完善的要素传导市场以及定位准确行为合理的政府，这也使得这种扭曲了城镇形成发展模型的城镇化发展道路缺乏持续发展的能力。之所以说是偏离，是因为“156 项重点工程”建设中也存在着相当一部分工程建设的选址安排更多的是出于政治等非经济因素的考虑，在布局上既不能契合非均质空间条件下比较利益的情况，也不能符合均质空间条件下内生多样化偏好的情况，脱离了基于集聚的两阶段城镇形成发展的城镇化发展的轨道，这样的城镇发展路径本书认为是出于体外循环的状况，一旦失去了政府外力的强力推进，其发展也将失去引擎。

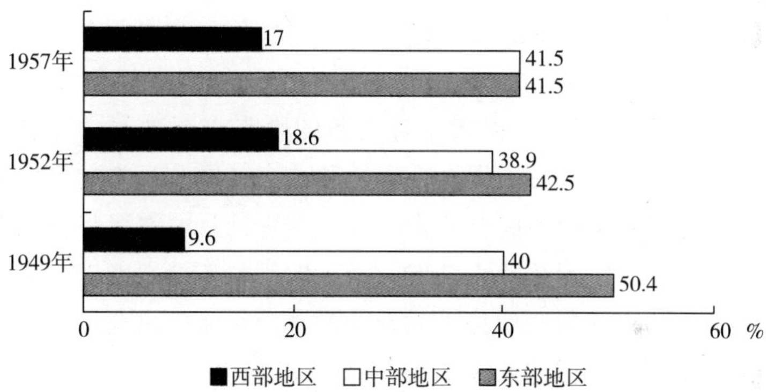

图 4－1　新中国成立至“一五”期间东中西部城镇数量的占比变化情况（单位：%）

资料来源：顾朝林：《中国城镇体系——历史、现状、展望》，商务印书馆 1996 年版，第 165—170 页；国家统计局城市经济社会调查总队：《新中国城市 50 年》，新华出版社 1999 年版，第 8 页。

（二）“三线”建设、分散的产业空间布局与城镇形成发展

历史进入 20 世纪 60 年代，随着前一阶段重工业建设推动的中国工业化体系的初步建成及国民经济的恢复发展，对于国内的形势来讲，工业化进程逐渐表现出朝两个方向发展的趋势，一是工业发展由重工业化向“吃穿用”发展的倾向。随着“大跃进”运动和三年自然灾害的教训渐被重视，以及“调整、巩固、充实、提高”调整方针的确定，第三个五年计划的建设重点逐渐有转向满足关系国民吃、穿、用的基本需

要的轻工业发展的倾向。[1] 二是工业化布局的重新沿海化倾向。在前一段时期重点建设东北和内地的前提下，毛泽东主席在1956年左右又开始意识到对内陆地区的过度重视将会影响到沿海工业的发展，反而浪费了原有的发展优势。于是明确指出："在新的世界大战前的10年或更长一点的和平时期内，不说十年，就算五年，我们也应当在沿海好好地办四年的工业，等第五年打起来再搬家。"[2] 在此影响下，国家的投资方向也有重新向沿海倚重的倾向。然而，还未等到这两种趋势发展成气候，国际形势的风云突变再一次造成了中国工业化和城镇化发展的转向。

20世纪60年代中期，中国的周边形势突然进入"四面楚歌"的境地：南方，美越战争正酣，作为越南的友好邻邦，中国随时有可能卷入战争；西方，中印之间的边界纠纷甚嚣尘上，一直保持剑拔弩张的状态。北方，由于50年代末以来中苏关系的紧张直至破裂，苏联在中苏边境陈兵百万，战争一触即发。东方，驻扎在韩国和日本的美国军队始终是中国和远东和平的威胁。东南方向，美军依靠海军优势占据台湾海峡并对台湾蒋介石集团袭扰大陆的行动采取纵容支持态度，可以说，东南也不太平。复杂的周边形势极大地刺激了当年党中央高层的神经，对于战争危险的估计使初拟的发展道路随之发生了偏向。备战备荒的"三线"建设发展战略也就在这个背景下诞生了。[3]

"三线"建设就是要在中国大陆的纵深地区，建立起一个比较完整的包括工、农、服务国防的战略后方基地。从空间上看，"三线"建设可以分为区域范围的"大三线"和省域范围的"小三线"。"大三线"是指国家宏观地域层面上的，主要涵盖了长城南边及京广线西边的广大

---

① 1964年4月，国家计委制定了《第三个五年计划（1966—1970年）的初步设想》，规定"三五"计划的基本任务是：第一，大力发展农业，基本上解决人民的吃穿用问题；第二，适当加强国防建设，努力突破尖端技术；第三，与支持农业和国防相适应，加强基础工业，继续提高产品质量，增加产品品种，增加产量，使我国国民经济进一步建立在自力更生的基础上，并相应地发展交通运输业、商业、文化、教育、科学研究事业。在这个设想中，用于农业的投资占总投资额的20%，国民经济的首要任务由原来以发展重工业为基础改为大力发展农业、基本解决人们的吃穿用。孙东升：《我国经济建设战略布局的大转变——三线建设决策形成述略》，《党的文献》1995年第3期。

② 毛泽东：《论十大关系》，载《毛泽东著作选读》（下册），人民出版社1965年版，第720—724页。

③ 在1965年9月、10月召开的中央工作会议上，正式通过了"三五"计划的基本方针："争取时间，积极建设三线战略后方，防备帝国主义发动侵略战争。"

内陆地区，大致跨越了西南地区的川、贵、云三省；西北地区的陕、青、甘三省；华北地区的晋、冀两省；中部地区的豫、鄂、湘三省以及华南地区的粤、桂两省等。[①] “小三线”则是各个省市层面上的，各个省市根据自己的特点也划分了一、二、三线。

“三线”建设历时较长、投入资金较大、涉及人力较多、覆盖国土较广，是社会主义举国体制下的一项重大工程，也是新中国成立以来区域生产力布局与重工业发展的空间布局的又一次大调整（如图4－2所示）。据统计，从1965年至1975年，“三线”地区基本建设投资几乎占到了同期全国基本建设投资总额的一半。1964年至1971年，全国有接近400个项目、15万人以及4万台设备，从沿海地区迁到“三线地区”。[②]

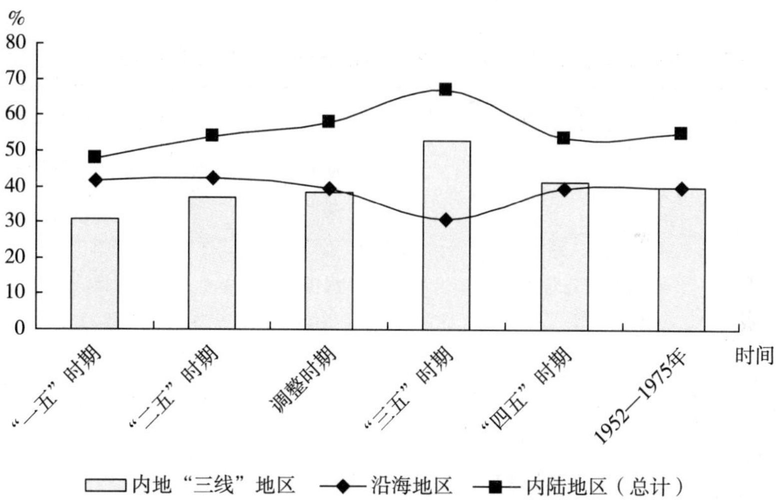

图4－2　内地“三线”、沿海、内陆地区相关历史时期基本建设投资分配情况（“一五”时期—“四五”时期）

注：图中的数据中，内地和沿海的比重加总不是100%，这是因为基本建设中统一购置的运输工具等内容并不是按照区域来划分的，所以也就没有明确地划入相关区域内。

资料来源：董辅礽：《中华人民共和国经济史》，经济科学出版社1999年版，第540—560页；刘再兴：《中国工业布局学》，中国人民大学出版社1981年版，第210—235页；黄荣华：《试论1964—1978年的“三线”建设》，硕士学位论文，河南大学，2001年。

---

① 谷振华：《对“三线”建设的历史分析》，《军事经济研究》2006年第6期。

② 当代中国丛书编辑委员会：《当代中国基本建设》（上），中国社会科学出版社1989年版，第163页；李彩华、姜大云：《区域发展视域下三线建设调整之经验启示》，《东北师大学报》（哲学社会版）2011年第3期。

与“156项重点工程”建设的积极意义类似，“三线”建设的积极意义同样在于进一步改变了工业布局不合理、在沿海地区过于集中的问题，促进了相关内陆地区的经济发展（如表4－2所示）。但不同的是，“三线”建设在促进城镇发展方面的作用是微乎其微甚至是负面的。这一时期，相关建设企业的选址基本上都是在“靠山、分散、隐蔽”甚至“进洞”等方针的指引下进行的，所以工业的布局基本上通过“远离大城市、分散布点”来实现的。① 可以说，这些布局很大一部分脱离了原有的工业基础，相关的生产要素主要是在区外循环的，几乎很难形成稳态的经济增长机制和持续的发展能力。应该说，这种分散的工业布局的特点在一定程度上产生了反城镇化的效果。

表4－2　“156项重点工程”与“三线”建设选址的城镇区域空间分布

类别	“156项重点工程”建设	“三线”建设
伴随“156项重点工程”建设及“三线”建设形成的产业集聚的空间分布特征	以沈阳、鞍山为中心的东北工业基地 以京、津、唐为中心的华北工业区 以太原为中心的山西工业区 以武汉为中心的湖北工业区 以郑州为中心的郑洛洋工业区 以西安为中心的陕西工业区 以兰州为中心的甘肃工业区 以重庆为中心的川南工业区	横跨川、云、贵三省的西南机械工业基地 包括鄂、湘、豫的华中机械工业中心 汉中机床、轴承制造工业区 关中输变电设备、电工器材及棉纺织工业区 兰州大型水电站、有色金属及石油化工工业区 天水仪表、低压电器、农机、轴承制造工业区 成渝机械、天然气、化工、大型水电站工业区 攀西以攀枝花钢铁公司为中心的工业区 西宁机床、拖拉机、内燃机制造工业区

资料来源：董辅礽：《中华人民共和国经济史》，经济科学出版社1999年版，第540—560页；黄荣华：《试论1964—1978年的“三线”建设》，硕士学位论文，河南大学，2001年；孙东升：《我国经济建设战略布局的大转变——三线建设决策形成述略》，《党的文献》1995年第3期。

① 孙顺太：《156项工程与三线建设比较研究》，《大理学院学报》2011年第10卷第5期。

从"三线"建设与两阶段城镇形成发展模型的耦合来看，如果说我们前面分析的"156项重点工程"建设还有相当部分只是对"两阶段"的扭曲的话，那么三线建设更多的是对"两阶段"的偏离（表4－2）。总的来说，从备战要求出发，这一时期建设的工厂统统安排在山沟和山洞里，不但不建城市，甚至要求以城市向农村看齐，使城市进程迟缓。[①] 这种城镇的形成不仅不符合均质空间下的内生多样化偏好，也不符合非均质空间下的外生比较利益差距，是一种不合理的城镇布局。甚至，这种不符合经济规律的布局会在资源要素稀缺的条件下对事实上具有发展区位优势的地区的发展形成冲击，破坏应有的合理的城镇集聚的产生和形成。当然，事情总是不能一概而论的，"三线"建设同样也造就了一批新兴的工业城市，其中典型的代表就是攀枝花。从"三线"建设开始的不到10年的时间里，攀枝花就从昔日的"不毛之地"一举成为一座"百里钢城"。[②] 直至如今，攀枝花依然是攀西地区最大的城市及四川南部地区最富裕的城市之一。[③]

另外，我们也应该意识到"三线"建设中所谓经济考虑的不合理性。如果为了经济在空间范围内的平衡发展，简单地通过强大的政府外在力量干预经济发展的基本规律来实现内陆地区的快速发展，其代价很有可能是"双输"的局面，不仅具有发展优势的东部沿海地区的发展将被"牺牲"，内陆地区也将因为违背经济发展规律而失去经济发展的可持续发展动力。关于这一点，第五章第一节关于"空间失衡"的讨论以及第六章第二节探讨二元城镇化道路时会有更加详细的分析。

（三）外致型空间集聚、"两阶段"的扭曲和偏离与城镇发展的封闭循环

在"156项重点工程"和"三线"建设这两个阶段强有力的非经济因素的外力推动下，相关工程项目的选址地初步形成了诸多外致型的"重工业"空间集聚。从城镇化发展的视角来看，这些外致型的空间集聚具有以下一些特点：

---

① 董志凯：《从建设工业城市到提高城市竞争力——新中国城建理念的演进（1949—2001）》，《中国经济史研究》2003年第1期。

② 韩岫岚：《中国企业史·现代卷》（上册），企业管理出版社2002年版，第604页。

③ 根据中国社会科学院发布的《2011年中国城市竞争力蓝皮书：中国城市竞争力报告》，攀枝花城市综合竞争力居四川第三。王伟光、李扬、陈佳贵：《2011年中国城市竞争力蓝皮书：中国城市竞争力报告 No. 9——城市：让世界倾斜而平坦》，社会科学文献出版社2011年版。

一是空间上的分散性。严格地说，笼统地将新中国成立初期这段时期的重工业布局称为“外致型‘重工业’空间集聚”是不确切的，集聚毕竟是相关企业的集中并形成相互密切联系的网络形态的情况。但事实上，这段时间内相当一部分企业，特别是“三线”建设的企业很大一部分上处于“孤岛式”的选址布局状态，散布在广大的地区上，政策强力引导下出现的它们并没有经历地区孕育的漫长过程，所以也基本上不能对所在区域小农经济基础的瓦解起到作用，也很难适应市场经济的要求。这一时期工业布局的整个过程就像是“仙女散花式”的外力注入，极端分散的工业布局对结构的改造力量有限，造成现代经济为主体的工业城市与当地落后的农村在空间上并存的态势①，所以也就很难顺利地生根发芽，甚至开花结果。

二是运行上的封闭性。无论是“156 项重点工程”建设还是“三线”建设，都是“以重工业优先发展”的工业化战略的具体体现。重工业远离生活资料消费品市场，可以借助中间需求的不断扩大而形成自我循环和积累的机制，我国重工业自我循环的机制可以理解为：第一环是国家通过价格扭曲使得产业的收入分配结构扭曲，造成重工业品利大价高的局面；第二环通过财政体制垄断重工业的高利润；第三环是财政支出向重工业严重倾斜；第四环是不断扩大的固定资产投资创造了重工业品的需求，使得重工业品价值实现并获得高利润；第五环是高利润再次流入国家财政，得以开始新一轮的循环。②

总之，新中国成立初期至改革开放之前“以重工业优先发展”的工业化战略决策，在空间层面上的表现就是外致型的空间集聚，落实到城镇化发展上就是形成了自我封闭、自我积累、自我循环的城镇发展模式，这基本上是对两阶段城镇形成发展模型的扭曲甚至偏离，也使得这种外力引导下城镇缺乏可持续的发展能力。

三 改革开放以来适应型产业空间集聚与中国城镇化两阶段的回归

改革开放之前中国产业空间集聚和城镇发展的状况更加准确的描述应该是微观上的集中与宏观上的分散并存，或者说是小范围小区域内的

---

① 曹力维、陈敬东：《西部二元经济结构的特点及其转换措施》，《改革与开放》2005 年第 10 期。

② 中国科学院国情分析研究小组：《国情研究第三号报告：城市与乡村——中国城乡矛盾与协调发展研究》，科学出版社 1996 年版，第 40—49 页。

集中和大范围大区域层面上的分散。而且，该时期形成的产业空间上的集聚是在计划经济的外力作用下形成的外致型空间集聚，大部分并不来源于集聚产生发展的内生动力，也未能够较好地契合于集聚点的资源环境禀赋及产业发展需求，“强心针”式的发展毕竟还是充满了“毕其功于一役”的盲动。

鉴于此，改革开放以来，中国在产业空间集聚及城镇化发展上的一个重要特点就是利用改革和开放的条件，充分顺应和促进了市场作用的发挥，推进了适应型产业空间集聚的发展，从而促进了健康持续城镇化的大发展。现在看来，这30年来，真是斗转星移：在开放的条件下，中国大陆热情地迎接了正在全球苦寻整个制造业发展机会[①]的产业资本。在改革的推动下，中国农村大方地输出了长期以来束缚在广大农村地区的剩余劳动力资源。同时，在市场的力量下，中国政府审时度势，通过计划适应了市场的规律和要求，使国际产业资本和中国农村剩余劳动力这两股力量在中国东部沿海地区一拍即合，从此一发不可收拾，形成了颇具气候的适应型产业空间集聚，极大地推进了东部地区乃至全国城镇化的进程。更为重要的是，进一步从城镇化发展与两阶段城镇形成发展模型的耦合来看，在计划经济逐渐向市场经济转轨的过程中，伴随市场作用的发挥加之政府作用的扶持而发展起来的适应型产业空间集聚推动的城镇化发展正在努力实现着对两阶段城镇发展轨道的回归，这也使改革开放以来中国城镇化发展中的城镇集聚经济效应逐渐增强，持续健康的发展能力逐步显现。

我们从数据的分析中可以发现两阶段城镇形成发展模型的回归较好地实现了集聚和城镇发展的良性互动。从近些年来中国大陆主要城市（地级市）的面板数据来看，改革开放以来中国产业空间集聚与城镇化发展（城镇发展中的规模经济）是相辅相成的，适应型的产业空间集聚促进了城镇化的发展。从下面四个反映不同时间点中国主要城市发展与工业空间集聚状况的图形中可初见端倪。如图4－3、图4－4、图4－5及图4－6所示，横轴通过城市人均地区生产总值的指标反映了

① 改革开放之初，适逢全球经济刚刚经历了“滞胀”的阵痛，急需大量的廉价劳动力资源来推进全球制造业的重新整合。

城市市场容量的规模，纵轴是通过工业份额[①]的指标反映了城市工业的集聚程度。标示在图中的趋势线明确地反映出了城镇化发展水平与工业化发展阶段所呈现出的倒 U 形关系，即随着工业化的发展，城镇化随之推进；当工业发展进入后工业化阶段之后，其对城镇化的推进作用也随之减弱[②]，取而代之的将是第三产业的发展水平。

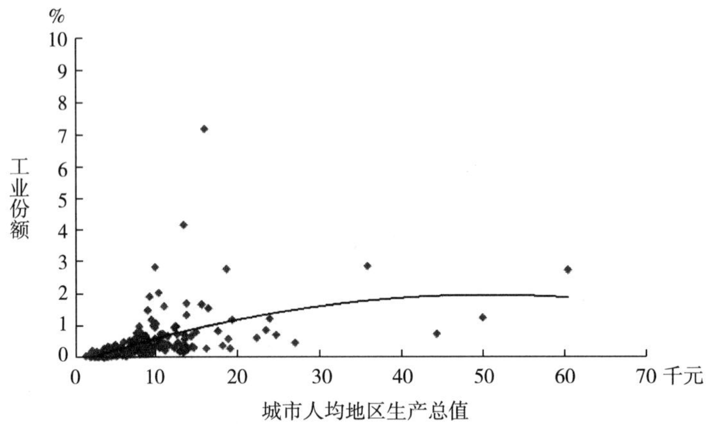

图 4－3　1995 年中国主要城市的人均地区生产总值及工业份额

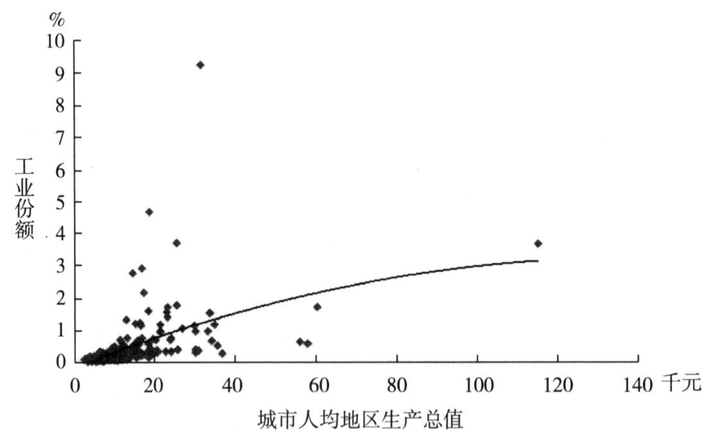

图 4－4　2001 年中国主要城市的人均地区生产总值及工业份额

---

① 这里的工业份额是使用相关年份的《中国城市统计年鉴》中的各个城市的工业总产值与所有城市工业总产值的比重来获得的。值得一提的是，这里的空间范围只是集中在市辖区，而没有扩展到更广的辖区县。

② 谢文惠、邓卫：《城市经济学》（第二版），清华大学出版社 2008 年版，第 31—34 页。

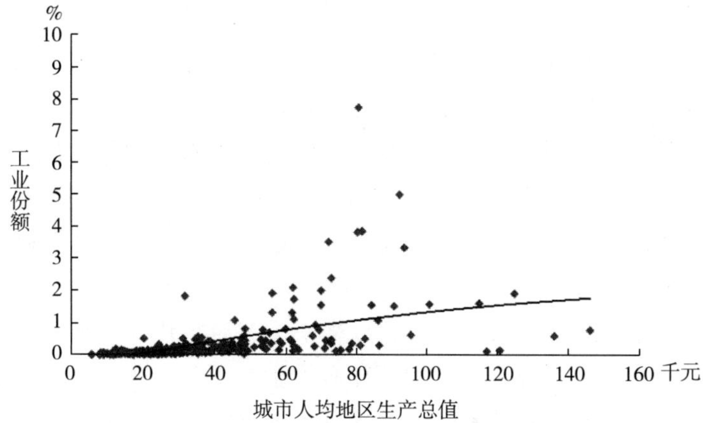

图 4－5　2010 年中国主要城市的人均地区生产总值及工业份额

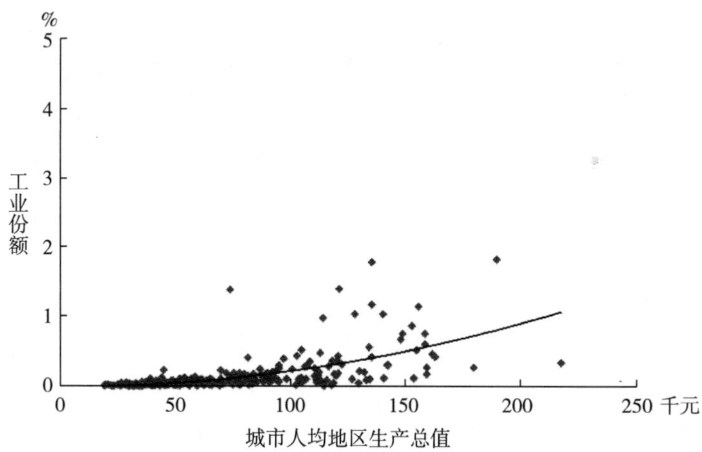

图 4－6　2018 年中国主要城市的人均地区生产总值及工业份额

资料来源：国家统计局城市社会经济调查司：《中国城市统计年鉴》，中国统计出版社 1996 年、2002 年、2011 年、2019 年版。

观察上面不同时间点的城市人均地区生产总值及工业份额散点图的变化情况，我们可以总结出 1996 年以来中国城镇化与工业空间集聚的若干特点：第一，图中趋势线的转折点随着时间的变化是逐步向右边推进的。这说明改革开放以来，中国城镇化在工业化发展的基础上向前推进以及两者互动发展的规律逐渐明显。或者更确切地说，突出表现为工业空间集聚的工业化发展带动了城镇化的进步，城镇的人均地区生产总值也逐步提高。同时，随着城市人均地区生产总值的增加，城市的市场容量逐步扩大，这又反过来进一步推进了工业在城市的空间集聚水平。第二，从图中散点的分布与趋势线的相对位置来看，大部分散点是布局在趋势线的转折点左边的，这说明中国的大部分城镇目前还处在城镇化与工业化互动发展的阶段，只有极少数城市率先步入了后工业化发展阶段。

值得注意的是，虽然改革开放以来中国的城镇化和工业空间集聚在市场化的改革取向以及全球化的开放政策指引下获得了长足的发展并实现了一定程度上的互相推动，但是这并不能够掩盖中国城镇化发展水平滞后以及城镇发展规模不足带来的城镇集聚经济效应得不到较好发挥的事实。

表 4－3 不同经济发展阶段城镇化水平变化——基于历史经验的比较

级次	人均 GNP（美元）		常态城镇化率（%）	中国城镇化率（%）	偏差（%）
	1964 年	2019 年			
1	70	449.4	12.8	—	—
2	100	642	22.0	17.38	－4.62
3	200	1284	36.2	17.92	－18.28
4	300	1926	43.9	24.52	－19.38
5	400	2568	49.0	26.94	－22.06
6	500	3210	52.7	27.99	－24.71
7	800	5136	60.1	34.78	－25.32
8	1000	6420	63.4	39.09	－24.31
9	1500	9630	65.8	—	—

注：2019 年美元与 1964 年美元的换算，直接使用此期间美国 GDP 平减指数计算得到，换算因子为 6.42。

资料来源：［美］霍利斯·钱纳里、［以］莫伊思·赛尔昆：《发展的型式：1950—1970》，李新华等译，经济科学出版社 1988 年版，第 31 页；“工业化与城市化协调发展研究”课题组（郭克莎执笔）：《工业化与城市化关系的经济学分析》，《中国社会科学》2002 年第 2 期；简新华、黄锟：《中国城镇化水平和速度的实证分析与前景预测》，《经济研究》2010 年第 3 期。

从宏观上看，中国城镇化发展水平的滞后，可以从两个角度来理解：一是经济发展水平对应的城镇化水平的国际比较的角度。一方面可以基于历史经验的比较，表4－3表明，中国在不同的经济发展水平下的城镇化率一直大大落后于世界上一般国家相应发展水平的常态城镇化率；另一方面也可以基于现实发展的比较，表4－4表明中国现阶段的城镇化水平仅比2008年中下收入水平国家略好，与中国经济发展的实际水平远远不能相称。二是城镇化率和工业化率的相对关系的角度。图4－7表明，长期以来，中国的城镇化率确实是滞后于工业化、非农化水平的发展。

表4－4　不同收入水平国家的城镇化率——基于现实发展的比较

不同收入水平国家收入水平（美元）		不同年份的城镇化水平（%）				
组别	人均GDP划分	2008	1998	1988	1978	1968
高收入国家	≥11906美元	77.66	75.41	72.68	69.92	65.81
OECD国家		77.30	75.09	72.52	69.98	66.08
非OECD国家		82.41	80.13	75.40	68.56	58.97
中上收入国家	3856—11905美元	74.77	71.25	67.16	61.07	53.61
中下收入国家	976—3855美元	48.13	42.92	37.83	32.43	28.85
低收入国家	≤975美元	28.72	25.07	22.16	19.14	15.53

资料来源：世界银行数据库。

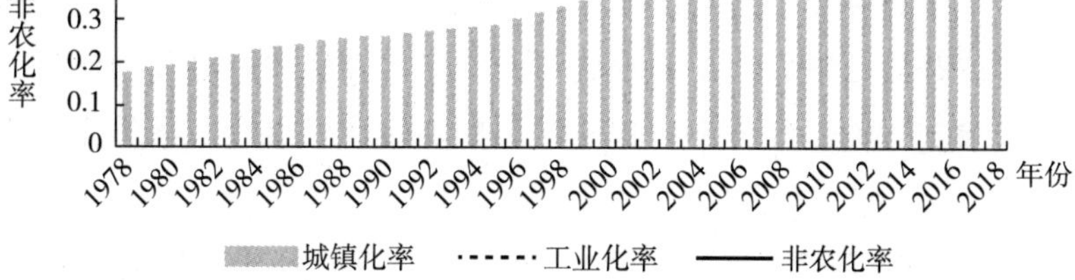

图4－7　中国城镇化率与工业化率的变化趋势（1978—2018）

资料来源：国家统计局：《中国统计摘要》，中国统计出版社2019年版；辜胜阻、李华、易善策：《大都市与中小城市协调共进的均衡城镇化研究》，《人口研究》2010年第5期。

从微观上看，中国城镇化的发展滞后也可以从具体城市的发展水平来理解。图 4 – 8 表明，中国城市（主要是地级市）市辖区的人口密度与人均地区生产总值之间也是呈现出倒 U 形的关系，但是大部分的中国城市集中在倒 U 形曲线转折点的左边部分，即说明，中国大部分城市都处在规模太小而遭受生产率损失的阶段。这与有关的研究结论也是基本吻合的。例如，有学者分析指出，中国有 51%—62% 的城市都规模不够。[①] 而且，中国不同城市之间的规模差距远远比其他国家的水平要低[②]。总之，可以判断中国的大部分城市并没有能够充分地发挥城市集聚效应。

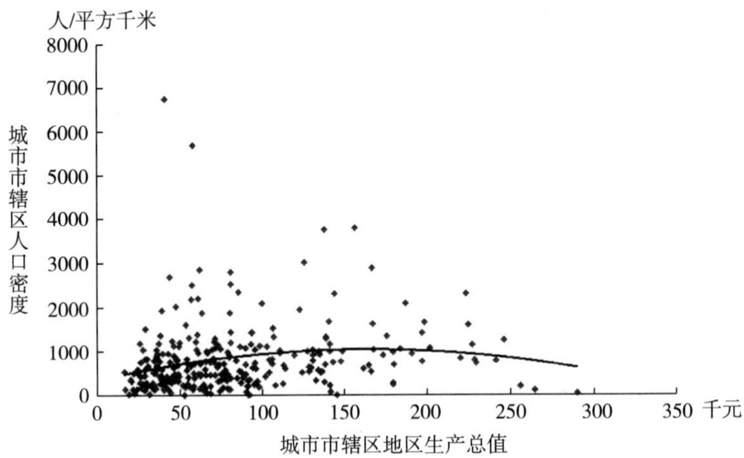

图 4 – 8　中国城市市辖区的人口密度及人均地区生产总值（2018）

资料来源：国家统计局城市社会经济调查司：《中国城市统计年鉴》，中国统计出版社 2019 年版。

从改革开放以来城镇化的发展与两阶段城镇形成发展模型的耦合来看，虽然上文我们已经得出：这一阶段的城镇化发展在市场的作用下显

① 陈钊、陆铭：《在集聚中走向平衡——中国城乡与区域经济协调发展的实证研究》，北京大学出版社 2009 年版，第 27 页。

② Fujita, Masahisa, J. Vernon Henderson, Yoshitsugu Kanemoto, and Tomoya Mori, "Spatial Distribution of Economic Activities in Japan and China", in V. Henderson and J. – F. Thisse (eds), *Handbook of Urban and Regional Economics*, Vol. 4, North – Holland, 2004, pp. 2911 – 2977.

现出逐步转向“两阶段”回归态势的结论，但这只是一种态势而已。中国面临着计划经济向市场经济转轨的长期而艰巨的任务，市场作用的发挥长期受到政府越位的挑战。可以说，改革开放以来适应型产业集聚引导下的城镇化发展逐步转向“两阶段”重新拟合的过程实际上是政府和市场博弈的结果，如果市场的作用得到更充分的发挥，这种拟合的结果显然会更好，更能够实现中国城镇化的持续发展。但事情并不像想象的那么简单，上文的分析也表明，改革开放以来中国的城镇化中的城镇集聚经济得到了长足的发展，但并不是十分令人满意。于是，我们自然地将关注重点转到计划向市场体制转轨中影响城镇化发展向“两阶段”更好拟合的制度和认识障碍，力图为未来城镇化更好更快发展提供政策建议做好理论铺垫。

第二节　当前中国城镇化发展向两阶段回归进程中的障碍分析

上面的分析可以看出，从历史时期的纵向比较来看，改革开放以来，中国城镇化进程中的产业空间集聚的确有了较大的发展，即城镇集聚经济越发明显；但是从具体规模和水平的横向比较来看，改革开放以来中国城镇化进程中确实也存在城镇的规模不足、城镇之间的规模差距较小的问题。本书认为，客观结果离不开主观认识的引导，也就是说，城镇化进程中集聚不足的客观结果有来自影响集聚形成发展的主观认识的误导。“祸兮福之所倚，福兮祸之所伏”，适应型的产业空间集聚中当然还隐含着不适应的因素。本节的目的就是梳理这些有可能阻碍当前中国城镇化进程中的产业空间集聚的思想认识上的误区。

一是城镇限制外来人口的偏见导致“集聚不稳定”。

所谓城镇限制外来人口心态，实际上是一种城镇为主的“小农”心态，其突出表现就是城镇不限制外来人口的劳动，但拒绝给予外来人口与城镇人口包括身份在内的同等待遇。所谓的“集聚稳定”，至少包含企业“落地生根”并实现良性循环以及劳动力在空间集聚内的安居乐业两个方面的内容。因而，在城镇，特别是城市对待农民工往往采取“取而不予”“用而不养”的态度，通过户籍制度的门槛将农民工拒绝在城门之外，实际上就是阻碍了产业空间集聚形成和发展所必须具备的要素合理流动的前提条件，即使是劳动人口实现了表面上的集中，但由于并没有能够“落地生根”，一旦宏观经济有什么“风吹草动”，就会立马对劳动力的迁移造成巨大的影响，波及空间集聚的稳定性。关于这一点，在2008年面对国际金融危机的时候表现得最为明显。当年重庆市有关部门提供的数据显示，截止到当年，也就是2008年的12月31日，整个重庆市的返乡农民工总人数已经累计超过47万。而仅仅12月20日至12月30日，回流人数增长超过12%。在整个回流人群中，因为国际金融危机影响的回流人数达到20.4万人。① 这只是重庆一地的情况，但全国的情况由此可见一斑，对于东南沿海若干产业空间集聚的影响也可想象。我们认为，正是户籍制度影响下的在城镇“无根”的农民工极大地影响了空间集聚的稳定性。

为了进一步分析这种城镇限制外来人口心态的危害，我们可以从相关利益主体面对相应情况下的利益得失来具体理解。对于农民工来说，处于“边缘”的状态，来城镇得不到户口及身份认同，又不愿意回到农村，只是凭借着“荒芜”的土地和农村保持着微弱的联系，出现了“两不靠”的尴尬局面。特别是对于占据当前农民工主力的新生代农民工来说，情况更是如此，这一点在表4－5中反映出来的关于新生代农民工与老一代农民工的特点对比中表现得尤为明显。对于集聚地的企业来说，这种心态造成的劳动力市场分割的客观结果实际上是增加了企业用工的成本，要么因为城镇限制人口的流入而使企业雇不到更合适的员工，要么这种门槛效应客观上提升了劳动力的价格而使资源配置的效率蒙受损失，进而影响竞争优势。很明显，作为集聚主要微观主体的企业效率和优势的影响必将波及集聚本身的稳定性。对于集聚地所在城镇来讲，则是阻断了集聚的正常发展机制所必需的要素流动机制，进而影响到基于这种自由流动机制上的要素匹配和分享的机制，从而阻碍集聚效应的作用。

二是大力发展小城镇的情结导致“集聚无方向”。

关于小城镇的发展的争议由来已久，主要反映在两个方面：

---

① 黎光寿：《农民工返乡创业面临市场瓶颈》，《中国财富》2009年第2期。

表 4 – 5　　新、老两代农民工的主要特点对比

特征		第一代农民工	新生代农民工
（一）文化素质与职业技能		相对较低	相对较高
教育程度	初中以上文化程度	67.9%	91.3%
	平均受教育年限	8.8 年	9.8 年
	职业培训情况	26.5%	30.4%
（二）外出动机与职业选择		为家庭，生存型外出	为自己，发展型外出
就业行业	制造业	56.4%	67.3%
	建筑业	12.3%	3.7%
	服务业	24%	26.3%
（三）生活方式与农业经历		传统农民，亦工亦农	现代市民，全职非农
务农经验	兼业状况	29.5%	10%
	平均务农时间	11.94 年	2.15 年
（四）自我认同与未来规划		农民，年龄大后返乡	工人，希望市民化
发展取向	务农	11.0%	1.4%
	自主创业	17.9%	27.0%
	继续打工	57.1%	50.0%
（五）权益意识与纠纷处理		维权意识弱，忍气吞声	维权意识强，积极争取
权益维护	权益受到侵害不投诉	13%	6.5%
	以集体投诉方式维权	27.9%	45.5%

注："新生代农民工"特指 1980 年及其后出生的外出农民工。

资料来源：全国总工会新生代农民工问题课题组：《全国总工会关于新生代农民工问题研究报告》，《工人日报》2010 年 6 月 21 日；"新生代农民工基本情况研究"课题组：《直面新生代农民工》，《调研世界》2011 年第 3 期；国家统计局住户调查办公室：《新生代农民工的数量、结构和特点》，国家统计局网站 2011 年 3 月 11 日；刘传江、程建林：《第二代农民工市民化：现状分析与进程测度》，《人口研究》2008 年第 5 期；王宗萍、段成荣：《第二代农民工特征分析》，《人口研究》2010 年第 2 期。

一方面盲目无序地发展小城镇历来就是城镇化发展中的一个主要的片面倾向，其典型的代表就是改革开放初期伴随着乡镇企业的大发展曾经出现过的"村村点火、户户冒烟"的"乡村派"乡村城镇化发展现象，曾经造成了较大的资源浪费。但遗憾的是，这种思想和实践上的倾向当前并没有消除，我们看到上到省一级下至县一级的发展规划中常常

笼统地提出大力发展小城镇的规划主张，而且现实世界中常常出现地方政府从本地的利益出发盲目上马所谓“工业新区”的现象，这些所谓的“工业新区”几乎缺乏远期规划及必要的基础设置的配套、缺乏与周边区域的产业配合以及必要的支柱产业和龙头企业支撑，有人形象地描述为“走了一村又一村，村村像城镇；走了一镇又一镇，镇镇像农村”。

另一方面则主要是为了避免“城市病”而主张大力发展小城镇。显然这是一种因噎废食的城镇化发展倾向。虽然在中国城镇化乃至世界城市化的发展进程中，出现了伴随着大城市迅速发展而出现的城镇交通堵塞、城镇环境污染以及城镇贫富两极分化等“大城市病”，但是我们必须清醒地认识到，这种“大城市病”并非大城市发展的必然结果，也就是说“大城市病”完全是可以通过合理的规划和引导避免的。例如，日本东京就是在科学合理的规划指引下相对成功地实现了城镇交通的相对便捷、城镇环境的相对优化以及城镇治安事件的相对减少，有效避免了“大城市病”，从而成为容纳超过3500万人口的超级空间集聚地，形成的巨大的集聚效应推动了日本经济的发展。不仅如此，应该指出的是，小城镇的发展与大城市的发展是相伴相生的，孤立地发展小城镇显然是“无源之水、无本之木”。对于小城镇和大城市发展关系的问题，著名空间经济学家藤田昌久（Fujita）有一段经典描述，他首先明确指出小城市（镇）的发展是大城市发展到一定阶段的结果。他进一步解释道，大城市集聚经济在发展的过程中，一方面随着交通的更加便利，大城市辐射范围的扩大将产生更强的集聚推动力，另一方面，过度的集中也会产生地租上涨等成本。当两者的力量对比发生失衡的时候，就会出现城市外溢现象，即城市集聚区的企业等经济要素外迁至周边，成为推动小城市（镇）发展的基础，从而形成布局合理、功能互补的城市圈（带）。[①] 所以，仅仅只有小城镇的发展，实际上是没有基础的，公共品的提供及消费者多样化需求的满足都将难以实现。

总之，这两种不当倾向肆意发展的结果就是出现大城市规模不大、

---

① Fujita, Masahisa, “Globalization, Regional Integration, and Spatial Economics: An Introduction”, In Masahisa Fujita (ed.), *Regional Integration in East Asia: From the Viewpoint of Spatial Economics*, Palgrave Macmillan, Chapter 1. 2007.

小城镇盲目发展、城市之间的规模差异不明显的局面。显然，这必将造成资源的浪费，并对产业空间集聚的方向产生负面作用，出现不合理的资源配置局面，影响到集聚发展的正常方向。

三是"盲目悲观"的心态导致"集聚不持续"。

这种盲目悲观的心态主要体现在两个方面：一是面对"刘易斯拐点"时候的盲目悲观；二是对集聚所引起的集聚地与流出地差距越来越大的盲目悲观。

近年来愈演愈烈的"民工荒"现象使人们普遍产生了对"刘易斯拐点"到来的担忧，认为"民工荒"意味着中国劳动力从富余转向全面短缺，所以大力引导东部地区的产业向中西部地区转移的时代已经到来。事实上，如果不考虑当前中国城镇化进程中空间集聚发展并不充分以及相关制度缺失的影响的话，静态孤立地看"民工荒"现象确实只能得出刚才提到的普遍担忧的结论。但是，本书认为，对于"刘易斯拐点"应该有比较客观清醒的认识。

关于刘易斯及其二元经济发展的理论在本书第五章关于集聚所带来的区域差距（城乡差距）问题的研究中会做专门的阐述，这里不再赘述，只是对"刘易斯拐点"的特征作简要的说明。"刘易斯拐点"是指在发展中国家伴随着工业化进程中的农村剩余劳动力从富余转为短缺的临界点，这个临界点的出现主要变现为劳动力资源的短缺以及相伴生的劳动力工资水平的上涨。那么中国的情况是什么样子呢？事实上，我们注意到，2004 年开始，春节期间中国东部沿海地区的劳动力短缺现象就开始出现，问题越来越严重，不仅在时间上开始波及至春节前数月、范围上开始影响至中西部劳动输出大省，而且涉及的工种上也开始向普工蔓延，大有从局限于一定范围和特定时间段的现象转向全面的持续性的短缺状态的趋势。不仅如此，伴随着劳动力短缺现象的出现和深入，工资水平也出现了明显的上涨趋势。国务院发展研究中心对珠江三角洲地区的调查表明，从 1992 年至 2004 年的 12 年中，农民工的平均工资水平增长了不到 70 元人民币。[①] 显然，这还是没有折合物价上涨因素的结论，如果将之考虑进来，农民工的实际工资水平极有可能是下降的。由此全国农民工的工资水平上涨情况可见一斑。但这种情况在

---

① 程刚、何磊、董伟：《珠三角农民工生存状况调查》，《中国青年报》2004 年 12 月 31 日。

2004 年之后发生了戏剧性的变化，图 4 -9 显示，2004 年开始，中国农民工的平均工资水平止住了长期停滞不前的状态并开始出现快速上扬趋势，而且这一趋势一直保持至今。显然，中国现在面临的情况似乎完全符合了“刘易斯拐点”的特征。

那么，我们是否可以由此判断中国劳动力已经走向全面短缺、中国已经走过了“刘易斯拐点”了呢？其实不尽然，我们承认，愈演愈烈的“用工荒”现象反映了当前中国劳动力市场供求关系的深刻变化：第一，经过多年的转移，中国农村处于剩余状态的劳动力已明显减少[①]，且剩余劳动力中的青壮年比例已经不高。[②] 所以未来适龄劳动力的释放空间已经在逐渐缩小。第二，区域之间的农民工收益水平的差距正在逐步缩小，这主要表现在中西部地区的就业机会增多、工资水平提升以及农村优惠措施的力度加大等方面，这促进了相当一部分农民工选择回流，中西部地区的城市群出现了人口和产业集聚的新趋势。也就是说，当前“民工荒”反映出来的问题是农村劳动力总量在减、结构在变、作用于劳动力转移的比较利益所形成的流出地“推力”和流入地“拉力”在弱化。[③] 但必须认识到，这仅仅是“远虑”层面的问题，我们面临的情况更为复杂。调查表明，2019 年，中国农民工规模继续扩大，总量达到 29079 万人，比上年增加 241 万人，增长 0.8%[④]，加上城镇需要解决的就业人数，中国实际上面临着巨大的就业压力。所以，可以判断当前中国劳动力供给过剩的总体格局并没有发生根本性的改变，事实上我们面对的更为紧迫的问题是劳动力市场发育不完善所导致的用工短缺问题的“近忧”。这包括了由于农村剩余劳动力进城务工的地区转移、职业转换及身份转变没有能够同步实现而造成的人为的迁徙

---

① 据统计，2008 年以来农民工后备力量共计减少了 2000 万人左右。萧琛、胡翠、石艾：《“民工荒”的原因、应对与劳工市场制度变革前景》，《社会科学战线》2010 年第 11 期。

② 数据显示：从农村分年龄段人口占比变化趋势来看，15 岁到 39 岁年龄段的青壮年劳动力的比重是逐渐下降的，而 40 岁到 64 岁年龄段的中老年劳动力的比重则表现出明显的上升态势。2005 年至 2010 年，这两个指标分别从 36.54% 和 31.95% 演变为 35.02% 和 36.32% 。国家统计局人口和就业统计司：《中国人口和就业统计年鉴——2010》，中国统计出版社 2010 年版；“Population Division of the Department of Economic and Social Affairs of the United Nations Secretariat”, *World Population Prospects* (2010), http://esa.un.org/unpd/wpp/index.htm. 2011.

③ 辜胜阻、李华：《以“用工荒”为契机推动经济转型升级》，《中国人口科学》2011 年第 4 期。

④ 国家统计局：《2019 年农民工监测调查报告》，国家统计局网站，2020 年 4 月 30 日。

成本的上升、由于用工企业用工过程中存在的包括年龄、性别甚至地域上的歧视而造成的限制劳动力供给的客观结果、由于劳动力的素质结构与企业用工的需求结构不匹配而造成的结构性的用工短缺、由于农民工长期以来在城乡之间大规模的流动造成的地理意义上的劳动力市场分割①而造成的劳动力市场自发调节和合理的资源配置功能的弱化，等等。总的来说，面对当前的用工荒现象，我们应该重视中国的劳动力供求结构正在发生深刻变化的现实，但我们同时也应该特别重视人为的制度造成的劳动力市场分割及迁徙成本上升的情况。充分发挥制度创新的作用，推进因为“摩擦性因素”造成的转移不顺利的这部分劳动力的转移就业，继续为中国经济增长注入活力，继续推进产业空间集聚的发展壮大。

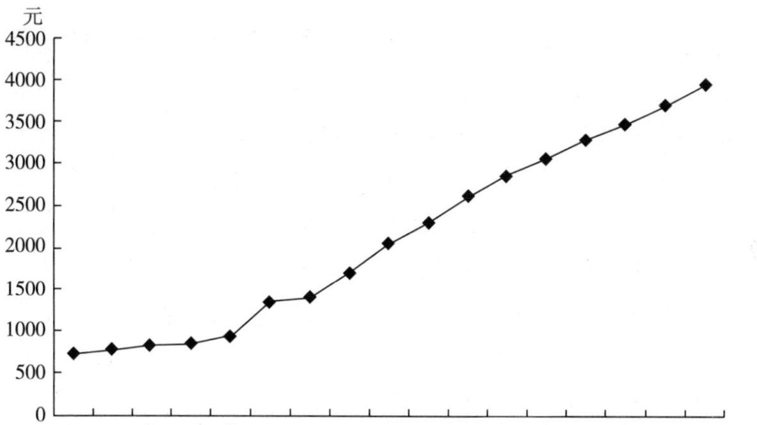

图 4－9 农民工月平均工资变化情况

资料来源：国家统计局农村司：《2009—2019 年农民工监测调查报告》，国家统计局网站；中国农民工战略问题研究课题组：《中国农民工问题调查》，《中国经济报告》2009 年第 3 期；白天亮：《农民工收入五年增一倍》，《人民日报》2011 年 2 月 14 日。

另一方面盲目悲观的心态来自对“贫困陷阱”的担忧。认为空间集聚特别是东部地区的集聚带来的城市群的大发展会导致城乡及地区差距的无限扩大，所以应该限制东部地区的空间集聚及城市发展规模。对

① 蔡昉：《“民工荒”现象：成因及政策涵义分析》，《开放导报》2010 年 4 月第 2 期。

此，本书认为，一方面需要肯定的是空间集聚造成的极化效应确实会带来暂时的集聚地与非集聚地之间的差距扩大，事实上，美国、法国等发达国家空间集聚与城镇化的发展历史中都曾经出现过区域差距扩大的现象；另一方面，也需要正确地看待这种差距的扩大，要认识到这种差距会随着集聚的发展进一步缩小。事实上，刚才提到的美法等国就是在集聚发展的过程中随着要素自由流动的实现，地区之间差距慢慢缩小并趋于收敛。①

第三节 两阶段模型的深入：多样化、专业化与中国城镇化的实际

针对当前中国城镇化进程中产业空间集聚发展并不充分的现状，上一节简要分析了可能会导致这种状况的主观认识上的误区。这一节，为了进一步去探求城镇化进程中的空间集聚问题并力图推进中国城镇化与产业空间集聚的良性互动，我们需要考虑的问题是当前中国城镇化进程中业已形成的集聚是在真正意义上促进了城镇化的发展吗？到底是什么样的产业集聚更能够促进城镇化的发展呢？为此，本节首先引入“专业化”和“多样化”的概念，进一步深化了考虑专业化和多样化的两阶段城镇形成发展模型（见图 4 – 10）。在此基础上，我们进一步分析了“专业化”和“多样化”这两种基本的产业空间集聚形式与空间集聚形成发展之间的关系，剖析两者各自在中国城镇化发展中的作用，试图为未来中国城镇化发展究竟是侧重于推进“专业化”的产业空间集聚还是着眼于“多样化”的产业空间集聚的路径提供理论参考，以更好地了解中国城镇化的实践。

一 产业空间集聚的形式：专业化与多样化

专业化和多样化产业空间集聚的探讨需要追溯到马歇尔对产业集聚的讨论。这里简单回顾一下上文，也就是本书的第二章理论基础部分对马歇尔产业集聚的综述。马歇尔认为地方性工业在产业区内集中可以获

① 沙安文、沈春丽、邹恒甫：《中国地区差异的经济分析》，人民出版社 2006 年版，第 20—51 页。

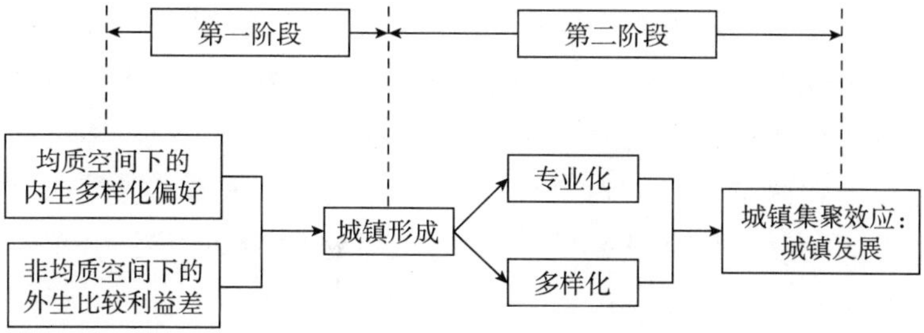

图 4－10　考虑专业化和多样化的两阶段城镇形成发展模型

得收益，而且这种收益往往能因许多性质相似的小型企业集中在特定的地方——即通常所说的工业地区生产——才能得到。马歇尔进而将他提出的这种收益划分为三个部分，即三个来源：一是地方性工业在产业区的集中有利于形成积累循环的良性机制，营造协同创新的区域环境；二是地方性工业在产业区的集中有利于实现中间投入品的经济使用，降低单个厂商的生产成本；三是地方性工业在产业区的集中有利于提供专业技术工人市场，缓解劳动力市场的供求摩擦。显然，马歇尔在探讨集聚的现象引起的具有“收益”性质的“外部经济”的时候，并没有去严格具体地划分出专业化空间集聚和多样化空间集聚的区别，但是从当时的具体历史条件及发展实际来看，他的论述中“集中”“性质相似”以及“地方性工业”等字眼客观上帮助后世学者在研究中对理论派别作了比较明晰的分工。

在马歇尔的基础上，随着后世研究的深入特别是经济发展中实践的不断推进，不同类型的产业空间集聚形式不仅在现实生活中不断涌现，而且也不断成为当世学者的研究重点。俄林（Bertil Ohlin）和胡佛（Edgar M. Hoover）就是其中的翘楚，俄林首先在《地区间贸易和国际贸易》一书中对外部经济的类型进行了简单的划分①，但更加系统和明确的划分则是由胡佛完成的②。他在马歇尔研究的基础上将马歇尔的研究即后来出现的实践上的变化划分为空间集聚经济的两种类型，一类是

① Bertil Ohlin, *Interregional and International Trade*. Cambridge, MA: Harvard University Press, 1933.

② ［美］埃德加·M. 胡佛、杰莱塔尼：《区域经济学导论》，郭万清等译，上海远东出版社 1992 年版。

代表同一产业经济规模的扩张或者是生产相似产品的厂商集聚带来的收益的“地方化经济”（Localization economics）；另一类则是代表不同产业部门的集聚带来的收益的“城市化经济”（Urbanization economics）。自此之后，就像“潘多拉盒子”被打开了一样，关于产业空间集聚的研究派别就有了比较明显的分异，围绕这两个方向也出现了两个派别①：

一是继续秉承马歇尔原教旨传统的“专业化经济”分支，主张同一产业内的外部经济是促进产业空间集聚进而推动地区发展的主要推动力。在马歇尔原教旨的观点之上，后来的学者致力于研究马歇尔所关注的地方专业化经济形成的外部性的内在机理，并形成了若干不同的理解和分析思路：一是技术外部性。阿罗（Arrow）和罗默（Romer）主要从知识外溢的角度来解释专业化形成的外部经济。② 他们将知识视为与资金、劳动力等同样重要的要素资源，认为经验的积累有助于通过学习行动而推进技术的进步及知识的积累，而正是专业化的空间集聚形式带来的频繁不断的生产行动才能有效推进经验的积累。这一偏重于知识外溢的研究思路在强调知识经济的今天尤为受到重视，后来的经济学家格莱泽（Glaeser E. L）等甚至将这种从知识外溢角度理解的专业化经济形成的外部性直接简称为“马歇尔—阿罗—罗默外部性”（MAR 外部性）。③ 二是资金外部性。经济学者斯托温斯基（Scitovsky T.）将生产者之间的投入产出关系理解为专业化空间集聚的资金外部性。他认为，专业化的空间集聚往往具有垂直的生产结构特征，因而企业之间的上下游关系密切，生产者之间比较容易产生资金外部性。④ 三是特殊外部性。这里的特殊主要表现在自然资源的方面，一般被用来解释现实世界

---

① 需要指出的是，这里只是从集聚分布特点的角度对外部性所做的划分。实际上本书的第三章在分析集聚和城镇形成的两阶段模型中的“第二阶段：外部性、集聚经济与城镇发展的正反馈效应”的时候，对外部性的相关内容有更加细致的描述，所以这里的阐述只是在种类划分上有差别，内容在很大程度上仅仅是对前文的简要提示。

② Kenneth J. Arrow, “The Economic Implications of Learning by Doing”, *Review of Economic Studies*, 1962, Vol29, pp. 45 – 48; “Paul M. Romer. Endogenous Technological Change”, *Journal of Political Economy*, 1990, Vol 98, pp. 71 – 102.

③ Glaeser E. L., Kallal H. D., Scheinkman J. A., Shleifer A., “Growth of cities”, *Journal of Political Economy*, 1992, 100, pp. 1126 – 1152.

④ Scitovsky T., “Two Concepts of External Economies”, *The Journal of Political Economy*, 1954, 62 (2), pp. 143 – 151.

中依托于地区的自然资源而形成的专业化城镇。四是专业化的劳动力市场外部性。在一个专业化的空间集聚中，专业化的劳动者跟企业的匹配显得更加容易和高效，就像矿工在产煤城市比在北京、上海更好找工作一样。

二是在马歇尔认识的基础上与时俱进，从实践的角度进一步发扬马歇尔观点的“多样化经济”分支，主张不同产业之间的相互交流才是促进产业空间集聚进而推动地区发展的主要推动力，因而认为推进产业空间集聚的立足点应该放在推进不同产业在空间上的集聚而非只关注一个产业的空间集聚。看似脱离了马歇尔地方化经济研究的路线，实则是根据实践的发展对马歇尔空间集聚观点所做的扬弃，只是走向了另一个极端而已。类似于地方化经济理论学派的成长，这一分支的理论发展同样是着重于“知其所以然”的内在机理的分析，为了突出派别之间的对比，这里采取与上一段类似的分类方式来阐述。一是技术外部性。简·雅各布斯（Jane Jacobs）认为最重要的知识溢出往往不是在同一产业内部，而是发生在产业之外，多样化的产业空间集聚将会比相近或同一产业的空间集聚更能够促进创新和区域经济增长。[①] 为了说明知识外溢来源于差异性的公司之间以及经济单元的互补性知识交流之间，雅各布斯举了著名的关于胸罩发明并产业化生产的例子：裁缝艾达·罗森索为了使她制作的上衣更加合身而改进了内衣并制成了第一件胸罩，因大受欢迎而促使罗森索女士专攻胸罩的制作、批发和销售，最终将胸罩生产发展成为一项独立的经济活动和产业部门。可见，胸罩的生产和技术创新就是来自多样化空间集聚的平台引导下的裁缝行业而不是内衣行业内部。后人也一般将这种知识外溢角度理解的多样化经济形成的外部性称为 Jacobs 外部性。二是资金外部性。同样有别于专业化经济认同者的观点，克鲁格曼等认为资金外部性更多的是来自生产者与消费者之间的交流，而显然，只有多样化的空间集聚才能提供更多的产品以供消费，从而产生资金外部性。[②] 三是特殊外部性。这里的特殊主要表现在公共

---

① ［美］简·雅各布斯：《城市经济》，项婷婷译，中信出版社 2007 年版，第 39—40 页。

② P. Krugman, “Increasing Returns and Economic Geography”, *The Journal of Political Economy*, 1991, 99, pp. 483 - 499.

品的共享方面，显然这在多样化的产业集聚形式中表现得更为明显。[①]四是多样化的劳动力市场的外部性。显然，除非是非常狭窄的专业化的工人，一般的产业工人在多样化的空间集聚中将承受更小的风险，并且更容易实现职业的转换。

至此，我们对产业空间集聚的“专业化”和“多样化”及其构成集聚经济的内在机理有了基本的认识。事实上，现实生活中的区分并没有理论分析上这么派别明显、非此即彼，可以说基本上不存在纯粹的只有一个产业的空间集聚，都表现为几个产业共生的现象，所以通过科学的计量方法对“专业化”和“多样化”的空间集聚进行区分显得尤为重要。而且，我们关心的是，既然前文分析得出结论，当前中国城镇化进程中的集聚并不充分，那么现有的集聚主要是表现为“专业化”还是“多样化”特征呢？到底哪一种更能促进城镇化进程中的空间集聚呢？这是下面我们要重点研究的问题。

二 专业化指数与多样化指数的衡量与中国城镇集聚的实际

既然对产业空间集聚作了“专业化”和“多样化”的划分，那么下一步的工作就应该是设定一个具体的衡量标准来对产业空间集聚的“专业化”或者是“多样化”的性质作判定，并对中国城镇的专业化和多样化特征进行初步的分析。

（一）（相对）专业化指数与（相对）多样化指数的计算方法

专业化指数和多样化指数是对专业化和多样化的数字衡量，这个指标有相对的和绝对的分别，鉴于分析的需要，这里的专业和多样是相对的概念，因此我们这里分析采用的是相对化的衡量方法。基于数据的可得性以及科学性，我们衡量城镇的专业化指数是从我们关注部门的就业在当地就业中的份额这个角度来获得。由此，基于就业份额衡量的不同城镇的专业化将会在不同的产业部门中实现，那么比较不同城镇的专业化程度实际上就是比较不同城镇的就业份额最大的部门的就业占比情况。

我们设定 $Z_i = \max\limits_{j}(S_{ij})$ 表示城镇 i 中的产业部门 j 的就业比重，于是我们得到城镇 j 的专业化指数为：

① G. S. Goldstein, T. J. Gronberg, “Economies of Scope and Economies of Agglomeration”, *Journal of Urban Economics*, 1984, 16 (1), pp. 90 – 104.

$$Z_i = \max_j (S_{ij})$$

为了便于城镇之间的比较，我们进一步推知城镇的相对专业化指数为：

$$XZ_i = \max_j (S_{ij}/S_j)$$

这里的 S_j 代表了产业部门 j 在全国城镇中所占据的就业比重。Z_i 的取值范围在［0，1］之间，而 XZ_i 是不同城镇之间横向可比的相对专业化水平，类似于我们经常提到的区位熵概念，它的取值范围为正。

最常见的用来度量多样化的指标是赫希曼—赫芬达尔指数（HHI，Hirshman - Herfindahl index）的倒数。我们同样用就业比重来衡量，可以得到城镇 i 的多样化指数为：

$$D_i = 1/\sum S_{ij}^2$$

于是，相对多样化指数为：

$$XD_i = 1/| S_{ij} - S_j |$$

（二）中国主要城镇集聚经济的专业化和多样化特征

利用上文的计算方式，我们计算了中国主要地级市的相对专业化和相对多样化的值。需要表明的是，限于篇幅，下文仅仅给出了 286 个地级以上城市中的相对多样化指数和相对专业化指数的数值排在前 30 名的城市及涉及的相关行业情况。

计算结果显示了中国地级以上城市的专业化和多样的基本特征，主要表现在以下几个方面：一是相对专业化和相对多样化指数的数值层面的差异很大，甚至达到数十倍的差别。二是从相对专业化指数排名靠前的城市涉及的专业化产业来看，主要是采矿业和农林牧副渔业。这客观上反映了中国专业化的产业集聚出现的城市对自然资源和条件的依赖。当然，这与前文分析的集聚和城镇形成发展所依赖的“第一天性”的分析是一贯的。三是从相对专业化指数和相对多样化指数靠前的排名所涉及的城市来看，规模较大的城市更多地表现为多样化的特征。

表 4－6　　2007—2009 年中国城市相对专业化指数（前 30 名）

2007 年				2008 年				2009 年			
序号	城市	XZ	行业	序号	城市	XZ	行业	序号	城市	XZ	行业
1	伊春	52.04059	农	1	伊春	59.52959	农	1	伊春	71.70065	农
2	白城	20.22898	农	2	七台河	15.6778	采	2	十堰	47.33412	文
3	鹤岗	15.49787	采	3	鹤岗	15.21384	采	3	白城	27.66475	农
4	七台河	14.9178	采	4	松原	13.87977	采	4	七台河	15.54709	采
5	松原	14.27555	采	5	三亚	13.71526	住	5	鹤岗	15.49147	采
6	鸡西	13.85878	采	6	淮北	13.61889	采	6	松原	14.88576	采
7	三亚	13.68965	住	7	绥化	13.54582	电	7	淮北	14.66273	采
8	淮北	13.52349	采	8	鸡西	13.3615	采	8	鸡西	13.6447	采
9	双鸭山	13.29045	采	9	双鸭山	12.84741	采	9	三亚	13.067	住
10	阳泉	11.49158	采	10	阳泉	11.94649	采	10	双鸭山	12.44888	采
11	晋城	10.77127	采	11	克拉玛依	11.64878	采	11	盘锦	12.43192	采
12	东营	10.27604	采	12	晋城	11.32024	采	12	阳泉	11.81003	采
13	克拉玛依	10.08682	采	13	盘锦	10.77492	采	13	晋城	11.69036	采
14	淮南	9.509765	采	14	东营	9.820633	采	14	辽源	9.941715	采
15	鹤壁	9.487785	采	15	淮南	9.644262	采	15	东营	9.859865	采
16	辽源	9.44116	采	16	辽源	9.579217	采	16	鹤壁	9.304047	采
17	平顶山	8.941098	采	17	鹤壁	9.430114	采	17	淮南	9.218625	采
18	盘锦	8.446771	采	18	大同	8.82145	采	18	大同	9.129653	采
19	大同	8.305133	采	19	平顶山	8.782106	采	19	平顶山	8.887428	采
20	铜川	8.060565	采	20	阜新	8.381923	采	20	阜新	8.476065	采
21	枣庄	8.039683	采	21	枣庄	8.285432	采	21	枣庄	8.099602	采
22	阜新	7.742704	采	22	铜川	8.248802	采	22	延安	7.774957	采
23	濮阳	6.896564	采	23	濮阳	7.092763	采	23	濮阳	7.357911	采
24	徐州	6.423433	采	24	六盘水	6.792229	采	24	六盘水	6.817022	采
25	大庆	6.048527	采	25	徐州	6.415951	采	25	铜川	6.641355	采
26	白山	5.641587	采	26	铁岭	6.170959	电	26	徐州	6.170827	采
27	平凉	5.326907	采	27	白山	6.150723	采	27	克拉玛依	6.129837	公
28	宿州	5.204133	采	28	萍乡	5.991262	采	28	乌海	6.029436	采
29	朔州	4.894504	采	29	大庆	5.747651	采	29	大庆	6.006576	采
30	银川	4.543036	采	30	宿州	5.578203	采	30	宿州	5.946917	采

表4-7　　2007—2009年中国城市相对多样化指数（前30名）

序号	城市	XD	序号	城市	XD	序号	城市	XD
1	太原	5. 35681	1	舟山	5. 576584	1	自贡	5. 808443
2	长春	4. 745539	2	福州	5. 072535	2	长春	4. 877779
3	九江	4. 661409	3	长春	4. 792938	3	连云港	4. 681181
4	合肥	4. 608063	4	沈阳	4. 464021	4	天津	4. 59509
5	重庆	4. 584529	5	天津	4. 407118	5	沈阳	4. 583097
6	丹东	4. 53756	6	合肥	4. 344388	6	哈尔滨	4. 370021
7	桂林	4. 250413	7	连云港	4. 333207	7	重庆	4. 36503
8	晋中	4. 200449	8	太原	4. 223057	8	福州	4. 270446
9	连云港	4. 170285	9	重庆	4. 217416	9	洛阳	4. 229945
10	石家庄	4. 061312	10	哈尔滨	4. 168978	10	西安	4. 12886
11	天津	4. 053208	11	泰安	4. 135615	11	南京	4. 01036
12	沈阳	4. 030563	12	石家庄	4. 105931	12	太原	4. 005062
13	镇江	3. 971948	13	咸阳	4. 097268	13	张家口	3. 935015
14	遵义	3. 96341	14	镇江	3. 910283	14	韶关	3. 867689
15	荆门	3. 943425	15	晋中	3. 775773	15	长治	3. 850197
16	长治	3. 926092	16	济宁	3. 760447	16	宜昌	3. 825178
17	福州	3. 911528	17	桂林	3. 737557	17	保定	3. 793096
18	南京	3. 797323	18	长治	3. 695738	18	南阳	3. 781637
19	咸阳	3. 778555	19	兰州	3. 661087	19	舟山	3. 714988
20	武汉	3. 754621	20	九江	3. 648176	20	镇江	3. 71218
21	哈尔滨	3. 74056	21	南京	3. 616792	21	漳州	3. 649657
22	锦州	3. 738677	22	景德镇	3. 58825	22	晋中	3. 625345
23	杭州	3. 71703	23	保定	3. 54508	23	荆门	3. 562082
24	韶关	3. 694381	24	张家口	3. 544173	24	泰安	3. 5158
25	兰州	3. 682429	25	柳州	3. 540738	25	包头	3. 512909
26	南阳	3. 659694	26	自贡	3. 540184	26	广州	3. 512558
27	柳州	3. 632492	27	包头	3. 528719	27	石家庄	3. 510027
28	曲靖	3. 630587	28	滁州	3. 524233	28	安阳市	3. 505873
29	自贡	3. 629995	29	南阳	3. 445757	29	景德镇	3. 379802
30	舟山	3. 592381	30	梧州	3. 431263	30	咸阳	3. 363811

三 中国城镇化进程中集聚经济的形成与专业化和多样化

为了将本章的研究引向深入，在分析了中国城镇化进程中产业集聚的现状以及中国城镇发展中多样化和专业化的集聚现状的情况下，我们自然就要考虑到，现阶段的中国到底什么类型的产业空间集聚更能够促进城镇集聚效应的发挥，或者更明白地说，更能够促进产业集聚，从而推进城镇化发展。为此，本节我们试图通过计量经济学方法的研究进一步衡量专业化和多样化在中国城镇发展道路上的贡献情况，为政策制定者选择集聚和城镇化道路提供思路。需要指出的是，这里的模型和方法主要借助了 Wen①、金煜等②、李金滟等③的研究。

（一）模型的设定

本书认为，城镇产业空间集聚的程度可以由该城镇地区生产总值在所有城镇中所占的份额来近似地衡量，因为我们可以以城镇的地区生产总值所占的份额为被解释变量来具体分析专业化和多样化对其贡献程度或者说是影响。在此思路的指引下，我们设定计量模型如下：

$$Xgdp_{it}=\beta_0+\beta_1 XZ_{it}+\beta_2 road_{it}+\beta_3 edu_{it}+\beta_4 firm_{it}+\beta_5 wage_{it}+\beta_6 market_{it}+u_{it}$$

$$Xgdp_{it}=\beta_0+\beta_1 XD_{it}+\beta_2 road_{it}+\beta_3 edu_{it}+\beta_4 firm_{it}+\beta_5 wage_{it}+\beta_6 market_{it}+u_{it}$$

下面具体说明模型的解释变量和被解释变量及其经济内涵：

（1）被解释变量 $Xgdp_{it}$ 就是通过该城镇在相关年份上地区生产总值在所有城镇总的生产总值中的比重来反映城镇产业空间集聚程度的指标。事实上，众多经济学者在研究集聚问题的时候曾用类似的指标来衡量。例如，金煜等 Wen 等就以地区工业生产总值在整个区域的比重来衡量产业集聚的情况。

（2）解释变量 XZ_{it}，XD_{it} 就是前文定义并根据相关统计数据测量出的中国主要城镇相关年度的相对专业化指数和相对多样化指数。

---

① M. Wen, Relocation and Agglomeration of Chinese Industry, *Journal of Development Economics*, 2004, 73, pp. 329 - 347.

② 金煜、陆铭、陈钊：《中国的地区工业集聚：经济地理、新经济地理与经济政策》，《经济研究》2006 年第 4 期。

③ 李金滟、宋德勇：《专业化、多样化与城市集聚经济——基于中国地理单位面板数据的实证研究》，《管理世界》2008 年第 2 期。

(3) 解释变量 $road_{it}$ 是通过主要城镇年末道路面积与城镇平均水平的比重来反映当年该城镇的基础设施建设情况的指标。“要致富先修路”是长期以来流传在中国的顺口溜，实际上是从侧面反映出了道路交通建设对区域经济发展的重要性。事实上，克鲁格曼的新经济地理研究框架中，运输成本正是影响空间集聚的不可或缺的重要因素。

(4) 解释变量 edu_{it} 是通过主要城镇当年普通高等学校教师的数量同城镇平均水平的对比来反映当年该城市的人力资本相对优势的指标。运用普通高等学校教师这个指标而不用相关受教育程度的学生人数的指标，一是因为对于受教育程度普遍比较理想的城市来说，普通高等学校老师数量的指标更能够体现出差别，另外是因为在“企业—高校—研究机构”形成的区域创新体系的“三螺旋”结构中，高校的作用越来越重要，作为高校重要组成部分和支撑力量的教师数量显然能够很好地体现这个水平。事实上，在舒尔茨的研究中，正是把人力资本（人的力量）当作区域经济发展中具有决定性意义的变量，是社会经济增长的源泉。①

(5) 解释变量 $firm_{it}$ 是通过主要城镇当年工业企业的数量与城镇平均水平的对比来反映集聚水平的指标。很明显，产业空间集聚的主要外在的表现形式就是企业在空间地点上的集中，城镇工业企业数量的多寡也正是反映了集中的程度。从深层次上看，企业集中布局涵盖着资金外部性、技术外部性等外部效应。当然，不能否认的是，集中也会带来相应的负面的例如拥挤效应之类的不经济现象，但这对于尚处在城镇化与工业化快速发展期的中国来讲，基本上不用加以重点考虑。

(6) 解释变量 $wage_{it}$ 是通过主要城镇当年的职工工资水平在城市平均工资水平的占比来反映区域性的劳动就业吸引力的。回顾上文对专业化和多样化的劳动力市场外部性的简述更有助于理解这个变量。实际上，无论是专业化还是多样化的劳动力市场，高工资对劳动者的诱惑都是巨大的。

(7) 解释变量 $market_{it}$ 主要是用来反映该城镇的市场潜力在城镇中所处的地位的。这个市场潜力定义为社会消费品零售总额与城镇内部距

---

① ［美］西奥多·W. 舒尔茨：《人力资本投资——教育和研究的作用》，蒋斌、张蘅译，商务印书馆 1990 年版。

离的商，而内部距离则由公式 $D = (2/3)\sqrt{area/\pi}$ ①来确定。

（8）u_{it} 为误差项。

（二）数据说明

本章研究的数据均来自《中国城市统计年鉴》。从时间范围来看，选择的是 2004 年之后的 2007—2009 年的数据指标，这主要是考虑到 2004 年之后关于从业人员行业分布的统计口径发生了变化。之前的统计口径是按照 15 个行业来划分的，之后调整到了 19 个行业。② 从地域范围来看，考虑到数据的可得性，选择的数据包括了除西藏拉萨之外所有地级以上城市。而且，从空间集聚的现实情况来考虑，为了更好地反映城镇的功能及集聚效应的作用，我们选取的是市辖区的数据。

（三）实证结果及解释

下面的计量分析结果（表 4－8）表明，本书所选择的变量对城镇集聚经济有着比较显著的解释力。具体的，我们能够得到以下几点结论：一是从相对专业化指数（XZ_{it}）、相对多样化指数（XD_{it}）对城镇集聚经济的贡献度或者说是在城镇集聚经济中所占的地位来看。多样化的集聚形式更能够推进集聚效应的发挥，从而推进城镇集聚。这是一个稳定的结论，由表 4－8 看出，不仅解释变量 XD 前面的系数为正，而且在 1% 的水平上是显著的。二是城镇以基础设施（在模型中以道路建设来反映）为代表的硬环境的改善以及以教育水平（在模型中以高校教师人数来反映）为代表的软环境的加强能够有效地促进集聚与城镇的形成与发展。三是产业集中的外部效应是明显的，是促进城镇集聚形成发展的重要推动力量。表 4－8 的 FIRM 变量的系数显示企业在空间维度上的集中对于城镇的发展是处在集聚经济的状态中。虽然没有能够得到进一步的数据来说明这种外部效应是资金外部性的形式还是技术

---

① M. Crozet, "Do Migrants Follow Market Potentials? An Estimation of a New Economic Geography Model", *Journal of Economic Geography*, 2004, 4, pp. 439－458. 转引自李金滟、宋德勇《专业化、多样化与城市集聚经济——基于中国地级单位面板数据的实证研究》，《管理世界》2008 年第 2 期。

② 这 19 个行业包括农林牧渔业、采矿业、制造业、电力燃气及水的生产和供应业、建筑业、交通运输仓储及邮政业、信息传输计算机服务和软件业、批发和零售业、住宿餐饮业、金融业、房地产业、租赁和商业服务业、科学研究技术服务和地质勘查业、水利环境和公共设施管理业、居民服务和其他服务业、教育、卫生社会保障和社会福利业、文化体育和娱乐业、公共管理和社会组织。

表 4-8　专业化、多样化与中国主要城市集聚经济情况的回归结果

解释变量	城市	
XD	0.011 (1.314)	
XZ		0.00007 (0.060)
ROAD	0.038* (1.814)	0.042** (2.184)
EDU	0.046 (1.424)	0.036 (1.180)
FIRM	0.279*** (9.937)	0.286*** (10.288)
WAGE	-0.523*** (-15.245)	-0.525*** (-15.037)
MARKET	-0.048*** (-4.112)	-0.525*** (-15.036)
常数项	3.637*** (57.49)	3.648*** (63.644)
AD - R^2	0.999	0.999
观测值	857	857
备注	固定效应	固定效应

注：1. 系数下方括号中的数值是 t 检验值；2. ***、**、* 分别表示在 1%、5%、10% 的统计水平上显著；3. 基于我们所选择的观测值是大的地理单位的样本性质，我们选用了固定效应模型来进行模型的估计。固定效应可以控制住所有不随时间变化但对每个产业是特定的变量（产业固定效应），或者不随产业变化但对每个时期是特定的变量（时间固定效应），而不需要任何与这些变量相关的数据。当然，固定效应有其缺陷，即只允许估计变量的总体效应而对分量的效应分析无能为力；4. 为了消除异方差性，这里采用的是广义最小二乘估计，即 GLS 方法。

外部性的形式，但表现为企业集中的产业集聚对于城镇形成发展的外部正效应是不言而喻的。四是更好的就业环境（模型中以工资水平及市场潜力反映）与城镇集聚表现出负相关的关系。我们认为，这客观上反映了当前中国劳动力结构变化与产业升级步伐没有实现同步的情况。

劳动力价格的上涨带来了企业成本的提高，但是高成本的劳动力并不意味着高素质的人才，并不意味着企业生产效率的提升，这在一定程度上形成了集聚效应方面的负面即不经济的现象。

小结　引导中国的城镇化真正回归两阶段的发展轨道

本章基于第三章两阶段的城镇形成发展模型研究了新中国成立以来城镇化的历史进程与两阶段城镇形成发展模型的耦合情况。研究表明：由于特殊的体制原因，中国的城镇化发展几乎没有很好地拟合两阶段的发展轨道。其中，改革开放之前外致型的产业空间集聚推动的城镇化是对两阶段城镇形成发展模型的扭曲和偏离，而改革开放之后适应型的产业空间集聚是对两阶段城镇形成发展模型的回归。但是，实事求是地说，鉴于中国正行进在计划经济向市场经济逐步转轨的途中，政府阻碍市场作用的因素还相对比较普遍地存在，这构成了城镇化进一步回归"两阶段"轨道的障碍。

综上，本章的政策建议主要在于减少不必要的政府干预，营造公平自由竞争的市场氛围。一方面是为相对均质空间下内生的多样化偏好动力形成集聚和城镇创造良好的空间和条件；另一方面也是为不均质空间条件下具有比较优势的地区形成集聚的内在吸引力提供更加有利的通道。

具体来说，需要特别注意的有以下两点：

一是要调整"适应型"产业集聚中的不合发展实际的外致型因素，扭转阻碍集聚的错误认识。这主要就是要营造人口自由、合理、科学流动的体制机制；构建大中小城市及城镇协调有序推进的城镇体系；处理好集聚和城镇发展中非集聚地区以及非城镇的郊区和农村地区的边缘化发展问题。

二是要引导多样化的产业空间集聚，促进集聚效应的发挥。要重视多样化的产业空间集聚所代表的综合性生产带来的好处，例如促进与大量的中间产品和公共服务相联系的规模经济；减少特定产业的随机波动对集聚和城镇发展带来的影响以及创新的便利性等。另外，需要重点加强城镇“内力”的建设，这主要表现在加强交通等基础设施建设，通过减少以运输成本为代表的交易成本增加集聚的外部效应，以及通过加强教育等支出提升集聚的人力资本积累，促进交流外部性效应的发挥，推进多样化的集聚。

第五章　两阶段城镇形成发展模型中的福利问题与中国的城乡差距

经济效应与福利效应相伴相生。在研究分析了基于空间集聚的城镇产生发展的过程以及考察了中国产业集聚与城镇化发展的现状之后，我们关注的重点自然地由偏向集聚与城镇产生的实证研究转向偏向于探讨由集聚带来的不平衡发展的规范研究，即模型福利效应方面的分析。值得指出的是，关于这一点，早在斯密关于“集聚与城镇形成发展”的思想中就有比较全面系统的涉及，回顾第二章的内容，我们发现斯密正是从“经济效应”和“福利效应”两个视角来分析城镇的相关问题，这当然也给本章的研究提供了提纲挈领式的思路。

通过前文两阶段城镇形成发展的模型我们清楚地看到，集聚和城镇形成发展的主要效应就是通过外部性及自我强化机制增加空间经济的效率。但我们也要清楚地认识到，就像“选择意味着放弃”一样，伴随现代部门兴起发展起来的中心地区获得了更多的财富，是以非中心地区现代部门的逐渐没落进而趋于边缘化、落后化为代价的。当然，区域差距的持续扩大并非社会所乐见的现象。如果研究表明突出表现为地区发展差距的空间失衡将进一步持续并更加严重，那么从政策层面的角度制定相关的政策来达成空间之间的公平分配就显得尤为必要。

本章首先从两阶段城镇形成发展模型的福利效应的视角讨论了城镇化进程中的空间失衡问题。其次系统梳理了理论界关于突出表现为城乡差距的空间失衡问题的观点和态度。最后分析了中国城镇化进程中的城乡差距问题及其形成的特殊原因并给出了解决相关问题相应的对策思考。

第一节 福利效应视角下的两阶段城镇形成发展模型

这是一个空间经济失衡的真实世界。作为理论模型的两阶段城镇形成发展模型在集聚内外部经济效应的同时当然也不可避免地面临着空间不均衡发展的空间福利问题。从两阶段城镇形成发展模型的经济效应来看，要么内生的多样化偏好构成了集聚和城镇形成发展的内在动力，要么非均质的空间条件形成了比较利益的外在动力，进而促进了集聚和城镇的出现并形成了外部的集聚经济效应，也就是反过来进一步增强了集聚和城镇的吸引力，从而推进了城镇和集聚的发展，如此循环往复而形成了一种发展的自我强化机制。但需要认识的是，经济效应一定伴随着相应的福利结果。对于两阶段的城镇形成发展模型，从模型的福利效应，特别是空间福利效应来看，需要重点考虑的是集聚地与非集聚地、城镇与农村之间的空间失衡问题。

一 空间失衡的真实世界：简要的历史回顾

从世界经济史的发展历程来看，真正意义上世界范围内的产业空间集聚及城镇化的发展是在产业革命之后发生的。如果说在产业革命进行的初期，囿于运输成本还相对较高的事实，产业的集中地和城镇的发展需要充分考虑自然资源的区位条件的话（这实际上是非均质空间下的两阶段城镇形成发展模型），那随着产业革命的继续深入，以蒸汽船、铁路、汽车等为代表的运输机械化的实现，带来了运输成本的显著下降，产业的集聚和城镇的形成也随之摆脱了自然资源及自然条件的束缚而成为任由内生多样化偏好推进的集聚产生发展的自由厂商（从欧洲的自然条件来看，似乎构成了相对均质的发展空间，从而进入了两阶段城镇形成发展模型的发展轨道）。集聚和城镇的发展进入高速通道。这一点从城镇化的爆炸式增长状况可以看出：除俄罗斯外的欧洲城镇人口数量占总人口的比重在1800年的时候为12%，到1910年已经超过了40%，1988年更是管涌式地增长到了75%。美国的情况类似，从1800

年的5%暴增到了1910年的42%[①]，直至2005年的75%。根据前文的分析，我们容易想象，集聚和城镇的大发展伴随着空间发展的失衡。我们以人均GDP指标来粗略地表征空间区域的发展指标，以欧洲的情况为蓝本，可以看到第一次产业革命时期空间发展越来越不均衡的演变轨迹。

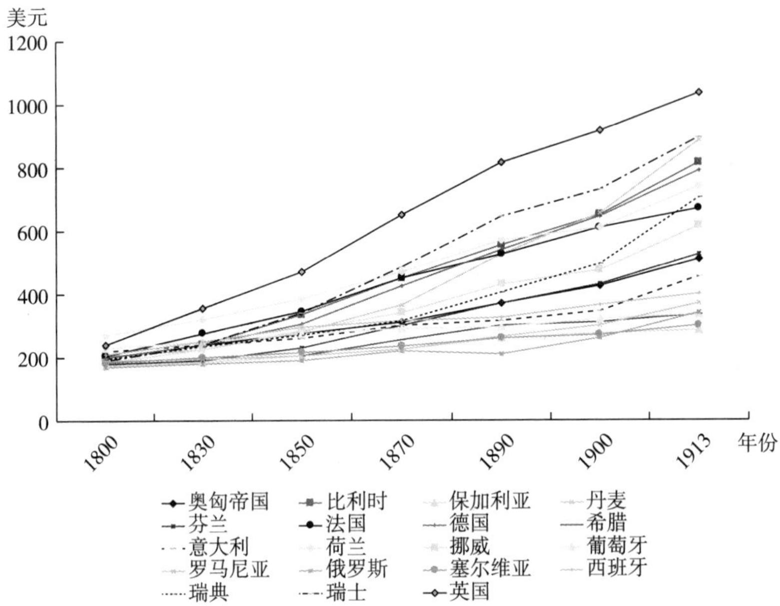

图5-1　产业革命时期欧洲主要国家人均GDP的变化情况

资料来源：P. Bairoch, *Economics and World History: Myths and Paradoxes*, Chicago: University of Chicago Press, 1993, pp. 252-253.

对于图5-1所反映的情况，我们可以从两个主要的方面进行分析：一是全面地来说，欧洲主要国家在产业革命中都经历了明显的经济增长，福利水平普遍获得了较大的提高；二是从单个具体国家的发展情况及相互之间的比较来看，空间不均衡发展的差异出现了。我们看到，在19世纪初的时候，欧洲主要国家经济发展的初始水平基本上是在同一

① P. Bairoch, *Cities and Economic Development: From the Dawn of History to the Present*, Chicago: University of Chicago Press, 1988, Chapter13.

个起跑线上的，贫富国家的差距比为 1∶1.6 左右。但到了 20 世纪初，差距就已经十分明显了，贫富国家的差距达到了 1∶4。从国家之间人均 GDP 的标准差来看，扩大了约 9 倍。由此，伴随产业革命出现的产业空间集聚和城镇发展带来了极大的经济效应，也带来了空间失衡发展的客观结果。

为了进一步深入分析上面的图形中反映出来的空间角度的特征，我们可以进行一个有趣的分析。回顾产业革命前后的欧洲经济史容易发现，英国是当时欧洲乃至世界的经济中心，当然也是产业集聚和城镇发展的先驱。于是，我们可以以英国作为中心地，或者说是集聚地和城镇所在地，而以周围的国家为非集聚地，测算距离英国的远近对经济效率影响的问题。我们借鉴现成的研究结论来说明这个分析的结论，如表 5－1所示。

表 5－1　人均 GDP 与距离英国远近的弹性值

	1800 年	1830 年	1850 年	1870 年	1890 年	1900 年	1913 年
弹性	－0.09	－0.195	－0.283	－0.371	－0.426	－0.437	－0.436
标准差	0.028	0.029	0.028	0.032	0.052	0.058	0.078
R^2	0.376	0.717	0.857	0.883	0.796	0.764	0.647

注：表中的弹性值在 1% 的水平上显著且不为零。

资料来源：［法］皮埃尔－菲利普斯·库姆斯、蒂里·迈耶、雅克－弗朗索瓦·蒂斯：《经济地理学——区域和国家一体化》，安虎森等译，中国人民大学出版社 2011 年版，第 13 页。

可以从横向的空间距离和纵向的时间维度来看待表中的结果。对于以英国为中心的欧洲空间经济结构来看，表现为负数的弹性回归结果表明和英国的距离远近与人均 GDP 的大小成反比关系，即离英国越远，人均 GDP 越低。对于时间维度的弹性变化情况来看，随着时间的推后，弹性的绝对值呈现出逐渐扩大的趋势。这也就是说，随着产业革命的逐渐深入，人均 GDP 与距离英国的远近程度的关系越来越重要。客观上在空间水平上出现了以英国为中心的集聚地，以及以外围国家为边缘的非集聚地区。

为了更好地说明伴随集聚和城镇发展的空间不均衡发展的客观事

实，在上文分析了国家之间的空间不均衡发展路径之后，我们将目光转入一国内部，从国际的研究视角转向对一国内部的关注。限于缺乏用来评价一国内部空间差异长期内演化过程的 GDP 历史数据，我们这里利用法国的情况做一个示意性的说明。

从表中看出，一百多年以来，法国省份的空间集聚指标值上涨了 3 倍左右，反映了法国产业、城镇等经济活动在少数几个地方的集中情况。而且从分产业的空间布局情况来看，农业布局开始基本没有变化（表中的泰尔指数基本稳定），而后出现了集聚的情况。而工业和服务业则首先出现了比较明显的集聚趋势，而后又有分散的情况出现。我们认为，这基本上反映了一国内部的空间失衡发展的情况，相关产业集中和分散的趋势也拟合了空间差距先扩大再缩小的客观期望和发展规律。

表 5－2　　法国省份的空间集聚指标情况

变量＼年份	1860	1930	2000	1860—1930 百分比变化（%）	1930—2000 百分比变化（%）	1860—2000 百分比变化（%）
人口	0.12	0.34	0.39	175.9	16.1	220.4
就业人数	0.13	0.37	0.5	177	34.2	271.6
增加值	0.3	0.68	0.71	124.9	5	136.1
增加值/就业人数	0.05	0.03	0.01	-47.5	-76.7	-87.8
农业增加值	0.1	0.1	0.22	-4.4	119.5	109.7
工业增加值	0.69	0.93	0.5	33.9	-45.8	-27.4
服务业增加值	0.61	1	0.84	62.9	-15.7	37.4

注：表中的空间集聚指标采用的是泰尔指数。泰尔指数的一个极端状态就是其值等于 0，这意味着空间分布的均质状态。另一个极端状态就是其值达到最大值，表明经济活动全部集中到了一个地区。

资料来源：［法］皮埃尔－菲利普斯·库姆斯、蒂里·迈耶、雅克－弗朗索瓦·蒂斯：《经济地理学——区域和国家一体化》，安虎森等译，中国人民大学出版社 2011 年版，第 19 页。

至此，我们从国际和国内两个角度分别阐述了基于集聚的两阶段城镇形成发展模型中的表现为空间失衡的空间福利问题。下面，让我们用布劳德尔（F. Brauldel）眼中基于“三种类型”的空间不均衡发展的现实世界来结束本小结的讨论：

> 中心或者核心，包含了所有最先进的事物和极其丰富的事物。中间地带，即“第二位”的地带，尽管它包括中心地带各种事物的一部分，然而它只能享有其部分收益。广大的边缘地带，伴随着分散的人口，集中出现了落后、过时以及其他地区对其的剥夺。这种差异化的地理学，甚至在今天，仍然是对世界历史的一种解释……①

二　空间集聚的力量：总体福利的增进与相对福利的损失

我们继续在两阶段城镇形成发展模型中来分析集聚、均衡（分散）以及由此带来的福利效应问题，以期分析出到底是集聚能够促进空间福利的增进，还是分散能够促进空间福利的增进。为本书的对策建议作铺垫。

（一）两阶段城镇形成发展模型下空间集聚与增长的一般框架

我们设定一个两地区、两种生产要素、三部门的“二三三”经济空间。即在 L_1 和 L_2 两个地区存在着传统生产部门 A、现代生产部门 I 以及创新生产部门 R，并且有熟练技术工人 S 和非熟练技术工人 F 两种生产要素。下面依次从消费者、生产者及市场出清等方面展开分析。

1. 消费者的角度

从消费者的角度来看，定义工人的效用函数为：

$$u = I^{\mu}A^{1-\mu}/\mu^{\mu}(1-\mu)^{1-\mu} \tag{5-1}$$

其中，A 代表了对传统部门的消费量。对于多样化产品 N（$i \in [1, N]$）的现代部门 I 的消费指数定义为：

$$I = [\int_0^N q(i)^{\rho}di]^{1/\rho}, \ (0<\rho<1) \tag{5-2}$$

定义消费者的需求函数为：

$$A = (1-\mu)\chi; \ q(i) = \mu\chi p(i)^{-\theta}P^{\theta-1}$$

其中，χ 代表了消费者在 t 时期的消费支出，而 $P = [\int_0^N p(i)^{-(\theta-1)} di]^{-1/(\theta-1)}$ 代表了现代生产部门产品的价格指数。

---

① F. Brauldel, *Civilization and Capitalism* $15^{th}-18^{th}$ *Century*: *The Perspective of the World*, New York: Harper Collins. 1979, p. 39.

于是，综合上面的几个式子可以得到间接的效用函数为：

$$\vartheta = \chi P^{-\mu} \tag{5-3}$$

我们引入时间和空间的因素，于是能够得到消费者 J 在时间 t 的间接消费函数，即：

$$\vartheta_j(t) = \chi_j(t)\left[P_{r_j(t)}(t)\right]^{-\mu} \tag{5-4}$$

需要说明的是，式（5－4）中的 $P_{rj(t)}$（t）代表了 t 时期、区域 r_j（t）内产品 I 的价格指数，其代表了区域动态变化的一种迁移的过程。

2. 生产者的角度：传统部门、现代部门与创新部门

在经济活动的生产方面，我们从传统部门 A、现代部门 I 以及创新部门 R 三个方面具体阐述。

对于传统部门，其生产的回报率稳定且单位产品对应着单位非熟练工人的生产耗费，且其消费量足够大到需要在两个地区同时生产。所以，在区域间传统产品价格为 1 的前提下可以得到非熟练工人的工资率为：

$$\omega_{L_1}^t = \omega_{L_2}^t = 1 \tag{5-5}$$

对于现代部门，由于要考虑到创新部门生产的技术需要在区域内有运输成本的流动，于是在用 r 和 s 分别代表 L_1 和 L_2 两个地区的情况下，我们可以得到 r 区域 i 产品的总产量：

$$q_r(i) = \mu X_r p_r(i)^{-\theta} P_r^{\theta-1} + \mu X_s p_s(i)^{-\theta} P_s^{\theta-1}\gamma \tag{5-6}$$

其中，X 代表了区域一定时期的总支出，γ 代表了区域间运输过程中的损耗。

进一步设定一定时间 t 内区域 r 所生产的 I 部门的产品量为 I_r，那么我们得到区域 r 内的任意产品的均衡产量为：

$$q_r^* = \mu\rho\left[\frac{X_r}{I_r + \gamma^{-(\theta-1)}I_s} + \frac{\gamma^{-(\theta-1)}X_r}{\gamma^{-(\theta-1)}I_r + I_s}\right] \tag{5-7}$$

因为有（$1-\rho$）$/\rho = 1/$（$\theta-1$），我们进而得到均衡利润率为：

$$\pi_r^* = q_r^*/(\theta-1) \tag{5-8}$$

接下来，我们转入非熟练技术劳动力市场的分析，设定 $F_{L_1}^I$，$F_{L_2}^I$，$E = F/$［$1-\mu$（$1-\rho$）］分别代表了两个区域现代生产部门中以及传统部门对于非熟练劳动力的需求量，有：

$$F_{L_1}^I + F_{L_2}^I = \mu\rho X \tag{5-9}$$

$$F^A = (1-\mu)E \tag{5-10}$$

其中，$X = X_{L_1} + X_{L_2}$

均衡状态时必然存在着：

$$F_{L_1}^I + F_{L_2}^I + F^A = F \tag{5-11}$$

由此可以得到总支出 E 为：

$$E = F/[1 - \mu(1 - \rho)] \tag{5-12}$$

下面，我们研究创新生产部门的情况。

我们将地区的知识资本积累和熟练劳动力的生产能力定义为相同的，都为 K_r。单位时间内地区 r 的创新生产部门的产品即专利数量为 $n_r = K_r S_r$，这里的 S_r 代表了地区内熟练技术工人的总数量。于是，在任意一个生产能力为 k 的熟练工人的个人知识量为 S（k）的设定下我们可以得到地区 r 的知识资本量表达式：

$$K_r = [\int_0^{S_r} S(k)^{\beta} dk + \eta \int_0^{1-S_r} S(k)^{\beta} dk]^{1/\beta} \tag{5-13}$$

其中 β 为（0，1）的取值，代表了与熟练技术工人之间相互依赖程度呈反向关系的一个参数。η 则为［0，1］的取值，代表了区域间知识外溢的密度。

在设定 S（k）$= \alpha I$ 的情况下可以将式（5－13）简化为：

$$K_r = I[S_r + \eta(1 - S_r)]^{1/\beta} \text{①} \tag{5-14}$$

实际上，为了进一步研究的简便性，在不影响结果及函数性质的前提下，我们可以对式（5－14）做简单的变化，变形为：

$$K_r = I\psi[S_r + \eta(1 - S_r)] \tag{5-15}$$

其中，ψ 为严格凸的增函数且在 0 处取 0，在 1 处取 1。

从而，在此基础上，我们可以求得产品种类变动函数为：

$$\dot{I} = n_{L_1} + n_{L_2} = \{S\psi[S + \eta(1 - S)] + (1 - S)\psi(1 - S + \eta S)\} I \tag{5-16}$$

其中隐含的假设是 $S \equiv S_{L_1}$；$1 - S \equiv S_{L_2}$。

式（5－16）中大括号内的表达式代表了专利和产品品种数量的增长率，而且分析这个表达式容易得出：当 $\eta < 1$ 的时候，创新部门在一个地点的集聚将促进产品种类以最快的速度增长；而创新部门的布局分

① 有必要说明一下 η，当其为 1 的时候，知识将成为不受距离影响的纯公共品；而当其为 0 的时候，知识就变成了地方公共产品。

散将使得产品种类以最慢的速度增长。

如果以 o_r 代表区域专利的市场价格的话，在企业自由进入的情况下，均衡的水平在零利润条件下获得，即有 $o_r = \omega_r / I\psi\ [S + \eta\ (1 - S)]$，从而有：

$$\omega_r = o_r I\psi[S + \eta(1 - S)] \tag{5-17}$$

3. 存在迁移时候的情况

存在迁移的情况时，迁移者的心理波动会造成一定的负面影响，从而减少了效用水平，可承接上文对于消费者部分的分析，得到消费者 j 在 0 时期的终身效用水平为：

$$U_j(0) = V_j(0) - \sum_s e^{-\delta ts} C_m(t_s) \tag{5-18}$$

其中，δ 反映了消费迁移过程中的主观折扣率。

$$V_j(0) = \int_0^\infty e^{-\delta t} \ln[\vartheta_j(t)] dt \tag{5-19}$$

4. 市场产出及允许迁移条件下的稳态增长路径

在自由企业的前提下，在一定的时间内不同区域的企业之间利润应该是相同的，那么就有 $q_{L_1}^* = q_{L_2}^*$。进一步利用前文得到的区域内均衡产量的表达式以及 $X^* = X_{L_1} + X_{L_2}$ 和 $I = I_{L_1} + I_{L_2}$，我们可以得到：

$$p_r = (1/\rho)[(1 + \gamma^{-(\theta-1)})(X_r/X^*)I]^{-1/(\theta-1)} \tag{5-20}$$

$$q_{L_1}^* = q_{L_2}^* = \mu\rho X^* / I \tag{5-21}$$

同样的道理我们可以分别得到 I_{L_1} 和 I_{L_2} 为零的情况下的价格和产量，综合起来就能看到 I 部门企业的均衡利润在三种情况下都是相同的，且能得到其利润率的表达式为：

$$\pi^* = \mu X^* / \theta I \tag{5-22}$$

而且，值得注意的是，这个简单的模型讨论的是熟练技术工人可以在区域之间自由流动的情况。在这个条件下的均衡状态是不存在人口迁移的，于是，如果用 $V_r(0;\ S)$ 代表区域熟练工人的终身效用，$\vartheta_r(t;\ \xi)$ 代表其即时效用的话，可以得到下面的表达式：

$$\frac{\vartheta_{L_1}^F(t;\ 1)}{\vartheta_{L_1}^F(t;\ 1/2)} = \left(\frac{\theta + \mu}{\theta}\right)^{\mu/(\theta-1)} \exp\left\{\frac{\mu}{\theta - 1}\left[1 - \psi\left(\frac{1 + \eta}{2}\right)\right]t\right\} \tag{5-23}$$

所以可得：

$$V_{L_1}(0;\xi) - V_{L_2}(0;\xi) = \int_0^\infty e^{-\delta t} \ln[\vartheta_{L_1}(t;\xi)/\vartheta_{L_2}(t;\xi)] dt \tag{5-24}$$

（二）空间集聚、空间平衡与福利效应

我们分别考察非熟练工人和熟练工人在集聚和分散状况下的福利水平。ξ 代表了工人在区域空间内的分布状况，如果将其在［0，1］内赋值的话，那么1/2代表了分散的状态，1则代表了集聚的状态。

对于非熟练工人，由于在 r 分别表示 L_1 和 L_2 时候有 $\omega_r^F=\chi_r^F=1$，所以容易得到：

$$\vartheta_r^F(t;\ \xi)=[P_{r_j(t)}(t)]^{-\mu} \tag{5-25}$$

故而得到：

$$\frac{\vartheta_{L_1}^F(t;\ 1)}{\vartheta_{L_1}^F(t;\ 1/2)}=\left(\frac{\theta+\mu}{\theta}\right)^{\mu/(\theta-1)}\exp\left\{\frac{\mu}{\theta-1}\left[1-\psi\left(\frac{1+\eta}{2}\right)\right]t\right\} \tag{5-26}$$

由于 μ 是大于0的，所以式（5－26）一定是大于1的。所以借助上文市场产出及允许迁移条件下的稳态增长路径的结论，可以得出：

$$V_{L_2}(0;\ 1)-V_{L_2}(0;\ 1/2)=\mu/\delta(\theta-1)\{[1-\psi(1/2+\eta/2)]/\delta-\ln[\theta/(\theta-\mu)]\} \tag{5-27}$$

即在中心区 L_1 居住的非熟练工人表现出偏好集聚的特性。

同样，我们考虑外围 L_2 生活的非熟练工人的偏好情况，根据刚才的分析路径，同样有：

$$V_{L_2}(0;\ 1)-V_{L_2}(0;\ 1/2)=\mu/\delta(\theta-1)\{[1-\psi(1/2+\eta/2)]/\delta-\ln[\theta/(\theta-\mu)]\} \tag{5-28}$$

显然式（5－28）的大小与大括号内的式子的正负密切相关，结合符号代表的实际意义来讲，就是迁移的主观折扣率（δ）越小、知识的溢出效应（η）越明显，现代化部门（μ）的规模越大，大括号的表达式就越容易为正。也就是说，如果集聚形成的中心外围结构导致了全区域经济增长的速度加快的话，居住在落后地区的非熟练工人实际上也是具有集聚空间结构的偏好。

那么，偏好集聚的结果在空间布局上会有什么样的福利效应呢？实际上，居住在中心地的非熟练工人与居住在边缘地的非熟练工人在福利上当然有其差别。这种情况下，我们考察 $\xi=1$ 的情况下，有：

$$\frac{\vartheta_{L_1}^F(t;\ 1)}{\vartheta_{L_2}^F(t;\ 1)}=\left(\frac{\theta+\mu}{\theta-\mu}\right)^{\mu/(\theta-1)} \tag{5-29}$$

由此得到不同空间布局的非熟练工人的福利差别为：

$$V_{L_1}(0;\ 1) - V_{L_2}(0;\ 1) = \mu/\delta(\theta-1)[\ln[(\theta+\mu)/(\theta-\mu)]] > 0 \tag{5-30}$$

同样的方法，我们可以得到熟练工人的情况，即熟练工人总是更喜欢集聚的空间模式。

（三）启示：空间集聚中总体福利的增进和相对福利的损失

总结上文的研究，我们可以看到，在要素自由流动的前提下，在区域溢出效应畅通的情况下，在中心外围结构的经济增长路径下，当且仅当研发部门在某一地区集聚了足够的规模并推动了外部性增长的时候，熟练工人、L_1 和 L_2 非熟练工人才能实现福利水平上的帕累托最优。或者更加确切地说，在空间失衡发展的情况下，只有集聚发展到一定的水平才是对各种相关的利益主体最好的“多赢”的结果。因此，两阶段城镇形成发展模型中充分的空间集聚效应的发挥带来的总体福利的增进（enhancement of overall welfare），而随之产生的空间失衡则主要造成的是相对福利的损失（loss of relative welfare）。

因此，可以判断，经济增长、福利增进、福利损失与空间集聚是相伴相生的。这个过程的具体逻辑思路是：在经济发展由分散向集中的发展过程中，各种发明创新随之活跃，从而促进空间集聚带来的集聚效应无阻碍地发挥作用，使得即使是处在外围的人们，其生活水平也会高于没有发生集聚而处于分散状况的情形，实现了总体上的福利增进。当然，值得重视的是，总体福利的增进不能引导我们忽视福利的空间结构上的不良结果。集聚是能够广泛提升各个空间区域内的福利水平，但是这不能掩盖集聚带来的中心区与外围边缘区差距扩大的事实，这恰恰形成了空间集聚过程中空间失衡差距造成的相对福利损失。

三 “城乡空间差距”是空间失衡在国家层面最具特征的表现形式

需要说明的问题是，本书认为空间失衡在国家内部最具特征的表现形式是城乡空间差距问题，而不是区域差距问题。从区域差距的角度来看，以中国为例，落脚点就是中国东中西部的差距问题，但这种划分显得笼统而粗略，因为即使是在发达的东部地区，依然有作为边缘的发展落后的农村地区，而在落后的中西部地区，也有作为中心的发展迅速的城镇地区。因此，本书认为，对与空间失衡的研究来讲，城乡差距问题是比区域差距问题更准确更细致入微的切入点，而且作为福利效应的研究背景，城乡差距的研究显然更具有福利意义。

第二节　空间失衡的发展及其未来：城乡空间联系及协调发展的必然趋势

上一节的分析表明，伴随着两阶段的城镇形成发展的轨道一定会形成空间差距的问题，造成相对福利损失。那么，我们应该怎样看待空间失衡的问题呢？这一节主要是从相关理论流派的视角来分析历史上对这个问题的认识以及当前的观点和态度。我们认为，这一节形成的基本理论主张和价值判断将指引下一节基于中国城镇化进程中的城乡空间差距的分析及对策建议的提出。

从理论上讲，西方理论界对城乡关系的研究脉络根据对城乡之间的关系认识及其对策的偏向性大致可以分为“合—分—合”的演进路径：一“合”即城乡合，代表了早期“城乡一体化思想”主导的时代，主要是在20世纪50年代之前；二“分”即城乡分离，代表了“城市偏向”的思想形成和发展的时期，主要是在20世纪五六十年代；三“合”与第一“合”意义相同，实际上是对二“分”的反思以及对一“合”的回归，代表的是对“城市偏向”的反思和城乡关系重构的探索时期，主要是20世纪70年代以后至今理论界关注的主流。

一　“合”：早期的“城乡一体化”思想

在20世纪50年代之前的“城乡一体化”思想主导的阶段，城乡合的意识更多地表现为一种不切实际的想法和设计思路，代表性的理论主要是空想社会主义学说、马克思主义的城乡发展观以及西方早期的城市发展理论。

早期的空想社会主义学说以著名的圣西门、傅里叶和欧文为代表：圣西门主张城乡社会应该是平等的①，但这种对于城乡平等的关注显然只是主观意义上的，是他笼统的平等社会的一个组成部分罢了，甚至可以说是带着浓重的理想人道主义的色彩，并不是基于经济发展的实际提出的思想观点；傅里叶构想了一个由名为“法郎吉”的基层组织所形

---

① ［法］圣西门：《圣西门选集》（第三卷），董果良、赵鸣远译，商务印书馆1979年版，第23—60页。

成的“和谐的社会”[①]，在这个社会中工业和农业联合在一起进行生产和消费，自然地，这个社会中也就不存在所谓的城市和乡村的差别，是一种平等而和谐的社会制度。欧文主要是站在批判资本主义制度的基础上探索一种“理性的社会制度”[②]，他幻想建立没有贫困和不平等的社会主义制度，探索建立了共产主义“新村”，试图实现一种共同劳动的、财产公有并且权利平等的理想社会。总的来说，空想社会主义学说关于城乡关系的内容只是其空想的理想社会形态下的一部分，他们并没有能够看到城乡对立的客观存在，甚至没有对城乡平等及一体化发展细致深入的论证，只是想当然并且先入为主地认为城乡之间的平等是理所应当的。所以空想社会主义学说的城乡观点只是思想家基于理想的人道主义的设想，是没有理论和实践根基的空想。

马克思主义的城乡发展观是对空想社会主义者关于理想社会设想的具体细化。马克思深刻地认识到城乡关系的客观现实，认为城市和乡村关系发展的必然是由城乡对立走向城乡融合，而且这是一个漫长的过程。

不同于空想社会主义的不切实际以及马克思主义者的抽象，西方早期的城市发展理论关于城乡同步发展的思考和主张更加切合实际，基本上是基于当时城市发展的问题而提出的改良主义的思路和想法，往往更多地带有城市规划的色彩。例如，著名的城市发展及城市规划专家埃比尼泽·霍华德就是在亲身经历了当时的资本主义工业化大发展带来的集聚经济的发展给城市化及城市生活造成的深刻影响，并且体会到了像当时的伦敦、曼彻斯特等大城市的人口拥挤、交通堵塞、环境污染等集聚负效应之后，才提出了著名的“田园（花园）城市”的思想。“田园（花园）城市”的设想主张建立城市和乡村融为一体的一个“磁体”[③]，

① ［法］傅里叶：《傅里叶选集》（第一卷），赵俊欣译，商务印书馆 1979 年版，第 68—78 页。

② ［英］欧文：《欧文选集》（第二卷），柯象峰等译，商务印书馆 1997 年版，第 25—50 页。

③ ［英］埃比尼泽·霍华德：《明日的田园城市》，金经元译，商务印书馆 2000 年版。霍华德认为，“建立城市发展新形式的时机已经到来，这种城市发展的新形式将能够运用现代化的技术来消灭乡村和城市之间的差别和鸿沟——在乡村里，经济和社会设施非常贫乏，在城市里生物和自然方面同样贫乏处于劣势。……霍华德懂得，缓解城市的拥挤状况，不是靠大城市的郊外居住区能够解决的，而应该把城市所有的功能疏散开来。他拒绝向郊区发展这种临时性的过渡方式，而要寻求一种城市和乡村稳定持久的结合，而不是脆弱的连接”。［美］刘易斯·芒福德：《城市发展史：起源，演变与前景》，倪文彦等译，中国建筑工业出版社 2008 年版，第 526—528 页。

即所谓的“田园（花园）城市”指的是城市又是乡村的一个区域，兼具了城市生活的生动活泼以及乡村生活的清新愉悦。这里的城乡一体不仅表现在景观上，更重要的是表现在发展的模式和途径上。霍华德在其“田园（花园）城市”的示意图中明确地对城市用地、农业用地及人口进行了数量上的定义，鲜明地主张只有城市和乡村一体化的发展模式才是资源利用以及收益最大化的发展形式。① 著名的城市史学家芒福德就认为：“在过去的五千年间，城市经历了许多的变化，毫无疑问，今后还要经历更大的变化。但是，迫切需要革新的并不是物质设备方面的扩大和完善，更不在增加自动化电子装置来把剩余的文化机构疏散到一定形式的郊区遗骸中去……我们必须使城市回复母亲般的养育生命的功能，独立自主的活动，共生共栖的联合，这些很久以来都被遗忘或被抑制了。因为城市是爱的器官，而城市最好的经济模式是关怀人和陶冶人。”② 为此，他提出了关于城乡关联发展的思想。他以工业技术领域的并网发电以及文化领域的合作借书制度为切入点，阐述了其关于“大的资源不再依靠地理上的人口集中和拥挤或头重脚轻的控制来获得”③ 的想法，提出了其关于城乡关联的无形城市的主张。他指出：“这就是新的城市星座的不拘形式，它能保存小城镇的优点，同时也能享受规模大的大都市提供的机会。在一个安排得很有秩序的世界中，这样一个合作系统不受物质上、文化上或政治上的限制：它将顺利超越地理上的障碍和国家之间的屏障，一如X光之传统固体物……新的有形的或无形的区域城市将成为这种联系的主要工具。”④ 建筑大师弗兰克·劳埃德·赖特在对城市发展的思考中设想了城乡发展的未来。在他看来，城市的存在是不稳定且不合理的，城市实际上是一种反民主机制的不能适应现代生活需要的存在。他认为，城市，特别是大城市就应该消亡。为此，它设计了一个“广亩城市”⑤，这个未来的城市是无所不在而一无所在的，实际上是没有城市

---

① 对此，著名城市史学家刘易斯·芒福德给予了高度评价，认为20世纪有两大成就：一是人类得以离开地面展翅翱翔于太空，二是人类返回地面后居住的是美好的“田园城市”。

② ［美］刘易斯·芒福德：《城市发展史：起源，演变与前景》，倪文彦等译，中国建筑工业出版社2008年版，第585－587页。

③ 同上书，第575－577页。

④ 同上书，第577页。

⑤ Wright, Frank Lloyd, *Broadacre City: A New Community Plan*, In The City Reader, by Richard T. LeGates and Frederick Stout, Oxon: Routledge, 2003, pp. 309－330.

的城市，是一种摆脱了单一的城市存在而建立的新的半农田式社团。显然，在这个消灭了大城市，小城市以分散的状态分布的区域中，城乡差别也随之消失了，取而代之的是城乡整体的、有机的、协调的发展模式。

二 “分”：“城市偏向”思想的形成和发展

20 世纪五六十年代“城市偏向”思想的产生和发展阶段主要代表性的理论派别是以“二元经济”结构理论的形成为起点，包含了由此引发的理论和政策思路上调整形成的相关模型的修订以及新模型的形成等内容，从内容上看，是连续的，从形式上看，是一贯的。具体来说，“刘易斯—拉尼斯—费景汉”模型的提出和广泛影响奠定了城市偏向型发展模式的理论基础，随着实践的发展倒逼了理论模型的调整，对“刘易斯—拉尼斯—费景汉”模型的修正走向了两个方向，一个是偏向于在发展城市的同时强调加强“农村—农业”发展的乔根森模型和托达罗模型；另一个则是偏向于将城乡同步发展的希望寄托在城市发展的同时发挥“涓滴效应”进而泽被农村发展的增长极理论。

1. 城市偏向的“刘易斯—拉尼斯—费景汉”模型

城镇之于乡村腹地到底是更多地具有生产性（generative）的特点，还是主要表现为寄生性（parasitic）[①] 的特点呢？对于此问题的讨论基本上可以以刘易斯模型为开端，然后引申出基于刘易斯模型的拉尼斯—费景汉模型、乔根森模型、托达罗模型等。

刘易斯认为，对于发展相对落后的发展中国家而言，一般都面临着经济空间的二元结构状态，即经济空间中生产方法较传统的、劳动生产率极低的农业（农村）部门以及生产方法较现代的、劳动生产率和工资水平相对较高的工业（城镇）部门同时存在。[②] 刘易斯模型实际上就是描述了一个二元经济结构向一元经济结构过渡的过程。刘易斯认为发展中国家经济发展的基本脉络是，总体依靠现代工业城市部门的扩张，落后的农业农村部门主要是为工业城市部门提供劳动力资源。[③] 具体来

---

① 王华、陈烈：《西方城乡发展理论研究进展》，《经济地理》2006 年第 26 卷第 3 期。

② 郭熙保：《经济发展——理论与实践》，中国社会科学出版社 2000 年版，第 111—120 页。

③ 刘易斯模型的一个重要而基础的前提条件是：无限的劳动力供给。按照刘易斯的解释，无限劳动力供给的含义是，对于一个固定的工资水平，城市现代工业部门能够得到所需的任何数量的劳动力供给。[美] 威廉·阿瑟·刘易斯：《劳动力无限供给条件下的经济发展》，载 [美] 威廉·阿瑟·刘易斯《二元经济论》，施炜等译，北京经济学院出版社 1989 年版，第 4—46 页。

说，这个过程可以描述如下：假定工业部门中获得的利润全部用于投资，这将通过新的资本积累进而提高劳动生产率从而增加新的劳动力需求，从而引起更多的农村的剩余劳动力向城市现代工业部门流动。在这个过程中，由于农村中存在大量的（无限供给的）非生产性的剩余劳动力资源，使城市现代工业部门能够在不提高工资水平的前提下实现劳动力需求的增加。这样，生产的扩张在工资成本没有改变的情况下会转变成更大的企业利润，并通过投资形成更大的资本积累，促进了劳动生产率的进一步提高，从而也就进一步增加了劳动力的需求量来满足生产规模扩大的需要。其结果自然就是更多的农村剩余劳动力继续向城市现代工业部门转移。如此循环往复，直至农村剩余劳动力全部转移完为止。显然，农村剩余劳动力全部转移完意味着经济体发展到了“拐点”。在这个“拐点”之后，城市现代工业部门已经基本上无法在不提高工资水平的情况下从农业部门争取来更多的劳动力了，而农村农业部门也会出现像城市现代工业部门那样现代化的局面，使整个发展中国家从此进入了工业化阶段，二元经济也就变成了一元经济。

拉尼斯和费景汉继承和发展了刘易斯模型[①]，他们在继续接受了刘易斯模型无限劳动力供给的假设前提下，通过对工农业发展关系的进一步细化分析，更加深入地展示了城乡关系的发展格局。不同于刘易斯两阶段的划分，拉尼斯、费景汉将城乡经济结构转型的过程细化为三个阶段：一是农村的农业劳动力的边际生产率为零的阶段[②]，即农村的农业部门可以在农业产量不减、城市工业工资水平不升的前提下提供任意数量的劳动力资源（亦即劳动力的无限供给）。二是农业劳动边际生产率大于0但小于农业劳动者的平均收入水平[③]的阶段，即这个时候的农业劳动力转移会带来相应的农业产品和粮食的短缺。三是农业剩余劳动

---

① G. Rains, J. C. Fei, “A Theory of Economic Development”, *The American Economic Review* 51 (September), 1961, pp. 533 – 565.

② 需要指出的是，这里指出的农业劳动的边际生产率等于零，意思是这时候农业劳动力的转移不会带来农产品总量的减少和粮食的短缺。这个阶段实际上与刘易斯模型的第一阶段是相同的，但特意指出农业劳动边际生产率的概念是为了对后面细分发展阶段做铺垫。

③ “拉尼斯—费景汉把不变的平均收入水平叫做不变制度工资，因为由农业剩余劳动的存在，农业劳动者的收入是由制度决定的，而不是由市场决定的……拉尼斯和费景汉把农业劳动生产率低于这种不变制度工资的劳动力定义为隐蔽性失业者，即剩余劳动力。”郭熙保：《经济发展——理论与实践》，中国社会科学出版社2000年版，第116—117页。

力转移结束后的第三阶段，农业部门的工资水平摆脱了不变制度工资而更多地由市场决定，同时工业部门的工资水平也必然有相应的提升。

2. 调整一：重视农村发展的乔根森模型和托达罗模型

乔根森对于“刘易斯—拉尼斯—费景汉模型”的发展更多地体现在技术层面以及实践层面，他运用新古典主义的研究方法对刘易斯模型的假设作了深刻的思考，例如他放弃了无限劳动力供给以及工农业工资均为固定的假设条件，改为将技术进步和资本积累率加入了考虑的范畴，并借此认定工资水平将会一直上升。在乔根森模型中，农村农业劳动力向城市工业部门的转移缘于消费结构的固有特征，有别于粮食等基本刚性需求的有限性，工业品的需求更具弹性且是无限的，所以一旦出现了粮食产量足以满足人口增长的上限所需水平的时候，就是农业劳动力开始转向工业部门的开始。显然，在乔根森模型中农业剩余的增加是农业劳动力向工业部门转移的前提和基础。“农业剩余越多，劳动力转移的规模就越大。”[①] 以此，乔根森主张从一开始就应该重视农业发展以保持工农业之间的稳定与平衡，而不是如刘易斯模型得出的只重城市和工业的发展模式。

托达罗在前人基础上对刘易斯模型的推进及相关理论的拓展是具有标志意义的，以至于有评价说“在发展经济学中，很少有理论像托达罗模型这样，在劳动力流动分析中占有如此重要的地位”[②]。但从城乡平衡发展理论的角度来看，托达罗模型的意义可能就要大打折扣了。从当时的客观环境来看，20 世纪 60 年代中期以来，世界发展中国家经济发展中的一个重要的问题就是大规模的由农村向城市的人口迁移速度远远超过了城市现代工业的吸纳能力，从而使得城市失业问题日益严重。显然这种现实情况下使得原有的放任城乡人口迁移的旧模型失去了解释力，托达罗模型就是在这种情况下提出来的，成为支持控制城乡人口流动的典型的经济理论。托达罗认为在考虑失业的情况下，农业劳动者的乡城迁移行为不仅受到地区收入差距的影响，城市

① D. W. Jorgenson, “The Development of Dual Economy”, *Economic Journal* 71 (June), 1961, pp. 309 - 334; D. W. Jorgenson, “Surplus Agricultural Labour and the Development of a Dual Economy”, *Oxford Economic Papers* (March), 1967.

② 朱农：《中国劳动力流动与“三农”问题》，武汉大学出版社 2005 年版，第 48—60 页。

失业状况同样是重要的衡量因素。在城市失业率很高的时候，即使城乡收入差距再明显，农民也不会轻易作出迁移的决定。但托达罗的关注点并不在于农民的迁移选择问题，他是以此认为单靠工业扩张是不能解决就业问题的，特别是在发展中国家普遍面临城市失业的状况下。他主张这种状况下应该通过大力发展农村经济，通过促进农村综合开发来降低农村劳动力的迁移意愿，从而减轻城市就业压力，解决城市失业问题。①

乔根森模型和托达罗模型相对于“刘易斯—拉尼斯—费景汉”模型来讲，都尤其强调了农村、农业发展的重要性，但实事求是地说，这是站在城市立场考虑农村发展的理论思路，事实上没有跳出城乡二元分割的范畴，充满了城市偏向的理论色彩。

3. 调整二：重视城市发挥“涓滴效应”的增长极理论

20 世纪 70 年代之后，城乡关系的理论探讨开始进入对“城市偏向”的反思和城乡关系重构的探索阶段。

增长极理论源自法国经济学家弗朗索瓦·佩鲁（Francois Perroux）的研究。事实上，起初佩鲁关于增长极概念的阐述主要是着眼于存在于经济元素之间的经济关系，是一个极其抽象的经济空间而非具体的地理空间的概念。佩鲁所谓的经济空间中的增长极即是增长在这里出现并扩展到了其他部分中去的受力场中心。② 纵使如此，佩鲁依然在增长极的地理空间意义上有精彩的描述，他指出：“增长并非同时出现在所有地方。它以不同的强度首先出现于一些增长点或增长极上，然后通过不同

① M. P. Todaro, A Model of Labour Migration and Urban Unemployment in Less Developed Countries, *The American Economic Review* 59（1），1969，pp. 138 – 148；M. P. Todaro, *Internal Migration in Development Countries*：*A Review of Theory*, Evidence, Methodology and Research Priority, Geneven：BIT, 1976.；［美］迈克尔·P. 托达罗：《经济发展与第三世界》，印金强等译，中国经济出版社 1992 年版，第 227—295 页。

② 值得指出的是，佩鲁将经济空间分为计划内容的经济空间、作为受力场的经济空间和作为均质整体的经济空间三大类。其中作为受立场的经济空间大致上就是这里所描述的增长极。具体来讲，这种空间类型是由若干中心（极点、焦点）组成。各种离心力和向心力分别指向或者是发自这些中心。每个中心的吸引力和排斥力都拥有一定的场，并与其他中心的场相交汇。杜一宁：《新区域资源发展规划管理——应对经济一体化与区域发展战略整合与创新管理模式典范》（第一卷），中国城市出版社 2005 年版，第 8—9 页。

的渠道向外扩散，并对整个经济产生不同的最终影响。”[①]

更加具体而开拓性的工作应该归功于另一位法国经济学家布代维尔（J. R. Boudervile）。他将佩鲁的一般抽象的经济空间意义上的增长极推广到了具体的区域地理空间的范畴，并明确指出：“经济空间是经济变量在地理空间之中或者之上的运用。”[②]

布代维尔关于增长极相关效应的阐述实际上触及了产业集聚与区域发展互相推进机制的实质，他将增长极定义为存在有某一推进型产业[③]（公司）的某个空间单元。他认为，这种推进型产业在空间单元的发展不仅会产生极大的“乘数效应”，带动相关产业的发展，而且，这种带动作用将不可避免地引导经济活动不断地向增长极集中，形成各种集聚经济推动的地理空间上的极化现象。同时，这种向增长极集聚的效应将通过一系列的联动机制以促进收入增加的形式影响到周围的地区范围，产生扩散效应。在布代维尔看来，这个向心的极化效应和离心的扩散效应的综合作用效果就是溢出效应。显然，非集聚区的发展未来取决于溢出效应的正与负。

辩证的世界，问题总是存在两个相反的方面和观察视角。不同于佩鲁以及布代维尔对集聚形成的增长极（集聚区）带动非集聚地区发展的乐观态度，以缪尔达尔（G. Myrdal）为代表的经济学者则以看似消极实则冷峻的态度分析了经济活动向增长极呈空间集聚状态下对非集聚地区的不利影响，并由此提出了其关于地理上的二元经济结构（geographical dual economy）理论。缪尔达尔在阐述其地理上的二元经济结构理论时认为，在经济发展初期面临的是一个初始的均衡状态，这个时期各个地区的人均收入、工资水平及利润率大致相等且要素可自由流动。但是如果有某种外部因素打破了这种均衡而使得某一地区出现了更快的增长，那么，在“循环积累的因果关系”的作用下会出现“弱者

---

① Francois Perroux, *A New Concept of Development*, London: Croom Helm, 1983.；［法］佩鲁：《略论增长极概念》，《应用经济学》1955 年第 1—2 期。中译文见《经济学译丛》，商务印书馆 1988 年第 9 期。

② J. R. Bouderville, *Problems of Regional Economic Planning*, Edinburgh: Edinburgh University Press, 1966, p. 285.

③ 这里推进型产业的概念笔者认为可以从产业组织理论中关于产业的前向后向及旁侧联系的相关内容来理解，即这种推进型产业能够通过里昂惕夫的投入产出表计算出其与其他经济部门的波及及乘数效应。

更弱、强者更强”的局面，这种日益扩大的地区间经济差距就形成了所谓的地区性二元结构。当然，作为受到佩鲁及布代维尔理论影响的后来者，缪尔达尔的理论也有与前人相似的地方。例如将资本、技术、劳动力、资源等经济要素向某一地点集中的现象称之为“回波效应”（类似于佩鲁及布代维尔的极化效应），将发达地区发展到一定程度之后出现的经济要素向不发达地区扩散的效应称之为“扩散效应”。所不同的是，缪尔达尔清醒地认识到“市场的力量通常倾向于增加而不是减少区际不平等”①，“扩散效应”不是消极地等来的，而需要由政府采取相应的措施来引导其发生。②

不同于缪尔达尔的悲观，赫希曼（A. O. Hirschman）对区域非均衡发展的认识和研究更为深入且更为乐观。赫希曼认为非均衡战略是经济发展中的最佳方式，在经济发展过程中出现一个或者几个区域性的地理中心首先得到发展是正常而且必需的。这些地理中心形成的增长极或者是增长点的出现一般情况下会导致增长在区域之间出现不平等的现象，这是不平衡增长必然出现的伴生物和前提条件。赫希曼认定在一部分国土上的经济增长显然会变为促进其他部分国土经济增长的动力。而且虽然赫希曼在分析中意识到某些非地方性的增长效应可能是消极的，会扩大差距，但是他确信长期的地理渗透效应将减少这种差距。③

---

① ［瑞典］冈纳·缪尔达尔：《世界贫困的挑战——世界反贫困大纲》，顾朝阳等译，北京经济学院出版社 1991 年版，第 37—40 页。

② 20 世纪 70 年代，英国著名经济学家尼古拉斯·卡尔多（Nicholas Kaldor）继承了缪尔达尔的思想，并将之整合在他的相对效率工资概念中，提出了区域经济增长模型，实际上是缪尔达尔思想的实证化处理。卡尔多的理论可表示如下：

$u_i = f_1(y_i)$，$f'_1 > 0$；$w_i/u_i = f_2(u_i)$，$f'_2 < 0$；$y_i = f_3(w_i/u_i)$，$f'_3 < 0$；$w_i = \overline{w}$。其中，u_i；y_i；w_i；w_i/u_i 分别为区域 i 生产率的增长率、产出增长率货币工资及效率工资。$\overline{w}$为货币工资水平。［澳］约翰·金：《尼古拉斯·卡尔多》，贾晓屹、张军译，华夏出版社 2010 年版，第 98—123 页。

③ 杜一宁：《新区域资源发展规划管理——应对经济一体化与区域发展战略整合与创新管理模式典范》（第一卷），中国城市出版社 2005 年版，第 11—13 页。对于赫希曼的乐观思想，美国经济学家威廉姆森（J. G. Willamson）通过对 24 个国家的统计数据进行分析，得到了一个人均增长与地区差距之间的倒 U 形曲线，从而从实证上证明。之后，另一位经济学家理查德森（H. W. Richardson）分别分析了时间序列上回波效应和扩散效应的动态影响效果，也得出了区域经济发展终将走向平衡的结论。饶会林：《区域发展差距走势的理论与方法分析——对倒 U 字形观点的评价与发展》，《青岛科技大学学报》（社会科学版）2005 年第 21 卷第 1 期。

三 “合”：对“城市偏向”的反思和城乡关系重构的探索

1. 对“城市偏向”的理论和政策主张的反思和批判

率先直接指出“城市偏向”现象，并对其相关理论和政策主张进行批判的经济学者当属英国经济学家迈克尔·利普顿（Michael Lipton）。他在其代表作《为什么穷人老是穷：关于世界发展中国家城市偏向问题研究》[①] 中首先提出了城市偏向（urban bias）问题，明确指出，迫于城市工商业家、中小资本家甚至是城市工人阶层等相关城市阶层的影响，广大发展中国家的投资、税收、价格等其他政策在城市和农村之间基本上都是偏向于城市的。也就是说，城市人利用有利的政治条件，影响了政策的制定，通过“城市偏向”使得稀缺资源不合理地、更多地流向了城市，其结果当然是“穷者更穷”。

这一论断和分析除了在分析方式和相关的细节方面受到了一些质疑[②]，总的来说还是得到了大部分学者的认同。

2. 对重构城乡一体化的、和谐共进发展关系格局的探索

20 世纪 70 年代以来，特别是在利普顿旗帜鲜明地提出城市偏向的理论及严厉批判之后，学界的研究重点逐渐转向对城乡关系重构的探索方面。总的来说，对重构城乡一体化的、和谐共进发展关系格局的探索大致可以从以下四个方面来做一个简单的分类：

一是着眼于农村的发展模式。其代表性的是泰勒（D. R. Fraser Taylor）等人的“选择性空间封闭”发展理论。或许是对自上而下的城市偏向政策环境下农村发展积贫积弱现状的极端憎恶，泰勒等人主张一种脱离城市的、自下而上的、以农业发展为中心的、劳动密集的小规模的旨在降低贫困的发展模式。[③] 显然，这个观点完全忽视了城市作为增长极的辐射带动作用，实际上是在反对了之前错误的同时也将发展带入了另一个错误的极端。

---

① Michael Lipton, *Why Poor People Stay Poor: Urban bias in World Development*, Cambridge, MA: Harvard University Press, 1977.

② 例如，柯布内基（Corbridge）就批评利普顿将政治简单化、对立化和概念绝对化，如“农村阶级”“城市阶级”等概念的界定。昂温（Unwin）认为利普顿的城市偏向理论的主要问题是将人口和空间合并，是人口而非空间对创造城乡之间的“流”起重要作用。王华、陈烈：《西方城乡发展理论研究进展》，《经济地理》2006 年第 26 卷第 3 期。

③ W. B. Stöhr, D. R. Fraser Taylor, *Development from above or below? The Dialectics of Regional Planning in Developing Countries*, Chichester: Wiley, 1981, pp. 5 – 12.

二是着眼于城市的发展模式。其代表性的理论观点和政策主张是“乡村城市”发展战略及“次级城市”发展战略。弗里德曼和道格拉斯（J. Friedmann, M. Douglass）的“乡村城市”发展战略①是对“城市偏向”发展战略的另一种层面的调整，他主张城镇应更多地作为行政管理等政治职能而存在，而不是一定要作为一个增长极。显然，这种忽视集聚经济的发展战略带来的只能是低效益。朗迪勒里（Dennis A. Rondinelli）的“次级城市”发展战略②则更多地符合了实际发展的需要，他没有走发展大城市的极端，也没有走封闭发展农村的极端，而是主张重点发展完备的次级城市发展体系，以此来构建联系农村和大城市发展的纽带。

三是着眼于城乡融合的发展模式。其代表性的观点诸如通过分析城乡相互作用、联系、流等相关因素构建城乡相互联系框架的昂温；通过分析城市和乡村之间相互依赖而构建了区域网络发展模型的道格拉斯③等。

四是基于现实发展现状特征的模式总结。其典型的代表就是加拿大经济学家麦基（T. G. McGee）发现并提出的 Desakota 模型。④ 麦基在研究分析亚洲发展中国家的城市化的过程中发现了在核心城市的边缘及其之间的交通走廊地带出现了一种不能简单划分城乡的地区，这些地区的农业和非农业活动紧密联系、农业和城市用地之间也是相互混杂，呈现出一种城市和乡村界限模糊、农业和非农业活动交错的状态。麦基用“Desakotasi”来描述这种地区的形成过程，并将之称为“Desakota”模式。⑤ 以此为

---

① Friedmann John and Douglass Mike, *Agropolitan Development: Towards a New Strategy for Regional Planning in Asia*, Los Angeles: University of California, 1975, pp. 101 - 146.; Friedmann. J, *From Social to Political Power: Collective Self - Empowerment and Social Change*, IFDA Dosier, 1989, pp. 3 - 14.

② Dennis A Rondinelli, *Secondary Cities in Developing Countries: Policies for Diffusing Urbanization*, Beverly Hills: Sage Publications, 1983; Dennis A Rondinelli, *Asian Urban Development Policies in the 1990s*, from Growth Control to Urban Diffusion, In World Development, Development Planning Unit Peri - urban Interface Project, 1991, 19 (7), p. 42.

③ 王华、陈烈：《西方城乡发展理论研究进展》，《经济地理》2006 年第 26 卷第 3 期。

④ 印尼语，desa 即乡村，kota 即城镇。

⑤ T. G. McGee, "Urbanisasi or kotadesasi? Evolving patterns of urbanization in Asia", In F. J. Costa, eds., *Urbanization in Asia: Spatial Dimensions and Policy Issues*, Honolulu: University of Hawaii Press, 1989, pp. 93 - 108; T. G. McGee, "The emergence of desakota regions in Asia: Expanding a hypothesis", In Ginsburg, N., Koppel, B. and McGee, T. G. (eds.), *The Extended Metropolis: Settlement Transition in Asia*, Honolulu: University of Hawaii Press, 1991, pp. 3 - 25.

基础，麦基总结出了发展中国城市化的独特模式，即人口和社会经济活动并不是重复西方发达国家走过的直接从农村向城市集中的过程，而是首先逐步向“Desakota”集中的另一种形式的区域城市化（regional basicurbanization）过程。

一定的理论主张与客观世界的实践紧密相连，我们认为，“合—分—合”的理论线条实际上也是对于先发国家城镇化进程中以城乡差距为代表的空间失衡问题先突出后缓解的发展轨道的最好注解。由此，我们认为，伴随着两阶段的城镇形成发展过程中出现突出表现为城乡空间差距的空间失衡问题是必然的，应该要认识到这个问题会随着城镇化的深入发展逐步得到缓解。当然，这个过程的实现一部分是集聚发展带来的扩散效果的作用，但更多的则是政府宏观调节作用的结果。显然，这个认识是下面分析中国的城镇化进程中城乡差距问题时本书所秉承的价值理念。

第三节　中国城镇化发展进程中的城乡空间差距问题

承接上文的分析思路和基本主张，我们认为，城镇化表现为人口流动及人流带动的资金、技术等一系列要素在地域上集中的过程，实际上是集聚的过程。那么，这种集聚的客观现象，将会不可避免地反映到地区之间发展的平衡问题以及农民、市民不同群体之间的差距问题上，演变为国家经济社会发展必须面对的社会问题。而这些社会问题，不仅是国家平稳快速发展的前提，更是整个人类社会发展追求的目标。新中国成立以来，中国的社会主义现代化建设可谓波涛汹涌、一波三折，作为经济发展的重要内容的城镇化过程同样表现出了断层特征。显然，由于表现为集聚过程的城镇化和与之伴随的城乡地区差距之间存在着如此密不可分的关系，所以新中国成立以来的城乡关系亦如此。本部分的研究重点及目的主要就是在于新中国成立以来伴随着集聚过程的中国城镇化过程中的集聚现象，以及由此而产生的地区差距、城乡分割等问题，并以此探索产业集聚视角下中国推进区域平衡、城乡一体的城镇化发展的未来。

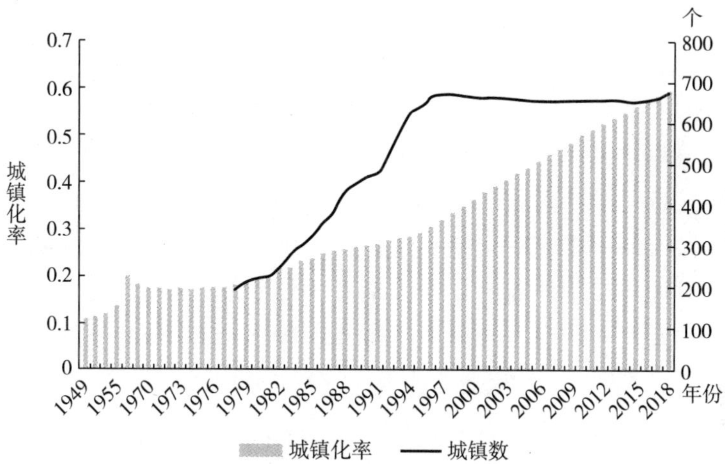

图 5-2　新中国成立以来中国城镇化水平及改革开放以来城镇数变化情况

资料来源：国家统计局：《中国统计年鉴 2019》，中国统计出版社 2019 年版；国家统计局农村社会经济调查总队：《中国农村统计年鉴 1996》，中国统计出版社 1996 年版；许涤新：《当代中国的人口》，中国社会科学出版社 1988 年版，第 490—495 页；顾朝林：《经济全球化与中国城市发展》，商务印书馆 1999 年版，第 150—154 页。

一　新中国成立以来中国城镇化及城乡关系的阶段性特征

城镇化与城乡关系之间存在着相互影响的正向关系，一方面是伴随着城镇化的发展，城乡关系也随之发生着相应的变化；另一方面则是当城镇与乡村之间主要表现为协调、平衡、融合的关系时，社会经济也将以较快的速度健康发展，并且将反过来进一步推动城镇化的提升。①

新中国成立以来，伴随中国宏观经济形势变化的风起云涌，以人口的地区分布为主要特征的中国城镇化水平的变化也呈现出明显的阶段性。根据图中反映的新中国成立以来中国城镇化率的变化特点及相应的时期内的政治经济状况分析，大致可以将新中国成立以来中国城镇化及城乡关系的阶段性特征划分为以下几个阶段：

一是新中国成立初期中国城镇化的曲折发展阶段（1949—1978），也是城乡二元结构的形成与固化阶段。总体上看，从 1949 年至 1978 年

① 程开明：《从城市偏向到城乡统筹——城乡关系演进特征研究》，浙江工商大学出版社 2010 年版，第 126—127 页；蔡云辉：《城乡关系与近代中国的城市化问题》，《西南师范大学学报》（人文社会科学版）2003 年第 5 期。

的近 30 年间，中国城镇化水平从 10% 左右上升至了近 18%，其幅度还是比较可观的。但细化到具体的阶段，其过程还是波澜起伏的，呈现出跌宕曲折的发展脉络。进一步细化的话，又大致可以从四个方面理解这个阶段的城镇化发展。首先是 1949 年至 1957 年的调整和迅速恢复期。鉴于多年来难得的国内和平发展环境，重建的巨大推力以及包括农村土地改革、城市的民主改革、城乡物资交流和重点建设①在内的社会主义现代化建设如火如荼地铺展开来，客观上推动了经济的恢复发展、人口总量的增加及农村劳动力的转移。其次是 1958 年至 1960 年的高速发展期。事实上，“高速”的表述有掩盖了这一阶段城镇化不正常发展的事实之嫌。面对“大跃进”的经济发展主基调，盲目冒进的工业化和城镇化建设的步伐，结果是农村人大量涌向城镇②，形成了数据上城镇化高速发展的假象，实际上是“空中楼阁”。再次是 1961 年至 1965 年的“折回”发展阶段。所谓“折回”，实际上是反映了当时城镇化水平连续数年下降的事实，表现出逆城市化的状态。符合这一阶段整个国家的经济发展在过去“大跃进”基础上深度调整的宏观背景，城镇化的发展同样需要忍痛回归现实。随着基本建设战线的缩短、城市职工的精简等措施的实行，大批的人口开始向农村回流，表现在城镇化水平上就是城镇化率减少了近 2 个百分点。最后是 1966 年至 1978 年的徘徊发展阶段。这个阶段城乡之间的人口流动表现出无序的状态。从全局来看，经济虽然总体上是前进的，但是国民经济已经严重失衡，农产品特别是粮食产品的供给已经满足不了城市人口自然增长的要求，经济的窘态加上政治路线的“配合”，这一时期知识分子、干部下放农村以及知识青年上山下乡的总数估计达到了四千多万③，出现了“大跃进”以来又一次城镇化的逆向发展状态。

应该指出的是，这一时期的城镇化发展，或者说人口和经济活动集中的过程更多地体现了计划经济的政治色彩，是为国家大的建设方针服

① 赵德馨：《中国近现代经济史（1949—1991）》，河南人民出版社 2003 年版，第 35—70 页。

② 数据表明：三年间，中国城镇人口增长了两千多万，城镇化率年均提升超过 1 个百分点，城镇数量年均增加近 8 座。范恒山、陶良虎：《中国城市化进程》，人民出版社 2009 年版，第 5—6 页。

③ 范恒山、陶良虎：《中国城市化进程》，人民出版社 2009 年版，第 7 页。

务而在人口移动上的反映，并不是建立在深厚的经济发展基础上的自由体现。因此，纵使是曲折发展的城镇化进程对应的却是明确的城乡发展关系，即这一时期是曲折的城镇化发展进程并没有能够改变城乡关系中城乡分割的实际情况。

我们将这一时期的城乡关系称为1978年之前城镇化与工业化脱节背景下的城乡分割阶段。新中国成立初期，面临着复杂的国际国内形势，国家更多地出于自主发展等政治上的考量，实行了重工业高速、优先发展的工业化“赶超”的总体战略。值得一提的是，中国的工业化和现代化是一种外源式的现代化，更多地体现着国内外政治经济压力下的“救亡图存”的需要，而非政治经济与社会文明自主发展的必然结果和趋势。以此战略为核心，资源配置的方式需要为它服务，由此派生出了计划经济的发展路径选择；为此战略服务，城镇化战略同样产生了偏差。而且，计划化的资源配置形式与为重工业优先发展服务的偏差化的城镇化必将扭曲一系列关系，工农业关系的扭曲是其重要表现。

重工业优先发展的工业化及其为之服务的城镇化战略的实质就是把有限的经济资源最大限度地投入重工业中以确保重工业的优先高速发展。重工业天然具有排斥劳动力的性质，而且当时中国处于农产品剩余有限的尴尬境地，因此，限制人口城市化的策略呼之欲出。这种情况下，中国实际上通过“四道闸门”基本上关闭了当时城乡人口流动的路径①：一是严厉的户籍制度。1958年颁布的《中华人民共和国户口登记条例》实际上是筑起了城乡人口流动的第一道闸门。在《条例》的规定下，中国农村人口从农村向城市的转移基本上处于严格的户口登记制度的管理下，而且人口城乡迁移的管理与国家劳动就业制度高度协同从而受到国家计划的强力制约，这样除了国家统一招工、学校录取、职工调动及投靠（父母、子女、配偶）等极少的情况外，迁移的渠道极为有限。二是垄断城镇生活必需品供应。国家通过农产品的统购统销垄断了农副产品市场，同时又实行城镇居民生活必需品的凭票供应。这样，即使是“混入”城市的农民，也会因为没有粮食和副食品的供应

① 缓解城乡人口流动的方法无非有两种：一是消除城乡差距，没有差距，就没有吸引，当然就没有流动。二是“关门”，即使在城乡差距存在甚至扩大的情况下，由于“门关了”，依然能够实现城乡人口流动的控制。显然，当时的中国政府选择了后者。

关系而处于“缺衣少食”的艰难地步。三是垄断就业机会。即国家垄断了劳动力市场，有城镇户口就意味着具有城镇就业的机会，但是如果没有，也没有得到农村招工的机会，那就不可能在城镇得到工作。四是垄断福利供给。在第三道“闸门”实现户口和就业一体化的基础上，国家进一步推进了就业与福利的一体化。即没有工作的人实际上就失去了房子、医保、退休金等一系列非工资福利，基本上连农民都不如。这实际上是进一步强化了第三道“闸门”。总而言之，这一时期的城镇化是建立在农业支持工业、为工业提供积累、工农业间存在“剪刀差”的基础上的。城乡互动表现为以农促工，以乡促城。

二是改革开放以来中国城镇化的恢复发展阶段（1978—2002），也是城乡分割状态的解构与突破阶段。1978 年以来，随着中国经济的拨乱反正，相对健康的、平稳的发展模式逐渐成为主流，城镇化的稳步发展是这个浪潮中的重要一环。总的来说，随着改革开放的逐渐展开并深入，长期压制的国民经济得到了恢复性的增长，城乡壁垒也渐渐发生了松动，特别是乡镇企业作为重要的制度创新的出现以及工业化的迅速推进，为城镇化的迅速发展创造了良好的发展空间。1979 年城镇化率就实现了比上年提升超过 1 个百分点的高速增长。截止到 2002 年，城镇化率相比于 1978 年上升超过 20 个百分点，城镇人口增加了近两倍。① 从具体的过程来看，这一阶段大致可以分为三个方面：首先是 1979 年至 1984 年伴随农村改革推动的城镇化恢复发展阶段。改革开放的步伐首先发端于中国农村，在以生产联产承包责任制为代表的农村经济体制改革的推动下，农村的农业劳动生产率获得了巨大的提高，这为农村劳动力的解放以及城市吸纳更多的人口奠定了坚实的基础。其次是 1985 年至 1992 年以城市经济体制改革为主要推动力的城镇化发展阶段。在前一阶段农业大发展为城镇发展保证了充分供给的基础上，这一阶段的城市经济体制改革进一步释放了城镇化的发展空间，城镇经济和市政基础设施建设的提速、允许农民自理口粮自筹资金进城的放开、探索放权让利承包经营的企业改革、建制市镇标准的放开等措施的实行，为城镇化的发展提供了内在动力。同时，特别需要指出的是，以乡镇企业发展为典型代表的农村工业化的迅猛发展，也为这一时期农村城镇化的发展

① 胡顺廷等：《中国城镇化发展战略》，中央党校出版社 2006 年版，第 67 页。

注入了新的活力，开创了中国城镇化发展史上“离土不离乡，进厂不进城”的模式。最后是1993年至2002年以社会主义市场经济体制改革深化为主要动力的城镇化发展阶段。1992年邓小平的南方谈话及一系列涉及坚持改革开放和现代化建设的讲话标志着中国的经济体制改革正式进入全面的社会主义市场经济的市场化改革阶段。① 这一时期的城镇化建设可谓全面提速，大中城市和小城镇建设投资尤盛，成为推动这一时期经济高速增长的重要力量。据统计，10年间的中国城镇化率年均提高近1.2个百分点（如图5－2所示），创造了新中国成立以来城镇化发展最迅速的历史纪录。值得指出的是，这一阶段虽然中国的总人口增长缓慢，但城镇人口却实现了高速增长，10年间增长超过50%。

城镇化及由之产生的城乡关系的变化离不开工业化战略的选择和实施。新中国成立初期，面对当时的国际国内形势而选择的重工业优先发展的工业化战略直接决定了城镇化和城乡关系的发展。同样的道理，改革开放初期，中国经济社会也处在工业化战略的调整和选择的时间窗口。从改革开放初期的形势来看，国际上，“冷战”结束的同时以人民生活富裕安康为重点的经济竞争日益紧迫，而且伴随着以轻工业重点发展的开放的市场经济为主要特征的东亚经济的迅速崛起，使原来倚重的重工业优先发展的封闭的计划式的“苏联模式”的示范作用日渐式微。而国内，一方面是前30年重工业优先的发展帮助中国建立了初具规模且门类比较齐全的工业体系，另一方面是国民经济的比例关系失调使当时国内对于农业、教育等基础产业及轻工业的需求强烈。为此，工业化的目标逐渐调整至了满足人民群众的直接需求，轻工业的发展受到重视，过去一味发展重工业的自我循环②的工业化发展模式日渐走入历史

---

① 汤有伦：《1992：新的起点新的思路——从南巡讲话到中共十四大》，中国大百科全书出版社1992年版，第2—5页。

② 这里可以简要回顾一下上一章节提及的关于“以重工业优先发展”的自循环的研究：重工业远离生活资料消费品市场，可以借助中间需求的不断扩大而形成自我循环和积累的机制，我国重工业自我循环的机制可以理解为：第一环是国家通过价格扭曲使产业的收入分配结构扭曲，造成重工业品利大价高的局面；第二环通过财政体制垄断重工业的高利润；第三环是财政支出向重工业严重倾斜；第四环是不断扩大的固定资产投资创造了重工业品的需求，使重工业品价值实现并获得高利润；第五环是高利润再次流入国家财政，得以开始新一轮的循环。中国科学院国情分析研究小组：《国情研究第三号报告：城市与乡村——中国城乡矛盾与协调发展研究》，科学出版社1996年版，第40—49页。

的展览馆。而且与之对应的是，僵化的计划经济体制逐渐被灵活的市场经济体制取代。随之就是上文提到的，农村经济的微观基础发生了深刻的变化，“人民公社”及“统购统销”制度的消亡、户口管理及劳动就业制度的松动等实际上是将过去阻挡城乡人口流动的闸门缓缓地打开了。始于1978年的各项改革松动了原有的城乡二元体制，劳动力的城乡转移以及城镇化的快速发展使原有的城乡关系有了很大的改善。但诸如户籍制度等造成城乡分割的关键性的制度安排并没有彻底改变，深层次的结构性和体制性矛盾仍然存在，忽视农民利益和农村发展的倾向依然存在，农村人口虽然进了城市，但并没有完全成为城市居民，城镇化进程表现出“半城镇化”的特点，农业支持工业、乡村支持城市的城乡关系总体趋向并没有改变。所以总的来说，1979年到2003年，应该算是城镇化快速发展背景下城乡关系的改善阶段，城乡发展不协调的总体特征和基调并未改变。

三是新时期中国城镇化的科学发展阶段（2002年以来），也是城乡统筹发展的机遇与探索阶段。将这一阶段定义为“科学”发展阶段有着深刻的理论和政策背景。2003年10月召开的中共十六届三中全会正式提出了科学发展观，并将之阐述为“坚持以人为本，树立全面、协调、可持续的发展观，促进经济社会和人的全面发展”，明确指出要按照“统筹城乡发展、统筹区域发展、统筹经济社会发展、统筹人与自然和谐发展、统筹国内发展和对外开放”的要求推进各项事业的改革和发展。显然，科学发展观指导下的城镇化发展也表现出“科学”的发展特征：首先，从速度上看，虽然这一时期的城镇化水平的提升速度总体上是延续了过去的快速势头，但就波动幅度来看已经表现出明显的平稳的态势。这不仅表现在当前中国城镇化目前的速度是基本合适的，不慢也不太快。未来的发展只是需要注意防止城镇化进展过快，特别是要避免发生严重的“城市病”和“农村病”，力争实现健康的城镇化。[①] 而且表现在对现有城镇的整改性的调整，例如建制市的数量就从668个调整至了655个，同时重点城镇的规模有个阶段性的提高，从2007年

---

① 简新华、黄锟：《中国城镇化水平和速度的实证分析与前景预测》，《经济研究》2010年第3期。

到 2008 年，GDP 超过 3000 亿元的城市数量翻了一番。① 其次，从质量上看，这一时期城镇化发展的“内涵”显得更加的深厚、涉及面更广，表现出质量的提升。以城镇基础设施和公共设施建设为重点的城镇服务功能得到了重视，以城镇建设的总体规划、土地利用以及关乎城镇宜居、利居和个性的城镇居住功能也明显提升。城镇之间的关系也进一步密切，特别是 2004 年国家提出建设大中小城市“结构有序、功能互补、整体优化、共建共享”的“组团式城市群”发展构想之后，以长三角、珠三角、京津冀、山东半岛、辽中南、中原、海西、川渝、关中等为典型的结构合理、城乡互动、区域一体的大城市群正在形成。

新时期的城镇化特别是城乡关系的演进更多地体现出国家的政策倾向，应该说，在上一阶段工业化城镇化目标及运行体制调整改变的基础上，这一阶段的政策偏向的倾斜使得中国的城乡关系朝着更加光明的方向迈进了，也显现出美好的一体化发展的前景。首先是 2004 年 3 月的全国两会上，温家宝总理提出了逐步减免农业税、增加国家对农业基础教育财政支出的政策计划。随后，在十六届四中全会上，胡锦涛总书记创造性地提出了“两个趋向”的重要论断，明确指出：在工业化初始阶段，农业支持工业，为工业提供积累带有普遍性的趋向；而在工业化达到相当程度，工业反哺农业、城市支持农村也带有普遍性的趋向。在当年 12 月召开的中央经济工作会议上，胡锦涛总书记再次强调：“我国现在总体上已到了以工促农、以城带乡的发展阶段。我们应该顺应这一趋势，更加自觉地调整国民收入分配格局，更加积极地支持‘三农’发展。”正是在这些重要政策导向的影响下，中国的城乡关系、工农关系逐渐进入了新的发展阶段，这主要表现在城乡一体化的发展规划基本上纳入了地区的发展纲要，特别是城市的发展规划开始将广大的农村地区纳入其中。② 同时，城乡一体的公共服务均等化体系的建设等制度创新也逐渐展开。更为重要的是，2007 年 6 月 7 日，国家发展和改革委员会下发《国家发展改革委关于批准重庆市和成都市设立全国统筹城乡综合配套改革试验区的通知》，正式批准四川成都和重庆市设立全国统筹城乡综合配套改革试验区，这标志着城乡统筹逐步上升为国家战

① 范恒山、陶良虎：《中国城市化进程》，人民出版社 2009 年版，第 28 页。

② 龙文军：《城乡一体化的国内实践和经验》，《调研世界》2006 年第 10 期。

略，并进入实质性的局部试点阶段。因此，总的来说，2002 年以来中国的城乡关系基本上处于城乡统筹发展的探索与实践阶段。

二　当前中国城镇化进程中的城乡空间差距分析：双重福利损失

（一）当前中国城乡差距的现状及趋势分析

城镇和乡村经济效率的差距是考察城乡差距的一个重要指标，其实在刘易斯模型以及后来的拉尼斯和费景汉模型中也反映出了类似的思想。可以将非农产业的劳动生产率与农业的劳动生产率的比值拿来衡量城乡差距，并将这个指标定义为城乡二元结构系数，即：

城乡二元结构系数 = 非农产业劳动生产率/农业劳动生产率

鉴于数据的可得性，我们可以用产业的增加值与从业人员人数得到劳动生产率的代替数据指标。显然，需要默认的是农业基本上处于农村，而非农产业基本上处于城镇。所以，如果这里的城乡二元结构系数为 1 的话，就意味着从劳动生产率的角度看城乡是无差别的，这在“刘易斯—拉尼斯—费景汉”模型中则是二元经济转变为一元经济的标志，这个时候已经没有了农业或是农村的剩余劳动力，当然也就不存在劳动力市场的扭曲；如果出现大于 1，这意味着二元的经济结构，且存在农业或是农村的剩余劳动力，且一般劳动力市场存在扭曲。从我国改革开放以来的城乡二元结构系数的情况来看，一直呈现出波动起伏的状态，直至 2003 年达到了近些年的最高峰，其后虽有所下降，但总体上二元结构的数值都显著大于 1，表现出中国城乡二元结构突出的现状。

图 5－3　改革开放以来中国城乡二元结构系数的变化情况

资料来源：历年《中国统计年鉴》。

为了更加全面地了解当前中国城乡差距的现状，我们可以将当前城乡失衡的局面总结为四个差距：

第一个是城乡收入差距。从城镇和乡村居民的直接收入数据来看，城乡收入差距一直较大。2008 年城镇居民人均收入与农村居民人均收入比达到 3.36：1，绝对差距首次超过 1 万元，目前两者之比也有 2.69①，反映出城乡居民收入差距依然较大的事实。近年来，虽然城乡收入差距的总体趋势是在波动中呈现缓慢下降的态势，但如果将教育、社会保障、物价补贴等福利性质的因素计算在内，实际上的城乡差距会更大。②

第二个是城乡消费差距。实际上是城乡居民收入差距较大的结果体现。

第三个是工农交换关系中利益差距。一是工农产品价格“剪刀差”，计划经济时期国家通过统购统销等计划手段，人为地压低农产品价格，形成工农产品价格差来实现从农业积累资金用于工业和城市发展的目的。改革开放以来，工农产品价格“剪刀差”虽然逐步缩小，但起伏较大，“剪刀差”依然存在。二是土地价格“剪刀差”。长期以来，农村集体所有的土地必须先由政府征用，然后才能进入一级市场。一些地方政府通过低价征用农村土地然后高价出售给开发商的方式，分享了农村土地的价值，并由此产生了大量“种地无田、上班无岗、低保无份”的失地农民。

第四个是城乡居民财产差距。我们首先分析一下中国社会科学院在做相关调查的时候所用的关于居民财产的定义。对于城镇居民财产，定义为：城镇居民净财产 =（净房产 + 金融资产 + 生产性固定资产 + 耐用消费品价值 + 其他资产估计现值）- 非住房负债。对于农村居民财产，定义为：农村居民净财产 =（净房产 + 金融资产 + 生产性固定资产 + 耐用消费品价值 + 其他资产估计现值）- 非住房负债。我们认为，这实际上是掩盖了城乡差别，特别是城镇偏向的相关政策的事实。对于

---

① 中国国家统计局：《中国统计年鉴 2019》，中国统计出版社 2019 年版。国家统计局科研所：《中国全面建设小康社会进程统计监测报告（2011）》，中国国家统计局网站，2011 年 12 月 19 日。

② 研究表明：如果将实物性收入和补贴都计算在内，中国的城乡收入差距可以高居世界第一。李实：《中国个人收入分配研究回顾与展望》，《经济学季刊》2003 年第 2 期。

城镇居民来讲，房地产、金融资产和耐用消费品是主要的财产形式，这无可厚非，容易理解。但是，对于农村居民来讲，将土地和房产作为主要的财产形式，而且经研究是占比最大的两种形式，这就显得不合事实了。农民的房产和土地基本上可以称作"有价无市"，这样勉强算作农民产品，有掩耳盗铃之嫌。当然，即使是这样，有关分析还是表明，就房地产价值、金融资产价值以及耐用品价值这几项来讲，城镇居民的拥有量分别是农村居民拥有量的5.3倍、7.5倍及4.2倍[①]，表现出明显的差距。

（二）中国城乡差距的特殊性：人口流动的"阶段性断裂""半城镇化"与双重福利损失

上文的研究表明，无论是从历史上的动态发展来看，还是从当前的静态分析来看，中国的城乡空间差距都呈现比较严重的局面甚至有进一步扩大的趋势。那么我们应该如何看待这个问题呢？是将之看作中国在改革开放之后向两阶段城镇形成发展轨道回归的过程中要经历的阵痛吗？本书认为，问题没有这么简单。一方面，中国的城镇化进程更多地表现为对两阶段城镇形成发展模型的扭曲甚至偏离，可以判断基本上是处于城镇集聚经济发展不足的状态。根据本章第一节的分析，如果不能享受到集聚带来的整体福利水平的增进，那么实际上就意味着福利损失。另一方面，伴随着中国城镇化逐步向两阶段城镇形成发展模型的靠拢和回归，表现为城乡空间差距的空间失衡问题几乎是发展进程中必须面对的代价，即要面对空间差距过大形成的相对福利损失。所以，本书认为，中国的城乡差距问题有其特殊性，表现为双重的福利损失。

为了更进一步解释中国城镇化进程中不同于一般国家的双重福利损失，我们需要对总体福利损失[②]做简单的说明。

由于户籍制度的限制，中国城镇化进程中的人口转移表现出明显的"阶段性断裂"的特点。纵观世界经济发展史，城镇化进程的推进过程中劳动力转移的真正实现至少需要完成三个方面的转化，即由农村向城

---

① 程开明：《从城市偏向到城乡统筹——城乡关系演进特征研究》，浙江工商大学出版社2010年版，第45页。

② 这里根据本书的分析，伴随城镇化进程中的空间失衡引发的相对福利损失是必然的现象，先发国家城镇化进程中几乎都有过这样的问题。本章第一节的"空间失衡的真实世界：简要的历史回顾"说明了这个问题。

镇的地域转移、由务农向非农的职业转换以及由农民向市民的身份转化。而中国的特殊性在于大规模的人口城乡流动的过程中这三者并没有同步完成。改革开放初期伴随着乡镇企业快速发展带来的农民非农化的高潮突出地表现为农村劳动力"进厂不进城，离土不离乡"的就地转移模式，是先有劳动力的职业转换，而没有地域转移和身份转化的过程。后来，随着市场经济的发展，中国的开放政策与国际产业转移的浪潮在东南沿海的契合，内地大规模的人口向东南流动的高潮表现为农村劳动力"进厂又进城，离土又离乡"的异地转移模式[①]，是先有地域的转移，再有职业的转换，但是没有身份的转化（如图5－3所示）。

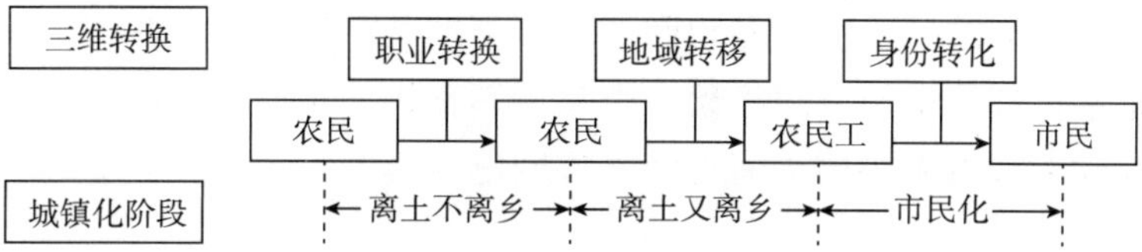

图5－4　中国劳动力转移的"阶段性断裂"与"半城镇化"特征

资料来源：易善策：《产业结构演进与城镇化互动发展研究》，博士学位论文，武汉大学，2011年。

这实际上是形成了劳动力跨地区流动的限制，阻碍了劳动力的自由流动。数据显示，改革开放40多年来，中国农民工总量已接近2.3亿，其中外出农民工达到1.45亿。这些农民工虽然进入城市，但是并未获得市民身份，使中国的城镇化呈现出"半城镇化"的状况。因而，如果将"半城镇化"的因素考虑在内进而按照户籍人口计算，中国的城镇化率只有30%左右。

可以有两种逻辑思路来理解这个问题：一种是中国劳动力转移的"阶段性断裂"造成了城镇化进程中的"半城镇化"特征，客观上形成了阻碍空间集聚的形成和发展，使集聚达不到应有的水平，城市规模及城镇化水平被人为地压低，经济增长的水平受到束缚。期望的集聚带来的回流效应促进空间失衡发展状况的结果当然也就不能实现。另一种就

① 关信平：《小城镇发展模式与城乡协调发展：中国城镇化模式的再思考》，《中国城市评论》（第二辑），南京大学出版社2006年版。

是，劳动力自由流动的受阻实际上是斩断了落后地区资源再一次优化合理配置的机会，阻碍了土地等要素规模效应的发挥，本身对于缩小地区和城乡收入差距是一种负面的效应。

在这个认识的基础上，实际上中国城镇化进程的推进过程面临的两难问题是，在集聚发展不足的情况下以城乡空间差距为代表的空间失衡问题却越来越严重。显然，如果我们只看表象而通过牺牲集聚的做法来追求所谓的空间平衡的话，其结果将会背道而驰。因为中国城镇化本身就正处在向两阶段城镇形成发展模型回归的道路上，集聚发展不足，总体福利效应的增进不能实现。如果以集聚为代价显然将使原本就不足的集聚更加不能发挥集聚效应，最终进一步影响到福利增进水平。所以，对于中国面临的城乡空间差距问题，本书的基本观点是要在进一步强化中国城镇化进程中的空间集聚、引导城镇化进一步向两阶段发展轨道回归的基础上，再来协调空间平衡发展问题。

小结　在引导城镇化向两阶段回归的过程中兼顾城乡协调发展

本章的分析表明，表现为城乡空间差距的中国城镇化进程中的空间失衡问题已经比较严重。当前，从根本上扭转我国城乡空间发展失衡的格局，有效地推进城乡差距的缩小，实现城乡协调发展，是提高城镇化发展质量的重大战略，是积极构建和谐社会和小康社会建设的客观要求。但这只是表象，我们的研究要求对这个问题的理解不仅要认识到改革开放以来中国城镇化向两阶段城镇形成发展模型的轨道回归的过程中以城乡空间差距为代表的空间失衡问题造成的相对福利损失的必然性，同时也要清醒地认识到由于集聚不足使得城镇化进程中的集聚效应得不到充分发挥造成的总体福利损失的特殊性。因此，未来要在引导城镇化向两阶段回归的同时兼顾城乡协调发展。

两阶段城镇形成发展模型的运行轨道中伴随着空间集聚带来空间失衡有其必然性，空间集聚客观上形成的空间意义上的中心和边缘的划分必然造成资源要素分配上的失衡，进而形成空间发展水平上的差距，这是不可避免的。但是也需要冷静地认识到，伴随着产业空间集聚的城镇化进程在缩小城乡差距方面也存在着以下几个方面的正向作用机制：第一，空间集聚的过程实际上是一个动态的交流互动的过程，正是在这个交流互动中有利于打破集聚地与流出地之间的分割局面，强化联系。落实到城乡之间，表现为空间集聚的城镇化进程有利于构建科学合理的城镇体系，实现城镇的空间分布及人口布局的优化，从而推动城乡之间形成开放有序、互补共享的协调发展格局。而且，交流互动中产生的文化的融合以及价值观的同化是内在的作用机制，将通过观念的转变成为推动区域经济发展的强大动力。必须指出的是，集聚也是有界的，集聚力发挥作用的同时，也会出现因为集中而产生诸如交通拥挤、环境污染、土地稀缺、劳动力价格上涨等“拥挤效应”推动下的分散力。显然，分散力作用的发挥将是拉平空间差距的重要力量。事实上，城市规模的合理水平正是在集聚效应和拥挤效应之间的权衡过程中出现的。① 所以，当空间集聚发展到一定程度之后发生外溢，即表现为某些产业或者是产业链的某些环节向原来的流出地转移的情况几乎是必然出现的，这显然是有利于流出地发展的。而且在这个过程中将不断地伴有以劳动力为代表的要素流动，这种要素的交流本身就是资源配置的形式，推动区域经济发展自然是题中之义。中国近年来开始出现并渐成气候的农民工返乡创业就业推动地方经济发展就是这方面的典型案例。第二，空间集聚的过程实际上是利用集聚地的吸引力为流出地的发展预留出了宝贵的发展空间。具体到城镇化的发展实践，可以看到，城镇化创造的就业机会有利于吸引更多的农村劳动力流向城市，从而为农村地区推进“耕地向种田能手集中”的规模化经营创造了条件。事实上，这两种正向机制的描述在一定程度上是对本章第一节关于两阶段城镇形成发展模型中空间集聚带来的总体福利增进的逻辑解释。

城乡分割的城镇化模式与城乡协调的城镇化模式比较如表 5－3 所示。基于本章的研究结论，我们认为，在引导城镇化向“两阶段”回归的过程中兼顾城乡协调发展，着眼于城乡统筹目标的空间平衡发展政策的再调整可以从以下几个方面入手：一是要调整国家空间层面的政策偏向，把平衡区域发展的政策重点调整为转变城乡二元经济、缩小城乡

① Auu. Chun－Chung and J. Vernon Henderson, “Are Chinese Cities Too Small?” *Review of Economic Studies*, 2006, 73 (3), pp. 549－576.

空间差距。这样不仅能够实现城乡收入差距的缩小，同时能够达到地区间收入差距的空间平衡发展目标。二是要进一步通过集聚和城镇发展来吸引农民，从而用减少农民的办法提高农民收入，实现城乡协调发展。要解决农民自由流动的制度性障碍，合理引导其有序流动。对于流动主体的农民工来讲，可考虑通过土地资本化解决农民工安居乐业，使他们在实现城市梦的同时实现安居梦和创业梦。三是要在大力推进空间集聚的同时处理好财政收入在空间区域之间的转移支付的分配，特别是要积极推进公共服务的空间区域层面的均等化。四是要防止地方政府分割商品市场的短视做法，维持统一的国内市场，同时可以通过构建区域间的利益平衡和协商机制推动区域（不同省份）之间的合作共赢。五是要重视“自下而上”的民间力量来推动经济发展。

表 5－3　城乡分割的城镇化模式与城乡协调的城镇化模式比较

特点	城乡分割的城镇化	城乡融合的城镇化
制度基础	计划经济下的城乡二元体制	计划经济向市场经济转轨
城乡关系	城镇偏向、城乡分割、二元结构固化	城乡平等、城乡融合、共同发展
发动主体	政府单一主体	政府、企业、个人多元主体
调控手段	行政手段，要素不能自由流动	市场机制、政府引导、要素合理流动
发展目标	单纯依靠城镇发展力图实现跨越式赶超	城乡协调共进
运行效率	资源配置效率低，城镇化成本高	资源配置效率高，城镇化成本低
发展结果	城镇化水平滞后且与经济发展不相适应；城乡不协调，城乡差距大，社会矛盾突出	城镇化快速发展并与经济发展相适应；城乡差距缩小且矛盾趋于和谐

资料来源：盛广耀：《城市化模式及其转变研究》，中国社会科学出版社 2008 年版，第 186—190 页。

第六章　总结与展望："在集聚中走向平衡"的二元城镇化发展道路

回顾前面几章的分析，基于空间集聚的中国城镇化进程主要面临着两个方面的问题，一是新中国成立以来的中国城镇化发展对两阶段城镇形成发展模型的扭曲甚至偏离，突出表现为城镇化进程中的集聚发展不充分；二是改革开放以来中国城镇化在回归两阶段城镇形成发展轨道的过程中面临着集聚不足形成的总体福利损失及空间失衡形成的相对福利损失的双重福利损失，主要表现为城乡空间差距的空间失衡问题比较突出并有进一步扩大的趋势。如果说将前者视为本书重点关注的两阶段城镇形成发展模型的经济效应的话，那么显然后者主要表现为空间福利效应。如果说前者是从效率的角度来理解分析基于集聚的中国城镇化问题的话，那么后者则更多的是从公平的角度来评价衡量中国的城镇化进程。

第一节　基于两阶段城镇形成发展模型的城镇化发展：集聚与失衡

从"非此即彼"的视角来看，摆在中国城镇化发展道路上的战略选择似乎只有两条：一是"着眼于空间平衡"的发展路径。即将城镇化的重点放在农村地区，特别是内地农村地区，通过进一步限制先发地区的资源占用和落后地区的要素流出来实现所谓"平衡发展"的道路。二是"着眼于空间效率"的发展路径。即将城镇化的重点依旧放在东部沿海地区，特别是业已形成的长江三角洲地区、珠江三角洲地区以及环渤海湾地区，通过继续推进资源要素的空间集聚促进集聚效应的最大化发挥实现所谓的"追求效率"的道路。

结合本书的研究结果，未来中国的城镇化道路面临的“首尾不能兼顾”的矛盾就水落石出了：一方面，针对本书得出的中国城镇化进程中空间集聚不充分的结论，我们似乎应该走“着眼于空间效率”的发展路径，进一步推进城镇化与空间集聚的互动发展。另一方面，针对本书得出的中国城镇化进程中表现为城乡空间差距的空间失衡问题日益扩大的结论，我们似乎更应该走“着眼于空间平衡”的发展路径。显然，“着眼于空间平衡”的特点是以牺牲发展为代价的平均，“着眼于空间效率”的特点则是以牺牲公平为代价的发展，两者实质上都是各自为政的封闭式发展路径，是不科学、不合理、不可持续的发展道路。

本书认为，存在着兼顾集聚经济发展的“效率”和城乡空间平衡发展的“公平”的城镇化发展道路，即一方面以东部沿海的大城市及中西部地区有条件的大城市为依托大力发展表现为大都市圈特征的城市化；另一方面在都市圈以外的相对边缘和落后的地区依托县城发展中小城市，推进有重点的农村城镇化，走发展以都市圈为特征的城市化与有重点的农村城镇化协调共进的“二元城镇化发展道路”。这条发展道路上，发挥城镇集聚效应与兼顾城乡空间平衡发展是可以协调的：一方面，政府要调整各种阻碍要素和资源自由流动的制度性障碍，为经济活动在东部沿海地区及中西部地区的都市圈地区实现空间集聚创造良好的条件。这不仅可以通过集聚的巨大外部效应创造更多的财富从而“做大蛋糕”，也在客观上为相对落后的边缘地区和农村的发展腾出了空间。另一方面，政府要畅通地区之间、城乡之间的交流和互补渠道。既要从市场的角度推进区域之间的市场整合及分工协调，也要引导先发地区对后发地区的反哺和支持。因此，从这个意义上说，本书认为“二元城镇化发展道路”是兼顾公平和效率的符合中国实际的科学发展道路。

本章我们将首先基于前文的研究结论简要而不失系统性地回顾并阐述我们在城镇化进程中的空间集聚和空间平衡发展中的主要观点，然后具体讨论“二元城镇化发展道路”的政策方向。

综合本书的分析，我们主要是基于两阶段城镇形成发展模型讨论了伴随着集聚的形成和发展在空间层面一般会出现的三个方面的客观效果。

一是基于空间集聚的城镇形成发展是如何产生的？世界银行课题组曾经提出过一个问题，即"为什么有丰富的自然资源的西伯利亚地区地广人稀，但是发展比较落后"，这是一个比较有代表性的现象。进一步深入分析，应该继续发问"为什么世界上有很多自然资源丰富、环境优美的地方人口的密度反而低，经济活动的规模反而较小；而一些资源匮乏、环境一般的地方却发展成了人口和经济活动的中心？"更一般地说，这个问题的探讨可以演变为区域经济发展不平衡的问题。联系到中国城镇化发展的实际，基于这个问题出发更要关注的问题是如何理解地理、资源、历史等各种差异巨大或是差异甚微的地区出现发展的巨大差异，如何协调这种差异从而实现平衡协调发展的问题。

二是基于集聚的城镇形成发展有门槛条件和规模上限吗？所谓"水满必溢，月盈则缺"，集聚经济的发展同样是辩证的过程，集聚向心的力量与分散离心的力量是同时存在的，两种力量何时出现均衡的稳态，即"由满到溢""由盈到缺"的拐点在哪里是这个问题的关键。那么联系到城镇化的发展，问题的实质则演变为最优城市规模的谈论，即"大应该多大""小应该多小"的问题，像北京、上海、广州这样的大城市应该要多大？能无限制地发展吗？反过来像城关镇、中心镇这样的小城镇应该要多小？能没有门槛地盲目发展吗？当然，还涉及大中小城市及城镇之间的发展关系问题。

三是应该如何看待基于集聚的城镇化进程中突出表现为城乡空间差距的空间失衡问题？正像前两个问题中所涉及的那样，集聚的过程中一定会在空间上出现"集聚区"和"非集聚区"的差别。集聚区意味着人口、资金、自然资源、技术、信息等要素和经济活动在此集中，从而出现所谓的"极化效应"；相反，非集聚区，即要素和经济活动的流出区域，则面临着空心化的窘态。显然，经济发展的一个重要途径是通过一点一地一域的率先发展来带动更广阔空间范围内的经济增长，也就是通过非平衡的发展，在"极化效应"达到一定程度后，经由"涓滴效应"的带动和溢出作用从而最终实现区域上的平衡发展。

第二节　二元城镇化发展道路：探索中国城镇化进程中集聚与平衡的双赢

在处理城镇化进程中的集聚效应与空间失衡的问题上，我们的基本认识是，必须是优先引导集聚的形成和发展，促使集聚效应最大可能地发挥作用。只有这样，才能将“蛋糕做大”，才能首先在总的整体层面上推进集聚地区和非集聚地区的全方位的福利增进。在此基础上再通过相关政策的引导实现空间福利结构上的优化，争取缩小空间差距，实现空间意义上的区域平衡，减少相对福利损失的程度。

基于此，我们有必要再次不厌其烦地强调并重点明确中国城镇化进程未来面临的集聚和空间差距的深层次问题。首先，当前中国城镇化进程中的集聚经济发展不是已经发展充分了，而恰恰相反，是发展不够。这在本书的第四章已经有了详细的分析和证明。其次，当前中国城镇化进程中面临的以城乡差距扩大为主要表现的空间失衡发展问题是伴随空间集聚形成发展的必然，但就中国的实际来看，这个问题更大程度上是集聚发展不充分的客观结果。由于以劳动力缺乏自由流动的机制体制为代表的要素流动的不自由，限制了集聚的进一步发展，导致集聚效应发挥不充分，无法实现空间福利共同改进。因此，如果不认识到这两点，就认识不到伴随空间集聚的中国城镇化发展道路是中国在实现现代化的道路上不可逾越的阶段这个事实。如果试图在集聚还没有发展到一定水平和阶段的情况下就盲目推进分散化的政策以期达到区域空间的平衡发展，将会损害全局的经济发展，最终也不可能实现空间平衡发展的目标，其结果反而将使中国的发展失去持久的动力来源。事实上，从第五章模型框架的探讨来看，在技术可以自由流动的情况下如果要防止集聚形成中心外围的空间结构几乎是不可能的，因为这种背景下形成的对称平衡的空间布局模式不可能达到稳定的均衡状态。

值得指出的是，2012 年年初，世界银行在北京发布了该行与中国国务院发展研究中心联合完成的中国展望报告——《2030 年的中国：建设现代、和谐、有创造力的高收入社会》。报告中提出了城镇化发展的精明增长路径，指出：“要促进经济持续、高速增长，城镇化就不仅要快，还应该是‘精明’的。精明的城镇化既能提供充分的公共服务，特别是医疗卫生、教育、交通、水、能源等服务，而且也能以合适的方式和价格水平鼓励对这些服务的高效实用。"① 很明显，这个精明的城镇化发展路径是比较狭义和微观的解释，虽然实质上是效率与公平并重的城镇化发展，但是从单个城镇建设的角度来切入的。本书认为，宏观层面上的精明城镇化发展路径就是"二元城镇化发展道路"。"二元城镇化发展道路"是当前及今后相当长时期内中国城镇化发展战略的必然选择，是实现中国城镇化进程中集聚与平衡双赢的最佳政策思路。

"二元城镇化发展理论"是著名经济学家辜胜阻教授在20世纪90年代初期提出、后来又不断发展完善的一种城镇化理论。② 这一理论根据中国二元社会结构及农村剩余劳动力转移的实际，主张以"城镇化"（而非城市化）理论指导中国经济发展实践。该理论认为：绝对的"大城市论""中等城市论""小城市论"者所主张的发展某一类城市的观点都不符合中国的实际。中国城镇化发展过程中要实现以城市化与农村城镇化并重、发展大都市圈为特征的"网络发展式"城镇化与以县城为依托发展中小城市的"据点发展式"城镇化同步，处理好城镇化中的市民与农民工双重城镇化主体的关系，避免小城镇过度发展和大城市盲目膨胀的双重"城市病"，对不同城市的城乡流动人口和户籍改革分类指导，推进农村剩余劳动力的有序合理流动。结合到本书的具体研究，兼顾空间效率和公平的"二元城镇化发展道路"的具体内涵就是一方面要充分发挥大都市圈（群）在促进集聚和发挥城镇集聚效应中的重要作用；另一方面要重视依托县城发展的中小城市在促进城乡统筹缩小空间差距中的重要作用。

接下来的部分，我们从两个角度来具体阐述二元城镇化发展道路。一是从二元城镇化的现实背景，即当前中国产业扩散（转移）与集聚的空间趋势的现状来阐述二元城镇化的合理性；二是提出兼顾空间效率

① The World Bank, Development Research Center of the State Council, the People's Republic of China, *China 2030: Building a Modern, Harmonious, and Creative High - Income Society*, www. world-bank. org. 2012 - 02 - 27.

② 对于"二元城镇化发展理论"的中国城镇化发展的战略构想，详见辜胜阻教授的博士论文《非农化与城镇化研究》，浙江人民出版社1991年版，第196—202页。另见辜胜阻《中国二元城镇化战略构想》，《中国软科学》1995年第6期。

和公平的二元城镇化发展道路的政策导向。

一 “二元城镇化发展道路”的现实背景：中国产业扩散（转移）与集聚的空间趋势

在进入二元城镇化发展的讨论之前，有必要对二元城镇化发展战略思路的现实背景，特别是产业空间布局、变化趋势及其与本书研究的两阶段城镇形成发展模型的关系作相关说明，以保持本书基于产业空间集聚的视角、特别是两阶段城镇形成发展模型来研究城镇化问题的一贯思路。

产业空间布局是十分复杂的空间现象，其中最重要、最引人注目的当属产业在区域空间内的转移（扩散）以及产业在区域空间内的集聚现象。这从当今世界经济发展的空间模式变化状况可以清楚地看到：一方面随着新信息革命的影响以及交通运输系统的技术升级，地区之间的联系更加便捷和扁平化，以资本、劳动力、技术、信息为代表的各种经济要素的空间流动更加方便。这使全球范围内基于资源重新配置的产业经济活动能以更低的成本和更高的效率进行。这主要表现为发达国家和地区的相关产业逐步向相对落后国家和地区的扩散，当然这在相当程度上是对落后国家和地区经济发展的促进。另一方面则是在产业转移（扩散）的同时，产业的集聚现象在全球范围内以更加显著更加蓬勃的趋势发展开来。放眼全世界，几乎到处可以见到被产业集聚主导的世界经济版图。① 事实上，产业集聚和产业转移（扩散）是全球产业在空间层面上整合重组的过程中出现的两个并行不悖的动态过程。② 本书认为，对于产业转移及集聚两种产业空间的基本布局形式来讲，落脚点都在产业集聚。产业转移（扩散）的目的是产业集聚，产业由分散状态到集中布局的途径正是产业转移。所以我们认为，研究产业集聚实际上就包含了产业扩散的初始状态以及产业转移的过程。正是基于这个认识，本书一直将重点放在产业空间集聚的焦点上展开分析和研究，这并不意味着本书对产业扩散（转移）问题的忽视，而事实上本书认为产业集聚的过程本身就包含了产业转移的过程。

---

① 魏后凯等：《中国区域经济的微观透视——企业迁移的视角》，经济管理出版社 2010 年版，第 81—83 页。

② 刘俊杰：《全球产业空间整合新态势——扩散与集聚》，《开发研究》2005 年第 2 期。

现阶段中国也同时面临着产业集聚与产业扩散的情况。这从 1980 年至 2007 年劳动密集型产业（图 6－1）、原材料密集型产业（图 6－2）、资本和技术密集型产业（图 6－3）分别在东部地区、中西部地区以及东北地区布局占比的情况中有很好的体现。一方面，从静态的时间点上可以看到中国产业空间集聚的局面。三个图显示，无论是劳动密集型产业还是原材料密集型产业及资本和技术和密集型产业基本上都表现出在东部地区集中布局的格局。其中以资本和技术密集型产业表现得最为显著。这与本书第四章的分析基本上是吻合的，表现出了改革开放以来产业集聚的空间态势。另一方面，从动态的时间序列上也可以看到地区市场份额的变化反映出来的产业转移情况。大致从 2002 年开始，东部地区的制造业份额开始出现下降的趋势，而差不多同时期，中西部地区的制造业份额则开始出现上升的趋势。可以认为，这种东部地区的市场份额的下降同时伴随着中西部地区市场份额明显上升的情况，恰恰印证了东部地区产业向中西部地区转移的趋势。

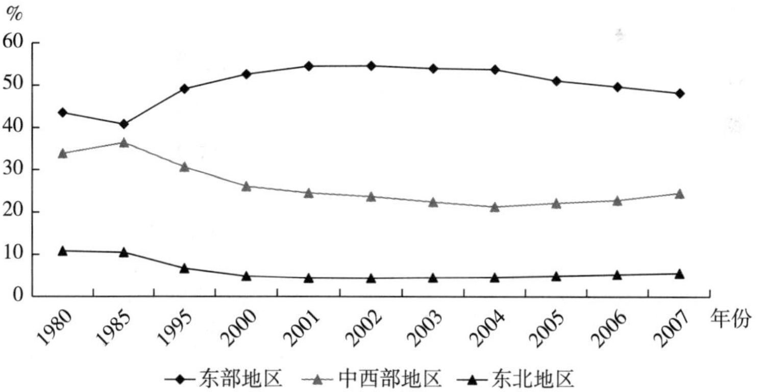

图 6－1　劳动密集型产业在区域之间的布局情况

本书认为，应该正确地认识当前中国产业转移的格局和趋势，不能简单地推出中国开始产业扩散的结论。对于东部地区的产业转移，我们认为这是市场机制作用下必然发生的事。可以从两个方面来进行理解：一方面，东部地区的产业转移实际上是“腾笼换鸟”，是为新一轮的产业集聚做准备。类似于弗农的产品生命周期理论解释发达国家向发展中

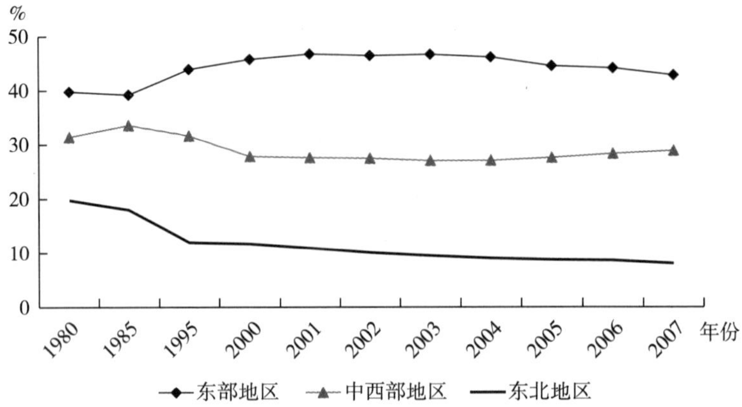

图 6-2　原材料密集型产业在区域之间的布局情况

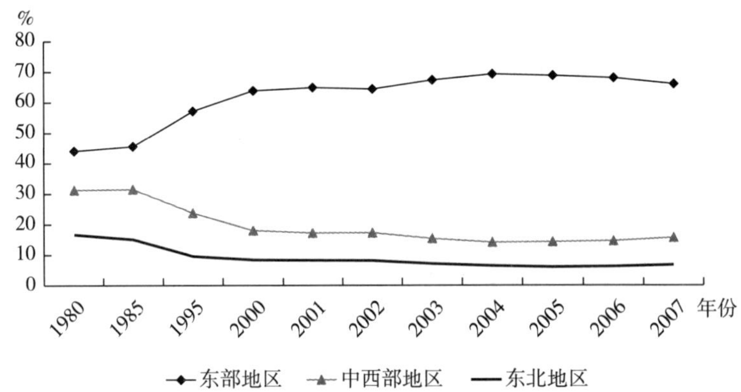

图 6-3　资本和技术密集型产业在区域之间的布局情况

注：1. 图中按照要素密集度将两位数制造业行业划分为了劳动密集型（包括行业 13—24 和 42，计 13 个行业）、原材料密集型（包括行业 25—34，计 10 个行业）、资本和技术密集型（包括行业 35—41，计 7 个行业）三类。2. 东部地区包括京、津、沪、苏、浙、粤、闽；中西部地区包括晋、豫、皖、赣、鄂、湘、桂、川、渝、贵、云、藏、内蒙古、陕、甘、宁、青、新；东北地区包括辽、吉、黑。

资料来源：魏后凯等：《中国区域经济的微观透视——企业迁移的视角》，经济管理出版社 2010 年版，第 140—141 页。

国家的产业转移，东部地区通过将低附加值的劳动和原材料密集型的产业向外转移实现主导产业向高附加值的资本和技术密集型产业转变的过程是大势所趋。而且，从要素价格变动的承受力来看，研究表明，像劳动密集型产业、下游产业及具有较弱产业联系的产业会因为要素价格的提高而率先发生转移①，所以东部地区的劳动密集型产业转移不仅是应对劳动力和原材料成本上升的举措，同时也是利用中西部地区相对低廉的要素价格和广阔的市场空间为这些产业的发展探寻新的生机。另一方面，回顾本书第四章的研究结论，多样化的产业空间集聚能够更好地促进集聚效应的发挥。因此我们建议未来中国城镇化的发展在回归两阶段城镇形成发展模型的运行轨道的过程中应该更多地关注多样化产业集聚的发展。另有研究表明，专业化经济在成熟产业的发展中起主要作用，而多样化经济在新兴的高技术产业的发展中起主要作用。② 进而我们可以推知集聚经济形态与产品生命周期之间的密切联系，即新兴产业往往出现在多样化发展较好的大都市圈地区，而成熟产业则分散到小型的专业化城市。所以中国以大都市圈发展为主的中国东部地区出现发展比较成熟的劳动密集型产业的向外转移是正常的发展规律。这实际上也是对我们第四章研究结论的一个呼应。

需要指出的是，如果我们将东部地区的产业升级换代看作市场规律作用下产业发展的必然趋势的话，那么由此出现的产业转移以及产业转移的区位指向更多地需要政府的引导和调控。

综合上面的分析，鉴于中国城镇化发展过程中既要强化集聚又要兼顾平衡的要求以及当前中国面临的产业转移的现状，本书认为，强化集聚的过程，就是要利用好东部地区新的产业集聚形成的趋势，创造良好的都市圈载体条件，更好地在促进产业升级换代的基础上推进新型高技术产业的集聚。兼顾平衡的过程就是利用好产业转移的趋势，着力建设好都市圈以外的相对边缘和落后的地区，选择有条件的城镇，特别是直接联系农村的县城，大力承接产业转移，形成新的产业集聚，形成直接辐射落后边缘地区、推动平衡发展的机制。可见，这两个发展过程实际上都是中国城镇化发展回归两阶段城镇形成发展模型的具体实现形式。而且由此我们可以得出结论：在集聚中走向平衡的发展要求与"二元城镇化发展道路"的思路是吻合的。

---

① D. Puga, A. Venables, "The Spread of Industry: Spatial Agglomeration in Economic Development", Centre for Economic Performance, Discussion Paper No. 279.

② V. Henderson, A. Kuncoro, M. Turner, "Industrial Development in Cities", *The Journal of Political Economic.* 1995. 103 (5) . pp. 1067 – 1090.

二 “二元城镇化发展道路”的具体政策含义

具体来说，兼顾空间效率和公平的“二元城镇化发展道路”包含着以下几个方面的政策导向。

第一，以东部沿海的大城市以及中西部地区有条件的大城市发展为依托，大力发展以大都市圈（群）为代表的城市化，充分发挥集聚的外部效应，构建支撑中国经济发展的空间增长极。

本书的研究表明，中国城镇化进程中的空间集聚发展并不充分。依托东部沿海的大城市以及中西部地区有条件的大城市构建结构合理、功能完善的都市圈（群），是形成协调的空间结构关系、发挥集聚效应促进经济增长的重要途径。大都市圈（群）的发展就是要在重点培育圈核、圈集和圈网三大基本要素的基础上引导三者的联动和融合①，形成有机联系、统一协调的发展体系。

所谓圈核，指的是都市圈内处于核心地位的大城市。从理论上讲，都市圈的核心城市应该在圈中发挥显著的集聚和扩散作用，能够将周围的其他城镇“团结”在周围，从而推进整个都市圈形成结构完善、功能互补的城镇体系。显然，如果核心城市发展不充分，其示范效应和辐射作用就很难得到有效的发挥，当然也就很难支撑整个都市圈的持续发展。当然，作为一个圈层体系，圈核的发展不能仅限于一两个核心城市本身，对于与圈核紧密联系并构成都市圈城镇体系②的其他城镇也不能忽视。要基于圈核建设等级规模序位合理的、城镇功能分担、空间联系协调的城镇体系，形成具有较强承载力和集聚力的空间优化的城镇布局。

圈核的发展离不开坚实的产业支撑，这就自然过渡到圈集的发展。圈集主要反映的是城市产业集聚的培育和发展情况。就其集聚的特点来说，根据本书第四章的研究结论，中国都市圈的产业集聚应该更多地发展“多样化”的、“适应型”的产业集聚。就其产业特点来看，要通过新兴产业的发展推动都市圈的功能转型，特别是要把握国家层面的产业

---

① 程必定：《从区域视角重思城市化》，经济科学出版社 2011 年版，第 198—222 页。

② 城镇体系从 1960 年开始由美国地理学家邓肯（O. D. Duncan）在其著作《大城市与区域》中明确提出。见 O. D. Duncan, W. R. Scott, S. Lieberson, B. Duncan, H. H. Winsbo - rough, *Metropolis and Region*, Baltimore: Johns Hopkins University Press, 1960；周一星：《城市地理学》，商务印书馆 1995 年版，第 315 页。

政策调整的大势，积极推进战略性新兴产业及现代服务业的发展。当前中国东部主要的都市圈基本都面临着经济转型的巨大压力，例如上海就面临着传统制造业加快转移、同时新兴产业发展缓慢的现实，有产业替代断裂的危险。[①] 就产业集聚形成的产业联系和产业链来讲，圈集的发展要以产业链和价值链为中心，提升都市圈内城镇之间产业结构的契合度以及产业之间的关联度，形成都市圈地区企业之间的产业共生圈。

圈核及都市圈其他城镇与圈集之间的联系和作用的发挥都离不开圈网。圈网就是以交通网络、信息网络及市场网络为重点的都市圈网络建设。交通网络，本书前面章节的研究结论早就得出交通运输成本的降低是集聚形成发展的重要条件。所以要特别重视铁路、公路、水运、航空、管道等综合交通网络体系的建设，发挥交通的基础性作用。对于信息网络在都市圈建设中的作用不仅是基础性的，而且是前瞻性的。在信息社会，信息化建设是无形而又不可或缺的，几乎渗透到经济生活的各个角落，是都市圈圈核和圈集的传导系统和依存经脉。市场网络是都市圈发展的微观基础。都市圈发展演进的基本动力来源于经济要素的活跃有序。简单的行政外力推进的产业空间集聚会使都市圈缺乏可持续运转的基础。所以都市圈发展的一个基础性工作就是要创造条件引导市场充分发挥作用。总之，如果将圈网比作一个人的话，交通网络好似骨架，信息网络好似头脑和灵魂，市场网络则好似血肉。

第二，在都市圈以外的相对边缘和落后的地区推进依托县城发展中小城市的有重点的农村城镇化，将其建设成推进城乡空间平衡发展的重要战略支点，兼顾空间意义上的效率和公平。

实现空间意义上公平与效率的兼顾，要求城镇化发展的未来不仅要着眼于集聚效应的充分发挥，推进旨在进一步强化现有城镇经济效应的以都市圈发展为特征的城市化战略；而且要着眼于城镇化的社会福利效应，充分考虑到当前中国农村剩余劳动力流动及城乡空间差距的现状，推进以县城为中心的有重点的农村城镇化。[②]

特别值得指出的是，着眼于空间平衡发展的城镇化战略容易走入分

---

① 陈维：《长三角：2008 年经济形势分析与 2009 年展望》，载戚本超、景体华《中国区域经济发展报告（2008—2009）》，社会科学文献出版社 2009 年版。

② 辜胜阻、李华、易善策：《均衡城镇化：大都市与中小城市协调共进》，《人口研究》2010 年第 5 期。

散化的误区。改革开放以来，中国城镇化发展的战略方针并不是一脉相承的，特别是对大中小城市及小城镇发展的态度摇摆不定。例如，有的发展阶段主张要“严格控制大城市规模，合理发展中等城市，积极发展小城市”，之后又认为要“严格控制大城市规模，合理发展中等城市和小城市”；有的阶段则特别强调“小城镇、大战略”，之后又提出要“坚持大中小城市和小城镇协调发展”。方针中多次专门提到“小城镇”，而并没有对小城镇做明确详细的界定和划分。实际上，小城镇涵盖的范围相当大，因此，盲目地贯彻发展小城镇的方针，以至于走“遍地开花”式的无序发展小城镇的路子，不仅不能改变空间失衡发展的状况，甚至会造成资源的极大浪费。所以我们认为，小城镇的发展应该重点落脚在有条件、有潜力的重点城镇，而县城是最符合这个特征的区位选择。县城是县域范围内城镇化和工业化发展的主要空间载体，是推进农村城镇化发展过程中最有条件、最有潜力的区位选择，是实现城乡协调共进的重要战略支点。

对于依托县城发展有重点的农村城镇化，我们认为主要包括了两个方面的含义，一是有重点地建设好以县城为代表的城镇；二是建设好农村，推进农业的现代化。为此，就要做到“放权、善谋、留人、顺应、固基”。

所谓放权，就是要改革县域的管理体制，以“扩权强县”的扁平式改革为契机为县域经济的发展“松绑”。① 一要推进财政体制改革。对于省级以下的行政单位来说，不仅要推动“省直管县”的财政管理体制改革，也要注重“乡财县管”的财政管理方式，进一步完善由上至下的三级财政管理体制，激发县域经济的活力。二要明确权责并调整各级政府的权限。一方面要合理界定政府的权利和责任，处理好政府管理和市场调节的关系，不“越位”。另一方面要调整各级政府之间的权限分配，探索赋予县级更多的经济和社会管理权限。三要根据不同县市

---

① 2009 年 7 月，财政部公布了《关于推进省直接管理县财政改革的意见》，提出 2012 年年底前在我国大部分地区推行省直接管理县财政改革，通过政府间收支划分、转移支付、资金往来、预决算、年终结算等方面的改革，实现省财政与市、县财政直接联系。我们认为，这种“扁平化”的财政体制改革是扩权强县的突破口，是从制度上对县域经济发展资金问题的积极探索，是当前我国县域经济发展的新机遇。辜胜阻、李华：《扩权强县为县域经济发展“松绑”》，《中国经济时报》2009 年 6 月 4 日。

的情况实行分类指导，要具体问题具体分析，不能"一刀切"。

所谓善谋，就是要做好规划，改变当前县城建设规划缺乏统筹、水平不高、深度不够的现状。[①] 尤其要处理好当前经济增长与长远可持续发展的矛盾。为此，一要注重规划的专业性。推行专门的城镇规划委员会制度，实现规划的专业性、稳定性和可操作性。二要注重规划的务实和长远性。要结合地方实际，充分考虑地区经济社会发展的现状及其未来发展的潜力，对土地、空间资源的利用及各种建设活动进行综合部署。对于城镇发展中的资源，特别是不可再生资源进行强制性保护，力求实现可持续发展。三要注重规划的全域性，可以将城镇和农村结合在一起统筹规划以解决面临的问题。当然，这种方法只能适应于经济相对发达的地区。[②]

所谓留人，就是要充分发挥好两类人群在县城及依托县城发展的有重点的农村城镇化进程中的作用。一是返乡创业的农民工群体。经历了城镇化与工业化的洗礼，外出务工的农民工很大一部分已经基本完成了由人力资源向人力资本的转化。更重要的是，他们大部分具有强烈的家乡认同感，愿意在取得一定的物质和精神的积累之后在时机成熟的情况下返乡创业就业。县域经济的发展首先要注重这类人群的巨大能量，积极创造条件引导他们返乡创业就业。为此，政府在创业扶持方面要重点建设创业融资体系、创业服务体系、创业教育和培训体系、创业政策扶持体系以及创业基地和园区等。二是具有创业精神的外来企业和企业家群体。他们的优势不仅表现为其所具有的雄厚的资金实力，更重要的是他们身上所具有的宝贵的企业家精神资源。可以预见，企业家群体的活跃将有利于激发和带动整个区域形成追求自我创业、实现自我发展的欲望，形成尊重和鼓励创业、保护和扶持创业的社会氛围，通过这种文化"根植性"的调整和演化构建县域经济发展的内在驱动力。[③]

所谓顺应，就是根据前文对产业集聚的形成及"第一天性""第二

---

① 国务院发展研究中心课题组：《我国城镇化体制机制问题及若干政策建议》，《改革》2007 年第 11 期。

② 仇保兴：《城乡统筹规划的原则、方法和途径——在城乡统筹规划高层论坛上的讲话》，《城市规划》2005 年第 29 卷第 10 期。

③ 辜胜阻、李华、易善策：《推动县域经济发展的几点新思路》，《经济纵横》2010 年第 2 期。

天性”的研究成果，在顺应地区资源特色及文化特点的基础上引导产业的集中布局。具体来说，就是要全面系统认识县域实际情况，在市场的导向作用下，依托当地资源，选择承接符合地方资源禀赋条件和主体功能定位的产业发展模式，并积极引导产业合理布局，促进产业集聚，从而改变限于产业分布“小而全”而导致的“全而不专、多而不精、竞争力弱”的现象。这里特别需要指出的是，面对当前产业转移的浪潮，需要处理好东西部地区之间的协调和互补。具体来说，对于东部地区，要实行“有所转有所升”的产业转移升级战略，即一方面引导产业关联弱、资源消耗大的劳动密集型产业通过转出以谋求新的发展空间；另一方面也要重视通过流程升级、产品升级及功能升级等形式推进产业升级，从而实现有潜力的劳动密集型企业实现就地转型，获得新发展，避免出现产业空心化现象。对于中西部地区，在承接产业转移中也需要“有所接有所不接”。一方面是要充分利用承接东部地区劳动密集型产业转移的机遇窗口努力成为维系劳动密集型产业比较优势的重点区域；另一方面，也需要将承接与优化以及可持续发展结合起来，有选择、有重点地承接产业转移。在这个过程中，要积极探索区域共赢的利益分享机制，实现更有效的资源整合。

所谓固基，就是要充分认识到依托县城的农村城镇化直接联系农村的特点，巩固农业发展的基本。对于工业化与农业的关系必须有正确的认识。一方面，要认识到随着工业化和城镇化的深入发展，农业占国民生产总值和就业的比重将逐步下降，亦即农业在国民经济中的地位将不可避免地呈相对下降的趋势。另一方面，要认识到尽管农业的相对地位下降，却并不意味着农业基础性地位削弱的事实。工业化和城镇化的顺利推进，乃至整个国民经济的持续稳定增长和发展，都离不开稳固的农业基础，离不开农业的动态调整和适应性发展。① 要推进农业的产业化经营，构建社会化的农业生产服务体系，延伸农业发展的产业链条，使分散的农民与市场紧密结合，解决分散经营的小农与大市场的矛盾，从而实现农产品附加值的提升，进而推动农业现代化的实现。

上述两点简要地描述了二元城镇化发展道路的宏观战略方向，但考虑到战略的具体实施，还需要进一步推进体制机制创新，力图尽可能地

① 张培刚：《农业与工业化》（中下合卷），华中科技大学出版社 2002 年版，第 149 页。

扫清阻碍基于产业空间集聚的城镇化发展的制度障碍。

本书认为，基于空间集聚的城镇化发展的基点是产业的空间集聚，但具体的表现和实现的过程是由产业空间集聚而带动的人流的集中。本书的分析表明，劳动力不能实现区域空间上的自由流动是影响中国城镇化进程中的集聚及空间差距的重要因素。可以说，扫清阻碍劳动力自由流动的体制机制障碍，是集聚经济更好地发挥作用以及城乡空间差距获得改善的重要前提条件。

对于现阶段中国的劳动力流动的实际来看，一方面是接近 2.3 亿的农民工总量中有多达 1.45 亿的外出农民工基本上处于进入城镇但并未获得市民身份的"半城镇化"状态；另一方面是现阶段中国农村还存在总数估计在 0.6 亿到 1 亿的大量需要转移的剩余劳动力[①]，仅"十二五"期间，预计每年需要转移就业的农村剩余劳动力就达到 800 万左右。即，当前中国劳动力转移面临着"存量不优、增量巨大"的现实。未来积极调整优化存量、合理应对增量，应该从以下两个方面入手：

一要通过土地制度的创新使劳动力能够从农村走得出去。要推进农民实现相对彻底的空间转移，一个重要的条件是处理好进城农民与土地的关系。为此，首先，要保证农民工土地承包权益的长期性和稳定性。一方面要搞好确权工作，把耕地承包经营权、宅基地使用权及农村房屋产权证落实到包括农民工在内的所有农户，并把集体资产折为股份量化到具体的个人。另一方面要搞好扩权工作，赋予农民对承包的耕地、自家的宅基地以及量化到个人的集体股权更大的财产处置权。其次，要在确权和扩权的基础上进一步激活农民财产的流动性和灵活性。对于进城农民工，要积极探索农村土地承包经营权的抵押贷款制度，鼓励农村土地股份合作制度等新尝试，同时完善基于市场价格的征地补偿制度，积极推进农地产权的商品化和货币化，从而释放土地的财产功能[②]，建立农民工获得资产收益、带资进城的机制。

二要通过户籍制度创新以及安居工程的建设保证劳动力在城镇能够安得下来。一方面要通过户籍制度创新解决进城劳动力的身份问题。这

---

① "我国农民工工作'十二五'发展规划纲要研究"课题组：《中国农民工供给态势与"十二五"时期走向》，《改革》2010 年第 9 期。

② 辜胜阻、李华：《以"用工荒"为契机推动经济转型升级》，《中国人口科学》2011 年第 4 期。

不仅要求在不同级别的城镇针对不同的农民工群体实行有步骤、有差别的户籍开放政策，更重要的是要积极推进公共服务的均等化改革，尽力保证农民工顺利获得平等的劳动报酬、公平的子女入学机会、合理的社会保障及良好的公共卫生等方面的权利。另一方面就是通过安居工程的建设解决进城劳动力的住房问题。其基本思路就是要建立健全旨在改善农民工居住条件的“以相对低端的市场租赁房为核心，以保障性住房和商品房为补充”的多层次的农民工住房供给体系。[①] 具体来说，就是要构建覆盖农民工“廉租住房、经济适用住房、公共租赁房以及限价安置房”四位一体的住房保障体系，并在进一步规范住房租赁市场的同时通过住房公积金制度、住房补贴制度等制度创新形成比较完善的制度保障机制，最大限度地解决不同收入水平农民工的住房需求。

---

① 辜胜阻、李华、易善策：《城镇化是扩大内需实现经济可持续发展的引擎》，《中国人口科学》2010 年第 3 期；国务院发展研究中心课题组：《中国城镇化：前景、战略与政策》，中国发展出版社 2010 年版，第 334—336 页。

附　　录

附录1　基于空间视角的“D－S模型”中消费者需求函数的确定

可以分两部分推出需求函数。

第一，在忽略 I 为多少的前提条件下分析如何选定一个 $i(x)$ 使消费者获得现代部门制成品组合的成本最低，即

$$\min \int_0^n p^I(x) i(x) dx \tag{1}$$

$$s.t. \ [\int_0^n i(x)^\rho dx]^{1/\rho} = I \tag{2}$$

边际替代率与价格比率相等是解决这里最小化问题的一阶条件①，借此可以求得：

$$i(x) = \{p(x)^{1/(\rho-1)} / [\int_0^n p(x)^{\rho/(\rho-1)} dx]^{1/\rho}\} \cdot I \tag{3}$$

通过式（3）可以进一步推出现代工业部门制成品的集合 I 的表达式。即：

$$\int_0^n p^I(x) \cdot i(x) dx = [\int_0^n p(x)^{\rho/(\rho-1)} dx]^{\rho-1/\rho} \cdot I \tag{4}$$

式（4）左边是现代工业部门制成品集合中第 $x \in (0, n)$ 种产品的支出的定积分，可将其视为消费者对现代工业部门制成品集合的总支

---

① 设定 I 为现代部门制成品的数量指数，可得 $i(x)$，$i(y)$（$x \neq y \in (0, n)$）的一阶条件为：$\lambda [\int_0^n i(x)^\rho dx]^{\frac{1-\rho}{\rho}} i(x)^{\rho-1} = \rho^I(x)$；$\lambda [\int_0^n i(y)^\rho dx]^{\frac{1-\rho}{\rho}} i(y)^{\rho-1} = \rho^I(y)$。$\lambda$ 为拉格朗日乘数。所以可得：$\frac{i(x)^{\rho-1}}{i(y)^{\rho-1}} = \frac{p^I(x)}{p^I(y)}$。

出。而等号右边的式是现代工业部门制成品数量组合和另一表达式的乘积。根据等式两边合乎逻辑的推理，可将这个表达式定义为价格指数 G，即：

$$G = [\int_0^n p(x)^{\rho/(\rho-1)} dx]^{(\rho-1)/\rho} \tag{5}$$

在对现代工业部门制成品作出选择之后，下面就顺理成章地进入第二步的分析，即消费者面临如何在传统农业部门的产品和现代工业部门制成品之间进行权衡分配的问题，即：

$\max U$

$s.t.\ GI + p^A A = Y$

很容易求得：

对于传统农业部门的产品，有：

$$A = (1-\mu) Y/p^A; \tag{6}$$

对于现代工业部门制成品，有：

$$i(x) = \mu Y p^I(x)^{1/\rho-1} / G^{-\rho/(1-\rho)} \tag{7}$$

在保持 G 为常数的前提下，我们可以求的每种可得的现代工业部门制成品的价格需求弹性为 $1/1-\rho$（回顾上文对 $1/1-\rho \equiv \theta$ 的设定），所以我们可以进一步将 $i(x)$ 写成 $i(x) = \mu Y p^I(x)^{-\theta} / G^{-(\theta-1)}$。

于是，消费者的效用函数可以进一步表达为：

$U = \mu^{\mu}(1-\mu)^{1-\mu} Y G^{-\mu} (p^A)^{-(1-\mu)}$，其中表达式 $G^{-\mu}(p^A)^{-(1-\mu)}$ 为模型中经济体的生活费用指数（cost - of - living - index）。

事实上，D - S 模型的惊艳之处更在于其设定了现代工业制成品的种类 n 为内生变量，也就意味着 n 的变化对消费者有影响。为了弄清这种影响的机制，可以将现代工业部门制成品的价格抽象为 p^I，于是上面得出的价格指数表达式（5）可以改写为：

$$G = [\int_0^n p(x)^{\rho/(\rho-1)} dx]^{\rho-1/\rho} = np^{(\rho-1)/\rho} = np^{\frac{1}{1-\frac{1}{1-\rho}}} = np^{\frac{1}{1-\theta}} \tag{8}$$

通过式（8）推知，$\theta \uparrow \Rightarrow G \uparrow$。即，现代工业部门制成品之间的替代弹性 θ 越低，表明产品之间的差异程度越高，产品种类 n 增加引起的价格指数下降的幅度就越大，消费者的效用水平也就越高。这实际上也验证了上文的注释部分对 CES 函数又称为“偏爱多样化”函数的缘由。

下面，我们进一步探讨存在多个地区及运输成本存在条件下的情形。在冰山运输技术条件下，用 $p_{l_1}^I$ 和 $p_{l_1l_2}^I$ 分别表示现代工业部门制成品在生产地的离岸价格（F. O. B）和在销售地的到岸价格（G. I. F）的关系为：

$$p_{l_1l_2}^I = p_{l_1}^I T_{l_1l_2}^I$$

显然，由于运输成本的存在，各个区位现代工业部门制成品的价格指数应该会有所变化，设定区位 l_2 处的价格指数为 G_{l_2}。因此，在存在 L（$l_1 \in (0, L]$）个独立区位，且区位 l_1 处存在 n_{l_1} 种产品的假设条件下，我们可以根据上文得到的价格指数的表达式得出区位 l_2 处的价格指数为 G_{l_2}：

$$G_{l_2} = \left[\sum_{l_1=1}^{L} n_{l_1}(p_{l_1}^I T_{l_1l_2}^I)^{1-\theta}\right]^{1/(1-\theta)} \tag{9}$$

同时，可以得到的是，区位 l_2 对区位 l_1 地区产品的消费需求为：

$$\mu Y_{l_2}(p_{l_1}^I T_{l_1l_2}^I)^{-\theta} G_{l_2}^{(\theta-1)} \tag{10}$$

于是，可得 l_1 处生产的产品在各地总的销售量为：

$$i_{l_1}^I = \mu\sum_{l_2=1}^{L} Y_{l_2}(p_{l_1}^I T_{l_1l_2}^I)^{-\theta} G_{l_2}^{(\theta-1)} T_{l_1l_2}^I = \mu\sum_{l_2=1}^{L} Y_{l_2}(p_{l_1}^I)^{-\theta}(T_{l_1l_2}^I)^{1-\theta} G_{l_2}^{(\theta-1)} \tag{11}$$

附录 2　基于空间视角的"D－S 模型"中工资方程式的确定

现代工业部门制成品的需求表达式可以简化为：

$$i(x) = Kp^I(x)^{-\theta} \tag{12}$$

以此为条件，建立基于拉格朗日函数的利润函数，得到：

$$Q = p_l^I i_l - \omega_l^I(F + ci_l) + \lambda[i - K(p_l^I)^{-\theta}] \tag{13}$$

分别对 i_l 和 p_l^I 求导，即：

$$\frac{\mathrm{d}Q}{\mathrm{d}p_l^I} = i_l - K\lambda\theta(p_l^I)^{-(\theta+1)} = 0 \tag{14}$$

$$\frac{\mathrm{d}Q}{\mathrm{d}i_l} = p_l^I - c\omega_l^I - \lambda = 0 \tag{15}$$

利润最大化的条件可以表示为：

$p_l^I(1-1/\theta)=c\omega_l^I$ 或 $p_l^I=c\omega_l^I/(1-1/\theta)$①或 $p_l^I=c\omega_l^I/\rho$

于是得到：

$$\pi_l^I=\omega_l^I\left[\frac{ci_l}{\theta-1}-F\right] \tag{16}$$

即，进退自由的经济背景下，零利润条件时的均衡产出为：

$$i^*=F(\theta-1)/c \tag{17}$$

相应的均衡劳动力投入为：

$$i^*=F+ci=F+cF(\theta-1)/c=F\theta \text{②} \tag{18}$$

回顾上文，我们知道，如果产量满足下列表达式③，即：

$$i^*=\mu\sum_{l_2=1}^{L}Y_{l_2}(p_{l1}^I)^{-\theta}(T_{l_1l_2}^I)^{1-\theta}G_{l_2}^{(\theta-1)} \tag{19}$$

进一步由上文讨论的零利润条件时价格与工资的关系 $p_l^I=c\omega_l^I/(1-1/\theta)$，可得到工资方程式④：

$$\omega_{l_1}^I=\left(\frac{\theta-1}{\theta c}\right)\left[\mu\sum_{l_2=1}^{L}Y_{l_2}(T_{l_1l_2}^I)^{1-\theta}G_{l_2}^{(\theta-1)}\frac{1}{i^*}\right]^{1/\theta} \tag{20}$$

---

① 由此可推知，现代工业部门制成品的单位价格中可变成本 $c\omega_l^I$ 所占的份额为（$1-1/\theta$）。克鲁格曼对这一点的处理所得出的结论类似于自有资本模型（F－C 模型）在处理过程中所得的结论。关于 F－C 模型可见：Martin，P. and C. A. Rogers，"Industrial Location and Public Infrastructure"，*Journal of International Economics*，1995，39，pp. 335－351。这个模型实际上也是对 D－S 模型的修正，其价值在于处理区域市场规模和非对称的交易成本等外生的非对称问题。

② 值得注意的是，此时得到的自由厂商的均衡价格和劳动投入皆为常数，因此我们可以进一步得到地区 l_1 处现代工业部门工人数量、产品种类数之间的关系，即：$n_{l_1}=L_{l_1}^I/l^*=L_{l_1}^I/F\theta$。这在后文的若干标准化处理中会用到。

③ 即为上文讨论消费者行为时，运输成本存在情况下生产的产品在各地总的销售量（需求函数）。显然，这使厂商零利润的条件得到满足。

④ 可见，如果能够获知各个地区的收入水平、价格指数及运输成本，就可以得到各地区现代工业部门厂商收支相抵（零利润）情况下的工资方程。而且，由消费者行为部分得到的关于生活费用指数的表达式 $G^{-\mu}$（p^A）$^{-(1-\mu)}$，可以得到名义工资水平 $\omega_{l_1}^I$ 与实际工资水平 $\varpi_{l_1}^I$ 的关系为：$\varpi_{l_1}^I=\omega_{l_1}^I G_{l_1}^{-\mu}(p_{l_1}{}^A)^{-(1-\mu)}$。

附录3　城镇形成的杜能模型中农民的工资水平

对于农民实际工资水平：

文中得出的在农业边界处农民的实际工资水平为：

$$\varpi^{A}(l_b)=\omega^{A}(l_b)\{[G(l_b)]^{\mu}[p^{A}(l_b)]^{1-\mu}\}^{-1} \tag{21}$$

值得注意的是，如果以城镇制造业的产品价格作为价值的度量单位，则根据区位处的产品到岸价格等额于工资水平，就有：$p^{l}(0)=\omega^{I}(0)=1$。又由于制造业只集中在城镇，因此价格指数 $G(l)$ 就可以表示为：

$$G(l)=(1/\rho)(L^{I}/\mu)^{1/(1-\theta)}\exp(T^{I}|L_1-L_2|)=(1/\rho)[(L-2l_bc^{A})/\mu]^{1/(1-\theta)}\exp(T^{I}l) \tag{22}$$

其中，$1/\rho$ 表示为差异产品的需求弹性，μ 为对现代制造业部门的支出份额，θ 为任何两种工业产品之间的替代弹性。表达式也表现出了正运输成本条件下离城镇现代制造业中心越远价格指数越高的规律。

综上可得农民的实际工资表达式如下：

$$\varpi^{A}(l_b)=\omega^{A}(l_b)\frac{1}{[G(l_b)]^{\mu}[p^{A}(l_b)]^{1-\mu}}=[G(l_b)]^{-\mu}(c^{A})^{-1}[p^{A}(0)]^{\mu}\exp(-\mu(T^{A}+T^{I})l_b) \tag{23}$$

参考文献

“工业化与城市化协调发展研究”课题组（郭克莎执笔）：《工业化与城市化关系的经济学分析》，《中国社会科学》2002年第2期。

国家计划委员会对外经济贸易司、对外经济贸易部技术进出口司、机械电子工业部技术引进信息交流中心：《中华人民共和国技术引进四十年资料汇编：1950—1990》，文汇出版社1992年版。

国家统计局：《中国统计摘要（2019）》，中国统计出版社2019年版。

国家统计局：《2019中国统计年鉴》，中国统计出版社2019年版。

国家统计局城市经济社会调查总队：《新中国城市50年》，新华出版社1999年版。

国家统计局城市社会经济调查司：《中国城市统计年鉴》，中国统计出版社1996年、2002年、2011年、2019年版。

国家统计局城市社会经济调查司：《中国城市统计年鉴》，中国统计出版社2010年版。

国家统计局科研所：《中国全面建设小康社会进程统计监测报告（2011）》，中国国家统计局网站，2011年12月19日。

国家统计局农村司：《2019年农民工监测调查报告》，国家统计局网站，2020年4月19日。

国家统计局人口和就业统计司：《中国人口和就业统计年鉴2010》，中国统计出版社2010年版。

国家统计局住户调查办公室：《新生代农民工的数量、结构和特点》，国家统计局网站，2011年3月11日。

国务院发展研究中心课题组：《我国城镇化体制机制问题及若干政策建议》，《改革》2007年第11期。

国务院发展研究中心课题组：《中国城镇化：前景、战略与政策》，中国发展出版社2010年版。

"我国农民工工作'十二五'发展规划纲要研究"课题组：《中国农民工供给态势与"十二五"时期走向》，《改革》2010 年第 9 期。

"新生代农民工基本情况研究"课题组：《直面新生代农民工》，《调研世界》2011 年第 3 期。

中国科学院国情分析研究小组：《城市与乡村——中国城乡矛盾与协调发展研究》，科学出版社 1996 年版。

中国农民工战略问题研究课题组：《中国农民工问题调查》，《中国经济报告》2009 年第 3 期。

中华人民共和国国家发展和改革委员会：《去年中国人均 GDP 超 4000 美元》，人民网，2011 年 3 月 6 日。

住房和城乡建设部计划财务与外事司：《中国城市建设统计年鉴 2008》，中国计划出版社 2009 年版。

安虎森：《空间经济学原理》，经济科学出版社 2005 年版。

白天亮：《农民工收入五年增一倍》，《人民日报》2011 年 2 月 14 日。

薄一波：《若干重大决策与事件回顾（上）》，中共中央党校出版社 1991 年版。

蔡昉：《"民工荒"现象：成因及政策涵义分析》，《开放导报》2010 年 4 月第 2 期。

蔡云辉：《城乡关系与近代中国的城市化问题》，《西南师范大学学报》（人文社会科学版）2003 年第 5 期。

曹力维、陈敬东：《西部二元经济结构的特点及其转换措施》，《改革与开放》2005 年第 10 期。

陈明辉、乔纪纲：《基于 GIS 和面板数据的城镇集聚能力极化现象研究》，《地理与地理信息科学》2011 年第 27 卷第 4 期。

陈滢：《城镇化与产业集群的互动关系分析》，《经济纵横》2007 年第 5 期。

陈宗生、周云波：《再论改革与发展中的收入差距——中国发生两极分化了吗?》，经济科学出版社 2002 年版。

陈彦光、周一星：《城市化 Logistic 过程的阶段划分及其空间解释——对 Northam 曲线的修正与发展》，《经济地理》2005 年第 25 卷第 6 期。

程刚、何磊、董伟：《珠三角农民工生存状况调查》，《中国青年报》2004 年 12 月 31 日。

程开明：《从城市偏向到城乡统筹——城乡关系演进特征研究》，浙江工商大学出版社 2010 年版。

成德宁：《城市化与经济发展》，科学出版社 2004 年版。

成金华、陈军：《中国城市化进程中的能源消费区域差异——基于面板数据的实证研究》，《经济评论》2009 年第 3 期。

董春、王桂新、宋全红、胡晶：《中国地级及以上城市综合竞争力空间分布模式》，《辽宁工程技术大学学报》（自然科学版）2009 年第 28 卷第 3 期。

仇保兴：《新型工业化、城镇化与企业集群》，《现代城市研究》，2004 年第 1 期。

董辅礽：《中华人民共和国经济史》，经济科学出版社 1999 年版。

杜一宁：《新区域资源发展规划管理——应对经济一体化与区域发展战略整合与创新管理模式典范》（第一卷），中国城市出版社 2005 年版。

范恒山、陶良虎：《中国城市化进程》，人民出版社 2009 年版。

范剑勇：《市场一体化、地区专业化与产业集聚趋势——兼谈对地区差距的影响》，《中国社会科学》2004 年第 6 期。

范剑勇：《城市化推进速度的地区差异：基于产业集聚视角的分析》，《江海学刊》2008 年第 2 期。

冯云廷：《城市集聚经济》，东北财经大学出版社 2001 年版。

盖志凯、吴江：《新中国工业的奠基石——156 项建设研究》，广东经济出版社 2004 年版。

辜胜阻：《非农化与城镇化研究》，浙江人民出版社 1991 年版。

辜胜阻、简新华：《当代中国人口流动与城镇化》，武汉大学出版社 1994 年版。

辜胜阻：《解决我国农村剩余劳动力问题的思路》，《中国社会科学》1994 年第 5 期。

辜胜阻：《中国二元城镇化战略构想》，《中国软科学》1995 年第 6 期。

辜胜阻、李正友：《中国自下而上城镇化的制度分析》，《中国社会科学》1998 年第 2 期。

辜胜阻、成德宁：《户籍制度改革与人口城镇化》，《经济经纬》1998 年第 1 期。

辜胜阻、成德宁：《农村城镇化的战略意义与战略选择》，《中国人口科学》1999 年第 3 期。

辜胜阻、刘传江：《人口流动与农村城镇化战略管理》，华中科技大学出版社 2000 年版。

辜胜阻、易善策、李华：《城市群的城镇化体系和工业化进程》，《中国人口科学》2007 年第 4 期。

辜胜阻、易善策、李华：《中国特色城镇化道路研究》，《中国人口·资源与环境》2009 年第 1 期。

辜胜阻、李华、易善策：《城镇化是扩大内需实现经济可持续发展的引擎》，《中国人口科学》2010 年第 3 期。

辜胜阻、李华、易善策：《大都市与中小城市协调共进的均衡城镇化研究》，《人口研究》2010 年第 5 期。

辜胜阻、李华、易善策：《推动县域经济发展的几点新思路》，《经济纵横》2010 年第 2 期。

辜胜阻、李华：《扩权强县为县域经济发展“松绑”》，《中国经济时报》2009 年 6 月 4 日。

辜胜阻、李华：《以“用工荒”为契机推动经济转型升级》，《中国人口科学》2011 年第 4 期。

谷振华：《对“三线”建设的历史分析》，《军事经济研究》2006 年第 6 期。

顾朝林：《中国城镇体系——历史、现状、展望》，商务印书馆 1996 年版。

关信平：《小城镇发展模式与城乡协调发展：中国城镇化模式的再思考》，《中国城市评论》（第二辑），南京大学出版社 2006 年版。

郭熙保：《农业发展论》，武汉大学出版社 1997 年版。

郭熙保：《经济发展——理论与实践》，中国社会科学出版社，2000 年。

何雄浪、李国平：《运输成本、交易成本与交易效率——新古典经济学分析框架的矫正》，《学习月刊》2007 年第 4 期。

何一民、周明长：《156 项工程与新中国工业城市发展（1949—1957 年）》，《当代中国史研究》2007 年第 14 卷第 2 期。

胡顺廷等：《中国城镇化发展战略》，中央党校出版社 2006 年版。

黄荣华：《试论 1964—1978 年的“三线”建设》，研究生硕士学位论文河南大学，2001 年。

吉昱华、蔡跃洲、杨克泉：《中国城市集聚效益实证分析》，《管理世界》2004 年第 3 期。

简新华、黄锟：《中国城镇化水平和速度的实证分析与前景预测》，《经济研究》2010 年第 3 期。

金煜、陆铭、陈钊：《中国的地区工业集聚：经济地理、新经济地理与经济政策》，《经济研究》2006 年第 4 期。

李百浩、彭秀涛、黄立：《中国现代新兴工业城市规划的历史研究——以苏联援助的 156 项重点工程为中心》，《城市规划学刊》2006 年第 4 期。

李金滟、宋德勇：《专业化、多样化与城市集聚经济——基于中国地理单位面板数据的实证研究》，《管理世界》2008 年第 2 期。

李金滟、宋德勇：《新经济地理视角中的城市集聚理论述评》，《经济学动态》2008 年第 11 期。

李实：《中国个人收入分配研究回顾与展望》，《经济学季刊》2003 年第 2 期。

李通平、成金华：《城市化驱动投资与消费效应研究》，《中国人口科学》2005 年第 5 期。

李小建：《经济地理学》，高等教育出版社 2007 年版。

梁琦、刘厚俊：《空间经济学的渊源与发展》，《江苏社会科学》2002 年第 6 期。

梁琦：《产业集聚论》，商务印书馆 2004 年版。

梁琦：《空间经济学：过去、现在与未来》，《经济学季刊》2005 年第 4 卷第 4 期。

林竞君：《网络、社会资本与集群生命周期研究——一个新经济社会学的视野》，上海人民出版社 2005 年版。

刘传江、程建林：《第二代农民工市民化：现状分析与进程测度》，《人口研究》2008 年第 5 期。

刘俊杰：《全球产业空间整合新态势——扩散与集聚》，《开发研究》2005 年第 2 期。

刘启明：《城市化的空间过程、动力机制及调控方略》，《人口与经济》，1990 年第 2 期。

刘湘辉、孙艳华：《集聚效应：中小企业集群与城镇化耦合发展的机理分析》，《甘肃社会科学》2010 年第 2 期。

刘修岩：《集聚经济、公共基础设施与劳动生产率——来自中国城市动态面板数据的证据》，《财经研究》2010 年第 36 卷第 5 期。

刘再兴：《中国工业布局学》，中国人民大学出版社 1981 年版。

刘铮：《产业集聚与大城市郊区城镇化——以上海为例》，《税务与经济》2011 年第 1 期。

刘振华：《建国初“156 项”工程项目的确立》，《中国档案》2009 年第 1 期。

龙文军：《城乡一体化的国内实践和经验》，《调研世界》2006 年第 10 期。

马春辉：《产业集群的发展与城市化——以长江、珠江三角洲为例》，《经济问题》2004 年第 3 期。

毛泽东：《毛泽东选集（第 5 卷）》，人民出版社 1977 年版。

缪军：《中国城市化的约束》，《城市规划》2004 年第 27 卷第 7 期。

牛文元：《中国新型城市化报告（2009）》，科学出版社 2009 年版。

齐柳明：《中国城镇化水平和质量亟待提高》，光明网，2012 年 3 月 29 日。

仇保兴：《城乡统筹规划的原则、方法和途径——在城乡统筹规划高层论坛上的讲话》，《城市规划》2005 年第 29 卷第 10 期。

仇保兴：《我国城镇化中后期的若干挑战与机遇——城市规划变革的新动向》，《城市规划》2010 年第 34 卷第 1 期。

戚本超、景体华：《中国区域经济发展报告（2008—2009）》，社会科学文献出版社 2009 年版。

全国总工会新生代农民工问题课题组：《全国总工会关于新生代农民工问题研究报告》，《工人日报》2010 年 6 月 21 日。

饶会林：《区域发展差距走势的理论与方法分析——对倒 U 字形观点的评价与发展》，《青岛科技大学学报》（社会科学版）2005 年第 21 卷第 1 期。

任美锷：《经济地理学的理论与应用》，《中山文化季刊》1943 年第 1 卷第 1 期。

沙安文、沈春丽、邹恒甫：《中国地区差异的经济分析》，人民出版社

2006 年版。
宋凤英:《奠定中国工业化基础的“156 项工程”揭秘》,《党史博采》2009 年第 12 期。
斯蒂格利茨:《中国第二步改革战略》,《人民日报》1998 年 11 月 13 日。
盛广耀:《城市化模式及其转变研究》,中国社会科学出版社 2008 年版。
苏雪串:《城市化进程中的要素集聚、产业集群和城市群发展》,《中央财经大学学报》2004 年第 1 期。
孙东升:《我国经济建设战略布局的大转变——三线建设决策形成述略》,《党的文献》1995 年第 3 期。
谭崇台:《西方经济发展思想史》,武汉大学出版社 1993 年版。
谭崇台:《发展经济学》,山西经济出版社 2000 年版。
谭崇台:《发展经济学的新发展》,武汉大学出版社 2000 年版。
汤有伦:《1992:新的起点新的思路——从南巡讲话到中共十四大》,中国大百科全书出版社 1992 年版。
涂妍、陈文福:《古典区位论到新古典区位论:一个综述》,《河南师范大学学报》(社会科学版)2003 年第 30 卷第 5 期。
汪海粟等:《城市基础设施建设资金管理模式创新研究:以济南市为例》,《财政研究》2008 年第 9 期。
王桂新:《我国大城市病及大城市人口规模控制的治本之道——兼谈北京市的人口规模控制》,《探索与争鸣》2011 年第 7 期。
王华、陈烈:《西方城乡发展理论研究进展》,《经济地理》2006 年 5 月第 26 卷第 3 期。
王雷:《产业集群的城镇化发展模式及优化路径》,《重庆邮电学院学报》(社会科学版)2006 年第 5 期。
王绍光、胡鞍钢:《中国:不平衡发展的政治经济学》,中国计划出版社 1999 年版。
王小鲁、夏小林:《优化城市规模推动经济增长》,《经济研究》1999 年第 9 期。
王小鲁:《中国城市化路径与城市规模的经济学分析》,《经济研究》2010 年第 10 期。

温家宝：《政府工作报告——2012年3月5日在第十一届全国人民代表大会第五次会议上》，新华网，2012年3月15日。

王宗萍、段成荣：《第二代农民工特征分析》，《人口研究》2010年第2期。

王祖祥：《微观经济分析》，武汉大学出版社2001年版。

王业强、魏后凯：《产业特征、空间竞争与制造业地理集中》，《管理世界》2007年第4期。

萧琛、胡翠、石艾：《"民工荒"的原因、应对与劳工市场制度变革前景》，《社会科学战线》2010年第11期。

翁瑾、刘明宇：《经济学关于空间结构研究的综述》，《当代财经》2006年第6期。

魏后凯等：《中国区域经济的微观透视——企业迁移的视角》，经济管理出版社2010年版。

魏后凯：《区位决策》，广东经济出版社1998年版。

谢文惠、邓卫：《城市经济学》（第二版），清华大学出版社2008年版。

谢作诗、李善杰、李平：《关于马歇尔"剪刀模型"的理论再思考》，《经济前沿》2009年第6期。

徐学强：《城市化空间过程与空间组织和空间结合》，《城市问题》1986年第3期。

徐强：《产业集聚因何而生——中国产业集聚形成机理与发展对策研究》，浙江大学出版社2004年版。

徐维祥、唐根年、陈秀君：《产业集群与工业化、城镇化互动发展模式研究》，《经济地理》2005年第25卷第6期。

严立冬、岳德军、孟慧君：《城市化进程中的水生态安全问题探讨》，《中国地质大学学报》（社会科学版）2007年第7卷第1期。

杨小凯：《发展经济学：超边际与边际分析》，社会科学文献出版社2003年版。

杨艳琳、李魁、刘淑春：《基于产业集聚的我国农村城镇化研究》，《广西社会科学》2006年第8期。

叶舜赞：《城市化与城市体系》，科学出版社1994年版。

易善策：《产业结构演进与城镇化互动发展研究》，研究生博士学位论文，武汉大学，2011年。

张培刚:《农业与工业化》，华中工学院出版社 1984 年版。

张培刚:《新发展经济学》(第 2 版)，河南人民出版社 1999 年版。

张培刚:《农业与工业化》（中下合卷)，华中科技大学出版社 2002 年版。

赵德馨:《中国近现代经济史》（1949—1991)，河南人民出版社 2003 年版。

赵红军、尹伯成:《城市经济学的理论演进与新发展》，《社会科学》2007 年第 11 期。

赵坚:《引入空间维度的经济学分析》，《中国工业经济》2007 年第 7 期。

周天勇:《高级发展经济学》，中国人民大学出版社 2006 年版。

周一星:《城市地理学》，商务印书馆 1995 年版。

钟水映、李晶、刘孟芳:《产业结构与城市化：美国的“去工业化”和“再城市化”现象及其启示》，《人口与经济》2003 年第 2 期。

朱农:《中国劳动力流动与“三农”问题》，武汉大学出版社 2005 年版。

[澳] 约翰·金:《尼古拉斯·卡尔多》，贾晓屹、张军译，华夏出版社 2010 年版。

[比] 亨利·皮雷纳:《中世纪的城市》，商务印书馆 2009 年版。

[德] 阿尔弗雷德·韦伯:《工业区位论》，李刚剑、陈志人、张英保译，商务印书馆 2010 年版。

[德] 奥古斯特·勒施:《经济空间秩序》，王守礼译，商务印书馆 2010 年版。

[德] 沃尔特·克里斯塔勒:《德国南部中心地原理》，常正文等译，商务印书馆 2010 年版。

[德] 约翰·冯·杜能:《孤立国同农业和国民经济的关系》，吴衡康译，商务印书馆 2010 年版。

[法] 傅里叶:《傅里叶选集》(第一卷)，赵俊欣译，商务印书馆 1979 年版。

[法] 莱昂·瓦尔拉斯:《纯粹经济学要义》，蔡受百译，商务印书馆 1990 年版。

[法] 理查德·坎蒂隆:《商业性质概论》，余永定、徐寿冠译，商务印

书馆 1997 年版。

［法］佩鲁：《略论增长极概念》，《应用经济学》1955 年第 1 – 2 期。中译文见《经济学译丛》，商务印书馆 1988 年版。

［法］皮埃尔 – 菲利普斯・库姆斯、蒂里・迈耶、雅克 – 弗朗索瓦・蒂斯：《经济地理学——区域和国家一体化》，安虎森等译，中国人民大学出版社 2011 年版。

［法］圣西门：《圣西门选集》（第三卷），董果良、赵鸣远译，商务印书馆 1979 年版。

［古希腊］柏拉图：《理想国》，张子菁译，光明日报出版社 2006 年版。

［古希腊］色诺芬：《经济论》，张伯健等译，商务印书馆 2009 年版。

［古希腊］色诺芬：《居鲁士的教育》，沈默译，华夏出版社 2007 年版。

［古希腊］色诺芬：《雅典的收入》，张伯健等译，商务印书馆 2009 年版。

［美］埃德加・M. 胡佛、杰莱塔尼：《区域经济学导论》，郭万清等译，上海远东出版社 1992 年版。

［美］保罗・A. 萨缪尔森：《经济分析基础》，何耀等译，东北财经大学出版社 2006 年版。

［美］保罗・克鲁格曼：《地理和贸易》，张兆杰译，北京大学出版社 2000 年版。

［美］哈尔・A. 范里安：《微观经济学：现代观点》，费方域等译，上海人民出版社 2006 年版。

［美］霍利斯・钱纳里、［以］莫伊思・赛尔昆：《发展的型式：1950—1970》，李新华等译，经济科学出版社 1988 年版。

［美］简・雅各布斯：《城市经济》，项婷婷译，中信出版社 2007 年版。

［美］库兹涅茨：《现代经济增长：速度、结构与扩展》，戴睿等译，北京经济学院出版社 1991 年版。

［美］刘易斯・芒福德：《城市发展史：起源，演变与前景》，倪文彦等译，中国建筑工业出版社 2008 年版。

［美］迈克尔・P. 托达罗：《经济发展与第三世界》，印金强等译，中国经济出版社 1992 年版。

［美］迈克尔・波特：《竞争论》，高登第等译，中信出版社 2003 年版。

［美］乔尔・科特金：《全球城市史》，王旭等译，社会科学文献出版社

2010 年版。

［美］威廉·阿瑟·刘易斯：《二元经济论》，施炜等译，北京经济学院出版社 1989 年版。

［美］沃尔特·艾萨德：《区位与空间经济》，杨开忠等译，北京大学出版社 2011 年版。

［美］西奥多·W. 舒尔茨：《人力资本投资——教育和研究的作用》，蒋斌、张蘅译，商务印书馆 1990 年版。

［美］约瑟夫·熊彼特：《经济分析史》（第一、二、三卷），朱泱等译，商务印书馆 2005 年版。

［日］藤田昌久、［比］雅克·弗朗科斯·蒂斯：《集聚经济学》，刘峰等译，西南财经大学出版社 2004 年版。

［瑞典］冈纳·缪尔达尔：《世界贫困的挑战——世界反贫困大纲》，顾朝阳等译，北京经济学院出版社 1991 年版。

［英］阿弗里德·马歇尔：《经济学原理》，廉运杰译，华夏出版社 2005 年版。

［英］埃比尼泽·霍华德：《明日的田园城市》，金经元译，商务印书馆 2000 年版。

［英］大卫·李嘉图：《赋税原理》，王文新等译，人民日报出版社 2009 年版。

［英］欧文：《欧文选集》（第二卷），柯象峰等译，商务印书馆 1997 年版。

［英］斯蒂芬·马丁：《高级产业经济学》，史东辉译，上海财经大学出版社 2003 年版。

［英］希克斯：《价值与资本》，薛番康译，商务印书馆 1982 年版。

［英］亚当·斯密：《国富论》，杨敬年译，陕西人民出版社 2004 年版。

［英］约翰·伊特韦尔、默里·米尔盖特、彼得·纽曼编：《新帕尔格雷夫经济学大辞典》（第三卷），陈岱孙主编译，经济科学出版社 1996 年版。

A. K. Dixit, J. E. Stiglitz, "Monopolistic Competition and Optimum Product Diversity", *American Economic Review*, No. 67, June 1977, pp. 297 – 308.

Alexander Melamid, *Geographical Reviews.* Vol. 57, No. 4, Oct 1967, pp. 574 – 576.

Auu. Chun – Chung, J. Vernon Henderson, " Are Chinese Cities Too Small?" *Review of Economic Studies*, No. 73 (3), 2006, pp. 549 – 576.

B. Gordon, *Economic Analysis before Adam Smith*, London: Macmillan, 1975.

Barthwal, *R. R. Industrial Economics: An Introductory Text Book*, New Delhi: Wiley Eastern Ltd, . 1992, pp. 486 – 487.

Bertil Ohlin, *Interregional and International Trade . Cambridge*, MA: Harvard University Press, 1933.

Carla M. Wartenberg, *Von Thunen's Isolated State: An English Edition of Der Isolierte Staat*, Pergamon Press, 1966, pp. 286 – 287.

Claude S. Fischer, *To Dwell Among Friend*, University of Chicago Press, 1982, pp. 2 – 3.

Cournot, Austin, *Researches into the Mathematical Principles of the Theory of Wealth*, English translation by Nathaniel T. Bacon, The Macmillan Campany, 1897, pp. 79 – 80.

Charles Tilly, *An Urban World. Boston*, *Little* Brown and Company Inc, 1974.

D. North, *Institutions*, *Institutional Change and Economic Performance*, Cambridge University Press, 1990, pp. 21 – 32.

D. Puga, A. Venables, "The Spread of Industry: Spatial Agglomeration in Economic Development, CENTRE for ECONOMIC PERFORMANCE", *Discussion Paper NO.* 279.

D. W. Jorgenson, " Surplus Agricultural Labour and the Development of a Dual Economy", *Oxford Economic Papers*, March, 1967.

D. W. Jorgenson, "The Development of Dual Economy", *Economic Journal* 71 (June), 1961, pp. 309 – 334.

D. S. Landes, *The Wealth and Poverty of Nations.* Abacus, 1998, pp. 4 – 5.

D. Starrett, " Principles of Optimal Location in a Large Homogeneous Area 1974", in Jacques – Francois Thisse, Kenneth J. Button, Peter Nijkamp (ed.), *Location Theory*, Cheltenham: Brookfield, 1996, pp. 110 - 140.

D. Starrett, " Market Allocations of Location Choice in a Model with Free Mobility, 1978", in Jacques - Francois Thisse, Kenneth J. Button, Peter Nijkamp, *Location Theory*, Cheltenham: Brookfield, 1996, pp. 141 - 157.

Dennis A. Rondinelli, "Asian urban development policies in the 1990s: from growth control to urban diffusion", In World Development, *Development Planning Unit Peri - urban Interface Project*, No. 19 (7), 1991, p. 42.

Dennis A Rondinelli, "Secondary Cities in Developing Countries: Policies for Diffusing Urbanization", Beverly Hills: Sage Publications, 1983.

Duncan, W. R. Scott, S. Lieberson, B. Duncan, H. H. Winsbo - rough, *Metropolis and Region*, Johns Hopkins University Press, 1960.

E. H. Chamberlin, *The Theory of Monopolistic Competition*, Harvard University Press, 1933.

E. S. Mills, *Studies In The Structure of The Urban Economy*, Johns Hopkins University Press, 1972, p. 4.

F. A. Fetter, "The Economic Law of Market Areas", *Quarterly Journal of Economics*, Vol. XXXVIII, May 1924, p. 525.

F. A. Hayek, " Economics and Knowledge", *Economica*, No. Vol (4), 1936, pp. 53 - 56.

F. A. Hayek, "The use of Knowledge in Society", *American Economic Review*, No. Vol35 (4), 1945, pp. 519 - 530.

F. Brauldel, *Civilization and Capitalism 15th - 18th Century: The Perspective of the World*, Harper Collins, 1979, p. 39.

Francois Perroux, *A New Concept of Development*, London: Croom Helm, 1983.

Friedmann, "J. From Social to Political Power: Collective Self - Empowerment and Social Change", Ifda Dosier, 1989, pp. 3 - 14.

Friedmann, J., Douglass, M., " Agropolitan development—towards a new strategy for regional planningin Asia", in Lo, F., Salih, K., *Growth Pole Strategy and Regional Development Policy*, Oxford, Pergamon Press,

1978.

Fujita, Masahisa, "Globalization, Regional Integration, and Spatial Economics: An Introduction". in Masahisa Fujita (ed.), *Regional Integration in East Asia: From the Viewpoint of Spatial Economics*, Palgrave Macmillan, Chapter 1, 2007.

G. Rains, J. C. Fei, "A Theory of Economic Development", *The American Economic Review*, No. 51, September 1961, pp. 533 – 565.

G. I. P. Ottaviano, "Monopolistic Competition, Trade and Endogenous Spatial Fluctuations", *Regional Science & Urban Economics*, No. 31, 2001, pp. 51 – 77.

G. S. Goldstein, T. J. Gronberg, "Economies of Scope and Economies of Agglomeration", *Journal of Urban Economics*, No. 16 (1), 1984, pp. 90 – 104.

Gill, Indermit Singh and Homi Kharas, *An East Asian Renaissance: Ideas for Economic Growth*, The International Bank for Reconstruction and Development, The World Bank, 2007.

Glaeser E. L., Kallal H. D., Scheinkman J. A., Shleifer A., "Growth of cities", *Journal of Political Economy*, No. 100, 1992,, pp. 1126 – 1152.

Henri Pirenne, *Medieval Cities: Their origins and the Revival of Trade*, Princeton University Press, 1925, pp. 55 – 57.

Hotelling, Harold, "Stability in Competition", *Economic Journal*, No. 39, 1929, pp. 41 – 57.

J. R. Hicks, *Value and Capital*, Oxford, 1939.

J. R. Mosak, *General Equilibrium Theory in International Trade.* Cowles Commission Monograph No. 7, Bloomington: Ind, 1944.

J. Schumann, *Grundzüge der mikroökonomischen Theorie*, 6th ed, Springer: Berlin, 1992.

J. R. Bouderville, *Problems of Regional Economic Planning*, Edinburgh University Press, 1966, p. 285.

J. K. Brueckner, "The Structure of Urban Equilibria: A unified Treatment of The MUTH – MILLS Model", *Handbook of Regional and Urban Economics*, Volume II, Edited h E. S. Mills, Elsevier Science Publishers B. V,

1987, pp. 822 - 845.

Kenneth J. Arrow, "The Economic Implications of Learning by Doing", *Review of Economic Studies*, Volume 29, 1962, pp. 45 - 48.

Kenneth J. Arrow and Gerard Debreu, "Existence of an Equilibrium for a Competitive Economy" . *Econometrica*, Vol. 22, No. 3, 1954, pp. 265 - 290.

Kevin Lynch, *The Image of the City*, Technology Press, 1960, pp. 4 - 5.

M. Crozet, "Do Migrants Follow Market Potentials? An Estimation of a New Economic Geography Model", *Journal of Economic Geography*, April 2004, pp. 439 - 458.

M. Lipton, *Why Poor People Stay Poor: Urban Bias in World Development*, London: Temple Smith, 1977.

M. P. Todaro, "A Model of Labour Migration and Urban Unemployment in Less Developed Countries", *The American Economic Review*, No. 59 (1), 1969, pp. 138 - 148.

M. P. Todaro, "Internal Migration in Development Countries: A Review of Theory, Evidence", *Methodology and Research Priority*, Geneven: BIT, 1976.

M. Wen, "Relocation and Agglomeration of Chinese Industry", *Journal of Development Economics*, No. 73, 2004, pp. 329 - 347.

Martin. P. and C. A. Rogers, "Industrial Location and Public Infrastructure", *Journal of International Economics*, No. 39, 1995, pp. 335 - 351.

Michael Lipton, *Why Poor People Stay Poor: Urban Bias in World Development*, London: Maurice T. Smith, 1977.

O. D. Duncan, W. R. Scott, S. Lieberson, B. Duncan, H. H. Winsbo - rough, *Metropolis and Region*, Johns Hopkins University Press, 1960.

Oscar Lange, *Price Flexibility and Employment*, Cowles Commission Monograph No. 8, Bloomington: Ind, 1944.

P. A. Samuelson, *Foundations of Economic Analysis*, Mass: Cambridge, 1947.

P. Bairoch, *Cities and Economic Development: From the Dawn of History to the Present*, University of Chicago Press, 1988.

P. Krugman, "Increasing Returns and Economic Geography", *The Journal of Political Economy*, No. 99, 1991, pp. 483 – 499.

P. Martin, C. A. Rogers, "Industrial Location and Public Infrastructure", *Journal of International Economics*, No. 39, 1995, pp. 335 – 351.

P. A. Samuelson, "The Transfer Problem and Transport Cost II: Analysis of Effects of Trade Impediments", *Economic Journal*, Vol. 64, No. 254, 1954, pp. 264 – 289.

P. Bairoch, *Economics and World History: Myths and Paradoxes*, University of Chicago Press, 1993, pp. 252 – 253.

Palander, T. Beiträge zur Standortstheorie, Uppsala, Stockholmer dissertation, 1935, p. 248.

Paul Krugman, "Increasing Returns and Economic Geography", *Journal of Political Economy*, No. 99, 1999, pp. 483 – 499.

Paul M. Romer, "Endogenous Technological Change", *Journal of Political Economy*, Volume 98, 1990, pp. 71 – 102.

Population Division of the Department of Economic and Social Affairs of the United Nations Secretariat. World Population Prospects (2010). http://esa. un. org/unpd/wpp/index. htm.

Ray M. Northam, *Urban Geography*, John Wiley & Sons, 1975.

R. Forslid, "Agglomeration with Human and Physical Capital: an Analytically Solvable Case", Discussion Paper NO. 2102, *Center for Economic Policy Research*, 1999.

R. E. Baldwin, "Agglomeration and Endogenous Capital", *European Economic Review*, No. 43, 1999, pp. 253 – 280.

Robert B. Ekelund, Jr Robert F. Hebert, "Railroads, Engineers, and the Development of Spatial Economics in France", in Jules Dupuit, *the Engineers, and the Origins of Microeconomics*, University of Chicago Press, 1999.

S. Enke, "Space and Value", *Quarterly Journal of Economics*, Vol. LVI, August 1942, pp. 627 – 637.

Scitovsky T., "Two Concepts of External Economies", *The Journal of Politi-*

cal Economy, No. 62 （2）, 1954, pp. 143 –151.

Stackelberg, H. von, Alan Peacock, *The Theory of the Market Economy*, New York, NY: Oxford University Press, 1952.

T. G. McGee, "The emergence of desakota regions in Asia: Expanding a hypothesis", in Ginsburg, N. , Koppel, B. and McGee, T. G. （eds. ）, *The Extended Metropolis: Settlement Transition in Asia*, Honolulu: University of Hawaii Press, 1991, pp. 3 –25.

T. G. McGee, "Urbanisasi or kotadesasi? Evolving patterns of urbanization in Asia", in F. J. Costa, eds, *Urbanization in Asia: Spatial Dimensions and Policy Issues*, Honolulu: University of Hawaii Press, 1989, pp. 93 –108.

The World Bank, Development Research Center of the State Council, the People's Republic of China. China 2030: Building a Modern, Harmonious, and Creative High – Income Society. www. worldbank. org. 2012 –02 –27.

Tord Palander, "Beitrage Zur Standortstheorie", *Almquist & Wicksells Boktryckeri*, Uppsala, 1935, p. 228.

Ursula Backhaus, "An Engineer's View of Economics: Wilhelm Launhardt's Contributions", *Journal of Economic Studies*, Volume: 27, Number: 4/5, 2000, pp. 424 –476.

V. Henderson, A. Kuncoro, M Turner, "Industrial Development in Cities", *The Journal of Political Economic*, No. 103 （5）, 1995, pp. 1067 –1090.

W. Alonso, *Location and Land Use*, Harvard University Press, 1964.

W. B. Stöhr, D. R. Fraser Taylor, *Development from above or below? The Dialectics of Regional Planning in Developing Countries*. Chichester: Wiley, 1981, pp. 5 –12.

W. Cronen, *Nature's Metropolis*. Chicago and the Great West: W. W. Norton, 1991.

W. Launhardt, "Die Bestimmung des Zweckmässigsten Standorts Einer Gewerblichen Anlag", *Zeitschriftdes Vereins Deutscher Ingenieure*, 1882, pp. 106 –115.

W. Launhardt, *Mathematische Begründung der Volkswirtschaftslehre.* translated by Schmidt H. and edited and introduced by Greedy J. as Launhardt' s Mathematical Principles of Economics, Edward Elgar, Aldershot, 1993.

Wright, Frank Lloyd, "Broadacre City: A New Community Plan", in Richard Le Gates, and Frederick Stout, *In The City Reader*, Routledge, 2003, pp. 309 – 330.

Yeung – Nan Shieh, Wlihelm Launhardt And Bid – Rent, "Curves: A Note", *Journal of the History of Economic Thought*, Volume 26, Number 4, December 2004, pp. 537 – 542.

后　记

本书的主要内容是八年前我博士毕业的时候形成的，这些年我一直有将它整理出版的冲动，但每当临门一脚之际，总是“仰望星空”的理想感有余，而“脚踏实地”的现实感不足。好在随着工作的转换变化，我逐渐走过国内不同层级的城镇，特别是越来越深入地下沉到农村改革发展的一线，切身体会到中国城镇化及与之息息相关的非农化、农业现代化问题，书本的理论体系和现实的直观感受不断地相互验证、相互碰撞，促使我对本书的内容和逻辑有了更切实际的认识，也鞭策我静下心来、系统梳理，有了重新编辑成册的勇气。

实际上，这些年基于本书的分析框架和主要观点，我对国内外城镇化发展的相关问题大胆发表了一些观点和看法，也得到了一些认可。比如，针对美国著名汽车城底特律申请破产的事件，我整合本书第三章和第六章的主要观点撰写了《底特律的启示——产业集聚、转移与“二元城镇化”道路》一文，发表于《中国青年报》；针对党的十八大报告专门提出“新型城镇化”战略引起的社会关于中国城镇化问题的大讨论，我整合本书第四章的观点撰写了《城镇化不是“建设”而是“改革”》一文，再次发表于《中国青年报》，另外，我还在本书第六章的基础上形成《二元城镇化：在集聚中兼顾平衡的高质量城镇化发展道路》的政策建议，发表于《宏观质量研究》，不仅被人大复印报刊资料《社会主义经济理论与实践》《经济学文摘》全文转载，同时也获得上海管理科学研究院学术委员会、《解放日报》理论评论部、《文汇报》理论部组织的第十三届“中国城镇化的路径和方向”学术论文征集活动优秀论文奖和首届“质量理论创新奖”。这些较为正面的反馈，让我坚定了对本书的信心，也让我更有底气。当然，书中难免存在疏漏、错误，相关责任应该由我本人承担。

最后，感谢导师辜胜阻教授，领我入门，授我以渔。感谢一路鼓励我的家人、老师、同事和朋友，与爱同行，心自光明。感谢中国社会科学出版社李庆红编辑的专业意见和辛勤工作。

本书付梓，了却了一桩心愿，但我想，它只是我职业生涯和人生道路上的一个注脚，希望自己继续保持理论结合实践的作风，永远在思考的路上。

献给宗昱、珞衡、珈禾，给我温暖，给我力量。

献给自己，思者无涯，行者无疆。

李华

2020 年 8 月 15 日

于大连星海湾